Arnhem 3-5-- 7

Dear Lynsey,

The last few days in London
made a huge impression on me.
Not only because of the presence
of Tony and Joseph,
but especially because of your
presence.
You are a wonderful and
beautiful woman, with the heart
in the right place.
You deserve a fantastic life.
You left a footprint in my heart

Lots of love Louis

'Er is geen *one best leader*. Dat blijkt ook uit *Fluitend leidinggeven* van Louis van Woerden. Een zeer leesbaar boek dat uitnodigt om, kijkend naar de context, leiderschap vooral te gaan "doen".'

Janka Stoker, hoogleraar Leiderschap en Organisatieverandering Rijksuniversiteit Groningen en directeur van In the LEAD

'In dit toegankelijke boek laat Louis van Woerden zien dat succesvol leidinggeven "verwarrend eenvoudig" is.'

Jan van Setten, spreker en bestsellerauteur van Hoe krijg ik ze zover?

'Iedereen die kiest voor een managementpositie zou fluitend moeten kunnen leidinggeven. Hoe dat kan, laat Louis van Woerden zien in dit praktische, makkelijk leesbare managementboek. Een boek om mee te nemen naar je werk en direct toe passen!'

Alette Ducro, Global Head HR *& Development* BDO *International*

'Louis van Woerden weet waarover hij het heeft. Zijn boek heeft een goede balans tussen theorie en praktijk, en tussen verdieping en humor. Met herkenbare voorbeelden en helder taalgebruik. Knap werk!'

Eric van Stade, Managing Director AVROTROS

Louis van Woerden

Fluitend leidinggeven

Managen met meer plezier

Uitgeverij Business Contact
Amsterdam/Antwerpen

3e druk 2016

Uitgeverij Business Contact
Omslagontwerp Simons & Boom
Foto auteur Jelmer de Haas
Typografie binnenwerk Elgraphic bv, Vlaardingen
Drukkerij Bariet

ISBN 978 90 470 0854 5
D/2015/0108/917
NUR 800

Uitgeverij Business Contact maakt deel uit van
Uitgeverij Atlas Contact

www.businesscontact.nl

Inhoudsopgave

Voorwoord

Leidinggeven met een veeleisende directie en mondige medewerkers, ga er maar aan staan. Met dit boek wil ik je een hart onder de riem steken. Het verdient waardering en respect dat jij ervoor hebt gekozen om leiding te geven!

Als leiderschapstrainer kom ik veel leidinggevenden tegen die beter willen worden in leidinggeven. Het boek *Fluitend leidinggeven* helpt je daarbij. Ik wil jou laten schitteren op een manier waarop je je medewerkers, je organisatie, je omgeving én jezelf een groot plezier doet.

Het boek bevat geen hoogdravende leiderschapsblabla, geen stappenplan om de ideale leidinggevende te worden, het bevat zelfs niets nieuws. Het boek bevat wel concrete, in de praktijk bewezen handvatten, gefilterd uit datgene wat we weten over leidinggeven en waarvan ik vind dat het jou kan helpen. En dát is wel nieuw. Met dit boek kun je vandaag al succesvoller zijn in leidinggeven.

Het boek begint met de simpele vraag: 'Wat is het belang van leidinggeven?' Vervolgens word je ervan overtuigd dat je het meest succesvol bent als je bij je medewerkers begint. Het belangrijkste instrument dat ik je daarvoor aanbied, is 'het echte gesprek'. Dat is de smeerolie van succesvol leidinggeven. Hoe jij vervolgens jezelf in dat echte gesprek inzet, is bepalend voor je effectiviteit als je stuurt op resultaten, gedrag en ontwikkeling.

Ga het gewoon doen. Probeer dingen uit waarvan je denkt: dit kan wel eens werken. En als het niet werkt, probeer het de volgende keer op een andere manier. Wees niet te streng voor jezelf. Kleine veranderingen in jouw manier van leidinggeven kunnen een groot verschil maken.

Een boek als dit maak je samen. Ik bedank mijn creatieve schrijfmaatje Heleen van der Maas, mijn kritische meelezers Janine Boekelder, Linda Harleman, René van Giessen en Henk-Dirk de Haan, mijn inspirerende collega's bij PiCompany, mijn doortastende uitgever John Numan, mijn nieuwsgierige ouders Charles en Margriet, en *last but not least* mijn fantastische vrouw Hanneke en mijn prachtige kinderen Max en Lieve.

1 Het belang van leidinggeven

Wanneer was jij bereid om voor jouw organisatie het beste uit jezelf te halen? Had je in die periode misschien een leidinggevende die jou optimaal wist te motiveren, iemand die als geen ander de verbinding wist te leggen tussen het organisatiebelang en jouw belang? Leidinggeven en daar succesvol in zijn heeft meer impact dan je denkt.

Het verborgen talent van mijn vader

Waarom doet leidinggeven ertoe? Voor mij viel het kwartje toen ik ruim tien jaar geleden het talent van mijn vader ontdekte. Mijn vader is nu 75 en ruim tien jaar met pensioen. Veertig jaar lang was hij vertegenwoordiger bij een groothandel.

Als kind merkte ik dat mijn vader niet helemaal het werk deed dat hij leuk vond. Zes weken voordat hij met pensioen ging, was hij klaar. Hij had zijn opvolger ingewerkt, zijn taken overgedragen... En toen gebeurde er iets 'vreemds'.

Voor mijn loyale vader was zes weken eerder thuis gaan zitten geen optie. Hij koos ervoor naar kantoor te gaan en te kijken of hij in die laatste zes weken nog iets zinvols kon doen. Hij zag dat de website van zijn werkgever nog niet veel voorstelde.

Mijn vader had geen verstand van computers, internet en websites. Hij ging echter aan de slag en dook vol overgave in de materie. Hij las boeken en praatte met mensen. Ik heb mijn vader nog nooit zo gemotiveerd naar zijn werk zien gaan als in die laatste zes weken.

Tegenwoordig heeft mijn vader zijn eigen bedrijfje. Hij ontwerpt met veel plezier websites en maakt professionele fotoshows op dvd. Kortom: hij is creatief bezig. En dat is zijn talent. In het werk dat hij veertig jaar deed, kon hij dat talent onvoldoende kwijt. De weekenden waren daarentegen heel anders. Als hobbykok liet hij zijn creativiteit in de keuken de vrije loop en was hij in zijn element. Mijn zusjes en ik waren zijn proefkonijnen.

Mijn vader is gelukkig nog steeds gezond en het gaat heel goed met zijn bedrijfje. Ik had hem de ontdekking en het gebruik van zijn talenten graag eerder gegund.

Het echte gesprek

Wat is er in het verhaal van mijn vader nu misgegaan? Natuurlijk, mijn vader is van een andere generatie. Maar één ding weet ik wel: in het bedrijf waar mijn vader werkte, waren er nooit gesprekken tussen leidinggevende en medewerker. Alleen als zaken niet goed gingen, was er kort overleg.

Reguliere gesprekken tussen leidinggevende en medewerker zijn cruciaal in een succesvolle organisatie. En dan bedoel ik 'echte gesprekken', gesprekken waarin je als leidinggevende niet de juiste antwoorden geeft, maar vooral de juiste vragen stelt. Wie weet wat het de groothandel had opgeleverd als veel eerder naar boven was gekomen dat mijn vader erg creatief is. We zullen het nooit weten.

Wat het verhaal over mijn vader duidelijk maakt, is dat werk leuker wordt en meer succes oplevert als medewerkers kunnen doen waar ze goed in zijn en waar hun hart ligt. En de enige die er in wisselwerking met zijn medewerkers voor kan zorgen dat ze met plezier kunnen doen waar ze goed in zijn, ben jij als hun leidinggevende. Daar ligt het belang van leidinggeven.

Het grappige is dat mijn vader na zijn pensionering goed bevriend is geraakt met zijn leidinggevende. De echte gesprekken die ze tijdens hun werk als medewerker en leidinggevende nooit hebben gevoerd, voeren ze nu als vrienden wel. Er is dus niets zweverigs aan het regulier voeren van echte gesprekken. We doen het dagelijks met vrienden en familie: moedige en eerlijke gesprekken, elkaar echt leren kennen. Waarom zou je dat op je werk dan niet op dezelfde manier doen?

Wat weten we over leidinggeven?

Nederland telt ongeveer 2,5 miljoen leidinggevenden. Binnen de Nederlandse beroepsbevolking heeft 42 procent van de mannelijke werknemers een leidinggevende functie; bij vrouwen is dat 21 procent, de helft minder.

Waarom er leidinggevenden zijn en blijven, is vanuit de evolutie samen te vatten in een helder feit: *mensen zoeken leiders om te volgen wanneer ze problemen hebben die ze zelf niet kunnen oplossen.*

Leidinggevenden blijven dus nodig en gewenst, ondanks hyperige geluiden over 'het einde van de leidinggevende'.

Jouw beste leidinggevende

Als ik zeg dat de productiviteit en de motivatie van jouw medewerkers in belangrijke mate worden beïnvloed door jouw gedrag en communicatie, beaam je dat waarschijnlijk direct. Maar voel je dat ook?

Wie is jouw beste leidinggevende?
Zet de leidinggevenden die jij tot nu toe hebt meegemaakt in je loopbaan in gedachten eens op een rij. Wie vind je de beste en wie vind je de slechtste leidinggevende? En waarom vind je dat? Vergelijk ze eens met elkaar. Maak een lijstje met de verschillen.

Schrijf daaronder de impact die je slechtste en je beste leidinggevenden op jou en op je functioneren hebben gehad. Wat is het verschil? Lees nu terug wat je spontaan hebt opgeschreven. Wat doet dat met jou?

Wat maakt iemand de beste leidinggevende?

Ik heb bovenstaande vragen aan veel leidinggevenden voorgelegd. Hun antwoorden heb ik samengebracht in een korte tekst over de eigenschappen en impact van 'de beste leidinggevende'.

De beste leidinggevende

Jouw beste leidinggevende is vast iemand die zich echt verdiept in hoe je in elkaar steekt, die echt wil horen wat je dromen zijn, zonder over zichzelf te beginnen. Iemand die inspireert en zich oprecht verantwoordelijk voelt voor je ontwikkeling. Iemand die helder is in zijn visie en duidelijke kaders aangeeft over wat die visie in de praktijk voor jouw werk betekent, daar ook consequent in is en de moed heeft om zijn rug recht te houden.

Waarschijnlijk herinner je je situaties waarin hij een voorbeeld voor je was en je hem niet wilde teleurstellen. Je legt de lat hoog en doet er alles aan om een goed resultaat neer te zetten. Je werkt hard en groeit snel, met veel energie en enthousiasme. Je bent zeer gemotiveerd. Is hij ook niet degene die je verantwoordelijkheid en vertrouwen geeft en bij wie je op je bek mag gaan? Die voor je opkomt bij zijn eigen leidinggevende en wiens expliciete waardering echt iets voor je betekent?

Ik hoop dat je veel van dit soort leidinggevenden hebt meegemaakt. Want ondanks alle leiderschapsblabla blijven we simpelweg wezens die persoonlijke erkenning en duidelijke afspraken nodig hebben om tot volledige ontplooiing te komen. In ons werk krijgen we die het liefst van onze directe leidinggevende, die zowel ons als onze werksituatie goed kent. Van hem accepteren we persoonlijke feedback die ons raakt, waardoor we groeien in ons werk en in ons leven. Er kan nog zoveel gaande zijn in en rond de organisatie, hij blijft rustig en verschaft duidelijkheid, waardoor we altijd weten waar we staan.

Jouw invloed op de productiviteit en motivatie

Het kan niet anders of je voelt nu als het ware dat je door je eigen gedrag en communicatie een enorme invloed hebt op de productiviteit en motivatie van jouw medewerkers. Dat is toch fantastisch? Als je weet aan welke gedrags- en communicatieknopjes je bij jezelf kunt draaien om impact te hebben op je medewerkers, gaat er een wereld van mogelijkheden voor je open.

Je kunt heel ingewikkeld doen over leidinggeven, maar eigenlijk is het heel simpel. Je hebt aan de ene kant de organisatie, die de organisatiedoelstellingen wil realiseren. Aan de andere kant heb je de medewerkers, die deze organisatiedoelstellingen moeten realiseren. Diezelfde medewerkers willen ook wat. Ze hebben persoonlijke doelstellingen, ambities en talenten.

De essentie van succesvol leidinggeven is het verbinden van deze twee belangen, het organisatie- en het medewerkersbelang, zodat je een win-winsituatie creëert. Zie het als twee puzzelstukjes die je in elkaar schuift.

Jouw medewerkers dragen dan niet alleen succesvol bij aan de realisatie van de organisatiedoelstellingen, maar ze zijn ook nog eens gemotiveerd en productief, vertonen een laag ziekteverzuim en bewegen mee met veranderingen. Simpelweg omdat hun werkzaamheden aansluiten bij hun persoonlijke doelstellingen, ambities en talenten.

Het belangrijkste middel om de verbinding tussen jouw medewerkers en de organisatie tot stand te brengen en te bewaken, is het echte gesprek dat je voortdurend met je medewerkers voert. Ja, ook dat gesprekje van vanochtend bij de koffieautomaat.

Wat is jouw leiderschapsstijl?

Laten we eens kijken of ik je op de kast kan krijgen met een paar stellingen, aan de hand waarvan je je leiderschapsstijl kunt onderzoeken.

Stelling 1: iemand die een organisatie verlaat, doet dat vaak omdat hij zijn leidinggevende wil verlaten.

Herken jij je in deze stelling? De meeste leidinggevenden die ik spreek in elk geval niet. Waarom verlaten medewerkers jouw organisatie? Waarschijnlijk heb je een rijtje redenen dat er ongeveer zo uitziet:

- andere uitdaging
- betere carrièremogelijkheden
- meer perspectief
- betere arbeidsvoorwaarden

Medewerkers verlaten organisaties omdat de verbinding tussen hun persoonlijke doelstellingen, ambities en talenten en de doelstellingen van de organisatie niet goed meer tot stand komt. Juist daarin speel jij een cruciale rol.

Wat ik regelmatig hoor van medewerkers die een organisatie verlaten, is: 'Ik heb mijn persoonlijke doelstellingen en ambities aangegeven, maar daar is door mijn leidinggevende onvoldoende mee gedaan.' En dat is jammer.

Moet je dan ingaan op elke persoonlijke doelstelling of ambitie? Nee, dat hoeft niet. Maar ervoor openstaan is een must.

Anders wordt het onmogelijk om jouw taak als leidinggevende – de verbinding maken tussen de organisatie en je medewerkers – uit te voeren.

Wanneer een van je medewerkers doelstellingen en ambities heeft die niet gerealiseerd kunnen worden binnen de organisatie, dan is het zaak om dit eerlijk met die medewerker te bespreken. En als deze medewerker dan het besluit neemt de organisatie te verlaten, zal hij daar niet gefrustreerd over zijn. Als je transparant bent, begrijpen en waarderen medewerkers dat.

Dus wat ga je doen?
Een leidinggevende geeft leiding aan een afdeling met vijf medewerkers. Een van de medewerkers heeft haar persoonlijke doelstellingen duidelijk gecommuniceerd: ze werkt parttime en wil alleen de ochtenden werken en op vaste, door haar zelf bepaalde momenten in het jaar op vakantie.

Haar leidinggevende heeft hier moeite mee, omdat zij een flexibele afdeling wil: indien nodig ook 's middags werken en de vakantieplanning wordt onderling afgestemd. Hoe pak je dit aan? Door transparant te zijn naar de medewerker. Inventariseer allereerst de persoonlijke doelstellingen van de medewerker en oordeel daar niet over. Zeg vervolgens tegen de medewerker: 'Ik begrijp je persoonlijke doelstellingen. Maar ik, de organisatie, wil iets anders, namelijk flexibiliteit. We kunnen nu geen verbinding maken tussen jouw doelstellingen en de organisatiedoelstellingen. Dus wat ga je doen?'

In dit voorbeeld heeft de medewerker twee keuzes: ze brengt haar persoonlijke doelstellingen in lijn met de organisatiedoelstellingen, of ze houdt vast aan haar persoonlijke doelstellingen en gaat op zoek naar een werkplek die daarbij past. Waarschijnlijk denk je nu: ja, jij hebt makkelijk praten, maar zo makkelijk is het niet. Het vergt inderdaad moed en een rechte rug om het gesprek met je medewerker transparant te voeren. Maar het levert je veel op.

Stelling 2: een leidinggevende die niet van mensen houdt, kan maar beter iets anders gaan doen.
Letterlijk van je medewerkers houden? Nee, natuurlijk niet. Het gaat om oprecht geïnteresseerd zijn in de mens achter de medewerker. Wat voor type persoon is hij, wat motiveert hem, wat houdt hem bezig, wat zijn zijn toekomstplannen?

Alleen als je oprecht geïnteresseerd bent, leer je de persoonlijke doelstellingen, ambities en talenten van je medewerkers kennen, en kun je de verbinding maken met de organisatiedoelstellingen. De meeste leidinggevenden zijn het daarmee eens. De praktijk is helaas vaak anders.

Oprecht geïnteresseerd zijn in je mensen is iets wat je van nature wel of niet in je hebt. Ik heb ooit een directeur meegemaakt die leidinggaf aan topprofessionals en zei: 'Ik vind het bankiersvak ontzettend interessant, daar ligt mijn hart. Het is alleen zo vervelend dat ik dat met medewerkers moet doen.' Je kunt hierom lachen, maar hij meende het echt. Het bankiersvak vond hij leuk, leidinggeven deed hij er een beetje bij. En dan vraag je je af: waarom zit je dan op een dergelijke positie? Blijf dan specialist. Ga dan niet leidinggeven!

Hoe was je weekend?

Na een communicatietraining vraagt de leidinggevende op maandagochtend aan zijn medewerker: 'Hoe was je weekend?' De medewerker is positief verrast en vertelt enthousiast over zijn weekend. De leidinggevende is echter al doorgelopen naar de volgende collega om daar dezelfde vraag te stellen.

In de training had de leidinggevende geleerd zogenaamd interesse te tonen door een vraag te stellen. Helaas was hij niet oprecht geïnteresseerd in de medewerker. Dat werkt dus niet.

Stelling 3: leidinggevenden die niet af en toe met de vuist op tafel slaan, kunnen ook maar beter wat anders gaan doen.
Medewerkers willen dat je duidelijk bent, een rechte rug hebt. 'Dit is de afspraak. Dit is de richting. Punt!' En daar moet je ook consequent in zijn. Je kunt zelf invullen wat er gebeurt als je niet duidelijk bent. Medewerkers zijn zoekende, doen de verkeerde dingen, dragen onvoldoende bij aan de organisatiedoelstellingen, benutten hun talenten onvoldoende, zijn minder gemotiveerd, et cetera. Kortom: er ontstaat ruis op de verbinding tussen de medewerker en de organisatie. Niets is erger dan verlammende onduidelijkheid. Ik weet zeker dat jij ook een leidinggevende wilt die duidelijk is. Toch?

Stelling 4: mensen zijn ongelijk, dus mensen gelijk behandelen is oneerlijk.

Met deze stelling zie ik leidinggevenden vaak worstelen: 'Ik moet mijn medewerkers toch gelijk behandelen? Dat verwachten ze van mij. Als ze vinden dat ik dat niet doe, trekken ze aan de bel.'

De betekenis achter deze stelling is: mensen zijn gelijkwaardig, maar niet gelijk. Jij verschilt tenslotte ook van je collega-leidinggevenden. Als je dit doortrekt naar je eigen team, kun je alleen maar de conclusie trekken dat als jij succesvol wilt zijn met je medewerkers, je hen verschillend zult moeten behandelen. Sterker nog, als je hen gelijk behandelt, ben je juist oneerlijk bezig. Dan doe je geen recht aan de verschillen die er zijn tussen je medewerkers.

Als je kinderen hebt, kun je het daarmee vergelijken. Ook je eigen kinderen zijn gelijkwaardig maar niet gelijk. Je gaat met het ene kind anders om dan met het andere. Ook al zijn ze het daar niet altijd mee eens, je kunt wel uitleggen waarom je dat doet. Voor jou als leidinggevende geldt hetzelfde.

Leidinggeven is gewoon werk

Leidinggeven is en blijft gewoon werk – 'leidinggeven' is tenslotte een werkwoord. En wat voor al het andere werk geldt, gaat ook op voor leidinggeven:

- Je hebt er talent en ambitie voor nodig.
- Je kunt er beter in worden door te oefenen.
- Je haalt er veel voldoening uit als je succesvol bent.

Succesvol leiderschapsgedrag

Je kunt dus beter worden in leidinggeven door te oefenen. Maar wat is dan succesvol leiderschapsgedrag?

1. Richting geven

Geef richting op basis van je visie en vertaal dit in concrete organisatie- en afdelingsdoelstellingen in het hier en nu. Maak daar vervolgens duidelijke afspraken over met je medewerkers en stuur daarop.

2. Inspireren

Je kunt het niet alleen, je hebt je medewerkers nodig. Je draagt je visie en richting enthousiast uit. Hiermee inspireer je je medewerkers om met jou mee te doen in het realiseren van de organisatie- en afdelingsdoelstellingen. Zo creëer je vertrouwen en commitment (*buy-in*) bij je medewerkers.

3. Faciliteren

Als je de richting hebt gegeven en je hebt je medewerkers weten te inspireren om met je mee te doen, kunnen ze dat alleen als je hun de middelen en ruimte geeft om aan de slag te gaan.

4. Een excellent voorbeeld zijn

Hoe weten je medewerkers hoe ze het best aan de slag kunnen gaan met de middelen en ruimte? Ze hebben jou als voorbeeld. Goed voorbeeld doet goed volgen.

Voorbeeldgedrag in de sportschool

Ik merk dat veel leidinggevenden nogal lacherig reageren als ik het heb over voorbeeldgedrag. Maar het volgende voorbeeld zegt genoeg.

Samen met ongeveer twintig anderen ben ik regelmatig in de sportschool om een uurtje te spinnen. Onlangs gebeurde er iets interessants. De trainer gaf ons de opdracht om staand te fietsen. Echter, zelf bleef hij zitten. Wat deden wij als groep automatisch? Wij bleven ook zitten. Toen de trainer dat zag, ging hij staand fietsen, zonder iets te zeggen. Wat deden wij? Wij gingen automatisch ook staand fietsen.

Wat gebeurde hier? Een krachtige bevestiging van de uitspraak: *medewerkers doen wat een leidinggevende doet, en niet zozeer wat een leidinggevende zegt!*

Het belang van voorbeeldgedrag is ook mooi te zien in het YouTubefilmpje *Children see. Children do.*

Een open hart en een rechte rug

Succesvol leidinggeven is vooral een open hart: oprecht geïnteresseerd zijn in je medewerkers, hen meenemen, inspireren en faciliteren. Doe dat met een rechte rug: duidelijk zijn, richting geven en daaraan vasthouden, en een excellent voorbeeld zijn. Het is een combinatie van zacht en hard. Uit de praktijk blijkt dat vrouwelijke leidinggevenden deze combinatie iets beter in de vingers hebben dan hun mannelijke collega's.

Samenvatting

- Het regulier voeren van echte gesprekken met medewerkers is een cruciale eigenschap van succesvolle organisaties.
- Je hebt als leidinggevende door je eigen gedrag en communicatie een enorme invloed op de productiviteit en motivatie van je medewerkers.
- Leidinggeven is het verbinden van het organisatiebelang met het medewerkersbelang, het verbinden van de organisatiedoelstellingen met de individuele doelstellingen, ambities en talenten van medewerkers.
- Leidinggeven is gewoon werk. En net als voor ander werk heb je er talent en ambitie voor nodig en kun je er beter in worden door te oefenen.
- Succesvol leiderschapsgedrag is richting geven, inspireren, faciliteren en een excellent voorbeeld zijn.
- Succesvol leidinggeven doe je met een open hart: wees oprecht geïnteresseerd in je medewerkers. En je doet het met een rechte rug: wees duidelijk. Het is een combinatie van zacht en hard.

2 Bij je medewerkers beginnen

Iedere medewerker is gemotiveerd. Ja? Ja, echt. Aan jou de taak om uit te zoeken waarvoor. Want als je dat eenmaal weet, ben je in staat die motivatie in te zetten voor de doelen die jij met je team wilt behalen. Het is maar goed dat je uitgebreid de tijd neemt voor de gesprekken van de HR-cyclus. Hm, hoor ik je daar nu piepen en kreunen?

Wat wil de medewerker?

Weet jij wat jouw medewerkers motiveert? Of nee, laten we bij jou beginnen. Jij bent tenslotte ook een medewerker. Wat zorgt ervoor dat jij elke dag met plezier naar je werk gaat? Wat is jouw intrinsieke motivatie?

Ik stel deze vraag regelmatig aan leidinggevenden en merk dat ze dit lastig vinden. Na wat wikken en wegen ontstaat er toch een mooi rijtje met persoonlijke motivatoren, zoals uitdagend en afwisselend werk, samenwerken met collega's, zelfstandig werken en een bijdrage leveren aan de organisatiedoelstellingen. Herken jij je hierin?

Geld als motivator

Nu de vraag: wat motiveert jouw medewerkers om elke dag met plezier naar hun werk te gaan? Is dat vooral geld? Natuurlijk, geld is belangrijk, maar het is een heel smalle basis voor motivatie, zeker voor duurzame motivatie. Medewerkers hebben net als leidinggevenden een lijstje met persoonlijke motivatoren.

Heb jij medewerkers in je team die niet gemotiveerd zijn? Dat bestaat niet. Iedere medewerker is gemotiveerd. De vraag is alleen: waarvoor?

Ook de medewerker die elke dag stipt om vijf uur naar huis gaat, is gemotiveerd om... elke dag stipt om vijf uur naar huis te gaan, bijvoorbeeld vanwege zorgtaken thuis. En de medewerker die een verandering in zijn werk niet ziet zitten, is heel gemotiveerd om met de huidige werkwijze door te gaan. Beiden zijn gemotiveerd, maar voor iets anders dan wat jij wilt.

De kunst is om er in de gesprekken met je medewerker achter te komen wat het is wat hem motiveert en wat je daarin voor elkaar kunt betekenen. Mocht inderdaad blijken dat je medewerker gemotiveerd is om iets te doen wat niet binnen de organisatie past, dan wordt er een beroep gedaan op je rechte rug: 'Ik hoor wat je zegt en ik begrijp dat jij gemotiveerd bent om dit te doen, maar het past niet bij wat wij willen. Dus wat ga je doen?'

Motivatieknoppen

Er zijn vijf universele motivatoren die je kunt gebruiken om de motivatie van je medewerkers te beïnvloeden.

In zijn boek *Drive* heeft Daniel Pink verschillende onderzoeken naar intrinsieke motivatie samengebracht. De animatie *The surprising truth about what motivates us* op YouTube gaat daarover.

Motivator 1: autonomie

Kun jij je werk voldoende zelf vormgeven? Heb jij voldoende bewegingsruimte, 'scharrelruimte'? Kun jij voor een belangrijk deel zelf bepalen hoe jij je werkzaamheden uitvoert?

Misschien heeft deze motivator jou wel doen beslissen te kiezen voor een leidinggevende functie. De ene medewerker wil zo veel mogelijk ruimte, de andere is juist gebaat bij bepaalde kaders. Bovendien biedt de ene functie meer ruimte dan de andere. Bij autonomie gaat het om de balans tussen het vertrouwen dat je geeft en de controle die je uitoefent. Die balans is dus medewerker- en functieafhankelijk.

De laatste jaren bespeur ik dat de controle in veel organisaties onnodig wordt opgeschroefd: meer regels en procedures. Misschien heb jij daar als leidinggevende ook mee te maken. Het verhogen van controle en dus verlagen van autonomie vinden we niet leuk. Dat doet iets met onze motivatie.

Gelukkig zijn er ook voorbeelden van organisaties waar wordt nagedacht over hoe de autonomie van medewerkers kan worden verhoogd. Simpele ingrepen kunnen een groot effect hebben.

Vakkenvullers bij Jumbo

Bij Jumbo heeft iedere vakkenvuller de bevoegdheid om bepaalde producten die tegen de houdbaarheidsdatum aan zitten en uit de schappen worden gehaald ter plekke gratis weg te geven aan een willekeurige klant. Creatief en simpel! De vakkenvullers voelen zich zeer verantwoordelijk voor deze bevoegdheid en gaan er zorgvuldig mee om. Wat je ziet, is dat met deze simpele ingreep de autonomie en daardoor ook de motivatie van medewerkers toeneemt. Het kost helemaal niets en het levert ook nog eens tevreden klanten op.

Motivator 2: meesterschap

Het motiveert ons als we werk doen dat we leuk vinden én waar we goed in zijn. En het motiveert nog meer als we de mogelijkheid krijgen nóg beter te worden in de dingen waar we goed in zijn. Dat is meesterschap. Een motivator die werkt 'als een trein'.

Worden er met jou ontwikkelafspraken gemaakt over je sterke punten zodat je daar nog beter in wordt? In veel organisaties worden vooral ontwikkelafspraken gemaakt over zwakke punten: inzoomen op de vijfjes en daar een zesje of meer van proberen te maken. Op zichzelf is daar niets mis mee, maar het motiveert meer wanneer mensen van een zeven een acht of van een acht een negen kunnen maken. Van een vijf een zes maken kost energie, is meestal niet leuk, demotiveert. Van een zeven een acht of van een acht een negen maken kost geen energie, daar krijg je juist energie van. Dat vind je leuk. Dat motiveert.

Net als ik zul jij ook onbewust als eerste naar de onvoldoendes kijken wanneer je kinderen met hun schoolrapport thuiskomen. Kijken naar wat niet goed is zit in onze genen. Als oermens konden we alleen overleven wanneer we alert waren op gevaar, op afwijkingen, op zaken die niet goed waren. Dit oermechanisme zit nog steeds in ons.

Nogmaals, het is niet verkeerd om van een vijfje een zesje te maken. Het gaat erom: vergeet niet van een zeven een acht of van een acht een negen te maken.

De loopsnelheid van Maartje Paumen

Een mooi voorbeeld van de effectiviteit van focussen op sterke punten is het verhaal van hockeycoach Marc Lammers. Zijn team won goud op het WK in 2006 en de Olympische Spelen in 2008. Zijn verhaal gaat over Maartje Paumen, meervoudig World Hockey Player of the Year. In het team stond ze linksback.

Marc Lammers vond de loopsnelheid van Maartje Paumen tijdens wedstrijden onvoldoende. Ondanks intensieve training was de progressie van haar loopsnelheid minimaal, simpelweg omdat ze geen talent heeft voor hard rennen. De zware trainingen zonder resultaat hadden echter wel een ander effect. Haar motivatie en zelfvertrouwen daalden tot een nulpunt. Ze vond dat ze er helemaal niets meer van kon. 'Ik kan gewoon niet hockeyen.' En daarmee gingen niet alleen haar prestaties, maar ook de prestaties van het hele team omlaag.

Marc Lammers zag dat natuurlijk ook. In gesprek met Maartje realiseerde hij zich: ze rent dan wel niet zo hard, ze is wel heel goed in het nemen van strafcorners. In plaats van nog meer energie te steken in het verbeteren van haar loopsnelheid, ging hij haar trainen in het nóg beter nemen van strafcorners. Dat zorgde voor veel motivatie en zelfvertrouwen bij Maartje. Haar briljante strafcorners hebben een cruciale rol gespeeld in het succes van het elftal. Maartje Paumen was en is nog steeds de koningin van de strafcorners.

De uitsmijter van dit verhaal is dat Maartje Paumen door haar gegroeide zelfvertrouwen en motivatie zo veel energie had, dat ze onbewust ook harder ging rennen.

Een ander vergelijkbaar en inspirerend verhaal van Marc Lammers gaat over hockeyster Sylvia Karres. Bekijk zijn verhaal *Marc Lammers over Sylvia Karres* op YouTube.

Voorbeelden zoals van Maartje Paumen en Sylvia Karres zie je in veel organisaties. Medewerkers die de gelegenheid krijgen hun talenten verder te ontwikkelen, verbeteren vaak onbewust ook hun minder sterke punten. Terwijl bij het omgekeerde – beginnen bij de vijf in plaats van bij de zeven – medewerkers hun hakken in het zand zetten en de motivatie daalt. Er is dus alles voor te zeggen om vooral te starten met van zevens achten maken.

Mijn advies: maak met ieder van je medewerkers twee ontwikkelafspraken, één waarin je van een zeven een acht of van een acht een negen maakt, en één waarin je van een vijf een zes maakt (als dat echt nodig is). En doe dat voor jezelf ook. Als je slim bent, combineer je beide ontwikkelafspraken.

Medewerkers stimuleren om beter te worden in de dingen waar ze goed in zijn, is niet alleen vanuit medewerkersbelang een goed idee. Ook voor de organisatie maakt dit hét verschil. Stel, je zoomt als organisatie in op de vijven van medewerkers en je verwaarloost de zevens, want die zijn al goed. Welk risico loop je dan? Dat de mooie zevens terugzakken naar middelmatige zesjes: waar je geen aandacht aan geeft, krimpt.

Je creëert zo allemaal zesjes: de zogenaamde zesjescultuur. Gaat jouw organisatie met deze zesjesstrategie haar doelstellingen halen? Ik denk het niet. Of zoals Marc Lammers het zegt: 'Met zesjes win je geen wedstrijden op topniveau.'

Dus door medewerkers te stimuleren beter te worden in waar ze al goed in zijn, creëer je niet alleen supergemotiveerde medewerkers, het is ook dé strategie waarmee jouw organisatie haar doelstellingen gaat halen.

Motivator 3: zingeving

We willen allemaal zinvol en nuttig werk doen. Levert jouw werk een bijdrage aan iets groters? Kun jij thuis uitleggen wat je bijdraagt door je werk? We houden er gewoonweg niet van om zinloos werk te doen.

Het belang van zingeving

Ik herinner me nog goed dat mijn dochter in groep 6 zat en enthousiast vertelde dat ze binnenkort in de klas een beroependag had. Iedere leerling mocht zijn ouders meenemen om iets te vertellen over hun beroep. Mijn dochter zei: 'Mama, jij mag mee, en papa, jij niet. Wat mama voor werk doet, begrijp ik (mijn vrouw is fysiotherapeute). Maar wat jij voor werk doet, papa, begrijp ik niet, dus blijf jij maar thuis!'

Dit deed pijn. Blijkbaar had ik mijn dochter destijds nog niet goed kunnen uitleggen wat voor zinvol werk ik doe.

Voor jou de mooie taak om te onderzoeken hoe het zit met de zingeving bij je medewerkers.

Ik merk dat zingeving als motivator de laatste jaren aan betekenis heeft gewonnen. Zoals je in hoofdstuk 1 over mijn vader hebt kunnen lezen, was hij niet zo bezig met zingeving in zijn werk. Hij was van een andere generatie. Huidige generaties geven zingeving veel nadrukkelijker een plek.

Motivator 4: waardering

En dan bedoel ik niet alleen geld als waardering. Ik word namelijk nergens zo blij van als van een echt compliment. Let maar eens op wat er met jou gebeurt als je een compliment krijgt: je gaat ineens een stuk harder lopen. Helaas zijn wij in Nederland niet zo scheutig met complimenten.

Impliciete waardering

Om het belang van waardering duidelijk te maken geef ik graag het volgende, enigszins overdreven voorbeeld.

Ik waardeer mijn vrouw zeer en ik hou heel veel van haar. Alleen... ik vertel het haar nooit. Dat betekent dat ik in feite tegen haar zeg: 'Mocht ik niet meer van je houden, dan meld ik het wel. Dus als je niets van mij hoort, hou ik van je.'

Je voelt dat de schoen wringt. Deze manier van waarderen motiveert totaal niet. Ik merk dat veel leidinggevenden eenzelfde manier van waarderen richting hun medewerkers hebben: 'Als je niets van me hoort, gaat het goed.' Deze impliciete waardering werkt dus niet.

Medewerkers willen expliciete waardering. Als iets goed gaat, geef dan direct een oprecht compliment in plaats van het voor kennisgeving aan te nemen. Je hoeft het natuurlijk niet meteen te overdrijven. En de ene medewerker heeft meer behoefte aan waardering dan de andere. Maar ga er maar van uit dat we eerder te weinig dan te veel complimenten geven.

Motivator 5: context

De collega's, de leidinggevende, het gebouw, de werkruimte, de hulpmiddelen, de koffie, maar ook de cultuur, sfeer en structuur: samen vormen ze de werkcontext van je medewerkers. Ook daar kun je zeker wat mee richting je medewerkers.

De vijf motivatoren kun je gebruiken als knoppen waar je samen met je medewerker aan kunt draaien om de motivatie positief te beïnvloeden. Je zult zien dat de effectiviteit van deze vijf knoppen per medewerker verschilt. Misschien zijn er medewerkers die andere motivatieknoppen hebben. Ga daarom met hen in gesprek over wat hen motiveert.

Wat wil de organisatie?

We weten nu wat medewerkers willen, wat hen motiveert en welke knoppen jij tot je beschikking hebt om die motivatie te beïnvloeden. Nu de vraag: wat wil de organisatie?

Ik merk dat er binnen organisaties weinig aandacht wordt besteed aan vragen als:

- Waarom doen we als organisatie de dingen die we doen?
- Wat is ons verhaal?
- Waar geloven we in?
- Waar staan we voor?

Inderdaad gaan deze vragen over de missie van de organisatie, over het hoogdravende verhaaltje op de corporate website dat voor de meeste medewerkers te ver van hun bed is om er echt wat van te vinden. Maar als je samen met je medewerkers over deze vragen praat, zul je merken dat je bij de organisatiemissie uitkomt. En dat niet alleen, de dagelijkse werkzaamheden van medewerkers krijgen ineens betekenis. Er ontstaat verbondenheid, er komt energie los.

Steve Jobs
Steve Jobs wist als geen ander hoe hij de missie van Apple kon uitdragen. Bekijk hoe hij dit doet op het YouTubefilmpje *Best marketing strategy ever! Steve Jobs Think different / Crazy ones speech.* Je krijgt er energie van.

Wanneer je weet wat de organisatiemissie is en wat die betekent, kom je vanzelf bij de vraag: hoe gaan we onze missie dan uitvoeren? Het antwoord daarop is de visie van de organisatie.

Start with why
Leiderschapsexpert Simon Sinek gebruikt een eenvoudig maar krachtig model om de organisatiemissie en -visie te bepalen: 'Start with why.' In het YouTubefilmpje *Start with why – how great leaders inspire action* vertelt hij hierover.

Van missie naar de werkvloer

De volgende stap is het vertalen van de organisatiemissie en -visie naar acties op de werkvloer. Bij veel organisaties gaat het daar helaas mis: er is een kloof tussen de organisatiedoelstellingen en de werkvloer, met als gevolg dat de verbinding tussen wat de organisatie wil en wat de medewerkers willen niet tot stand komt.

Execution gap
Auteur Stephen R. Covey legt in zijn YouTubefilmpje *Goals – 4 disciplines of execution* uit waarom het zo belangrijk is dat organisatiedoelstellingen worden vertaald naar acties op de werkvloer.

Covey zegt in het filmpje: 'The frontline produces the bottomline.' Oftewel: het zijn de medewerkers die zorgen voor geld in het laatje. Zij zijn degenen die met hun acties de organisatiedoelstellingen realiseren. Als voor medewerkers niet duidelijk is wat er van hen wordt verwacht om in lijn met de geformuleerde missie, visie en organisatiedoelstellingen te werken, waar ben je als organisatie dan mee bezig?

Hoe voorkom je de kloof tussen de organisatiedoelstellingen en de werkvloer?

1. Medewerkers kennen de organisatiedoelstellingen
Weet jij wat de doelstellingen van jouw organisatie zijn? Ik hoop van wel. Want als een leidinggevende al niet precies weet wat de organisatiedoelstellingen zijn, wat mag je dan van je medewerkers verwachten?

Iedere medewerker zou in staat moeten zijn om in zijn eigen woorden de organisatiedoelstellingen te vertellen. Jij vervult daar een cruciale rol in. Help medewerkers om de organisatiedoelstellingen handen en voeten te geven. Dit doe je onder andere door het gebruik van begrijpbare en op de praktijk gerichte woorden, zonder jargon: een 'Jip-en-Jannekeversie'.

2. Medewerkers voelen zich verbonden met de organisatiedoelstellingen

Begrijpen je medewerkers de logica van de organisatiedoelstellingen en kunnen ze hun dagelijkse werk, hun bijdrage hierin herkennen? Zien ze ook dat ze hun persoonlijke doelstellingen, ambities en talenten hierin kwijt kunnen? Deze 'buy-in' is noodzakelijk voordat medewerkers mee willen helpen de organisatiedoelstellingen te realiseren.

Ook hier vervul je een belangrijke rol. Help medewerkers de vraag 'what's in it for me?' te beantwoorden. Je zult zien dat ze dan vooral eigenaarschap en proactief gedrag laten zien.

3. Medewerkers besteden het merendeel van hun werktijd aan de realisatie van de organisatiedoelstellingen

Bestaat de gemiddelde werkweek van je medewerkers vooral uit activiteiten die het realiseren van de organisatiedoelstellingen ondersteunen, of worden ze vaak afgeleid door andere, op dat moment urgente zaken? Faciliteer je medewerkers zodat zij hun werktijd vooral besteden aan de realisatie van de organisatiedoelstellingen.

4. Medewerkers weten wat ze concreet moeten doen en hoe ze dat het best kunnen doen

Maak jij duidelijke afspraken met je medewerkers over welke resultaten (het wat) worden verwacht en welk gedrag (het hoe) nodig is om deze resultaten te bereiken? De vertaling van organisatiedoelstellingen in afspraken met je medewerkers kun je het best vergelijken met een waterval, waarin organisatiedoelstellingen via afdelingsdoelstellingen en teamdoelstellingen worden vertaald in individuele doelstellingen.

Verbinden van de medewerkers met de organisatie

Wat de organisatie wil, is het realiseren van haar doelstellingen door concrete acties op de werkvloer. Dat gaat het best met gemotiveerde medewerkers. Alle reden dus om bij de medewerkers te beginnen.

Actie 1: sturen op resultaten, gedrag en ontwikkeling

Succesvolle organisaties en dus ook succesvolle leidinggevenden sturen op:

- Resultaten: wat zijn de resultaten van medewerkers?
- Gedrag: hoe bereiken medewerkers hun resultaten?
- Ontwikkeling: hoe ontwikkelen medewerkers zich?

Actie 2: de verbinding maken en bewaken in het gesprek

Het sturen op resultaten, gedrag en ontwikkeling komt samen in de gesprekken die jij met je medewerkers hebt. In deze gesprekken maak en bewaak je continu de verbinding tussen de organisatiedoelstellingen en de persoonlijke doelstellingen, ambities en talenten van je medewerkers.

De gesprekken van de HR-cyclus

Binnen organisaties zijn de functionerings- en beoordelingsgesprekken de officiële gesprekken. Waarom worden deze officiële gesprekken, de zogenaamde HR-cyclus, gevoerd? Wat is het nut? Ik hoor je zuchten... Is het omdat het moet van HR, vanwege de cao?

De functionerings- en beoordelingsgesprekken zijn de officiële middelen van de organisatie die jij als verbindende schakel tussen de organisatie en je medewerkers gebruikt. Het zijn vaste momenten om medewerkers te inspireren, te motiveren, aandacht te besteden aan ontwikkeling, de prestaties te verbeteren of te continueren. Natuurlijk doe je al die dingen in elk gesprek dat je met je medewerker hebt. Je geeft immers het hele jaar door leiding en niet maar twee of drie keer per jaar.

Hoe de HR-cyclus eruitziet, verschilt per organisatie. De ene organisatie heeft één officieel gesprek per jaar, andere organisaties hebben er twee, weer andere drie en sommige nog meer.

Mijn ideale HR-cyclus bevat drie officiële gesprekken per jaar, gelinkt aan drie logische momenten: aan het begin van het jaar een planningsgesprek, halverwege het jaar een voortgangsgesprek en aan het eind van het jaar een beoordelingsgesprek. De HR-cyclus kun je op die manier beschouwen als een *plan-do-check-act*-cyclus.

Het planningsgesprek: de spelregels

Aan het begin van het jaar stel je in het planningsgesprek aan je medewerker de vragen: 'Wat ga jij dit jaar doen en realiseren?' en: 'Waarop ga ik jou aan het eind van het jaar beoordelen?' In een planningsgesprek komen de organisatie- en afdelingsdoelstellingen en persoonlijke doelstellingen, ambities en talenten van de medewerker bij elkaar. Daar maak jij samen met je medewerker 'chocola' van in de vorm van afspraken over resultaten, gedrag en ontwikkeling. Je stelt als het ware samen de spelregels vast.

Jij en je medewerker hebben hier allebei een verantwoordelijkheid in. Een planningsgesprek is dan ook een dialoog. Het is daarom belangrijk dat jij je medewerker vooraf informeert over de organisatie- en afdelingsdoelstellingen en over zijn functieprofiel.

Na een geslaagd planningsgesprek loopt je medewerker je kantoor uit met een lijstje met afspraken waarvan hij zegt: 'Dit klopt, dit zijn mijn afspraken, dit is mijn werk. Hier ga ik voor. Hier mag je mij op beoordelen aan het einde van het jaar.'

Het voortgangsgesprek: hoe staan we ervoor?

Halverwege het jaar houd je in het voortgangsgesprek samen met je medewerker de afspraken die je aan het begin van het jaar in het planningsgesprek hebt gemaakt tegen het licht. Ook dit gesprek is een dialoog. Je bespreekt de voortgang en de stand van zaken van de verschillende afspraken.

Je stelt ook samen de vraag: 'Kloppen de afspraken nog?' Want het kan zomaar zijn dat een afspraak die je aan het begin van het jaar hebt gemaakt halverwege het jaar achterhaald is, of dat de omstandigheden die bepalend waren voor de afspraak, zijn veranderd. Stel dan de afspraak bij of schrap hem en maak een nieuwe afspraak. Uiteraard doe je dat niet bij elk wissewasje.

De meeste organisaties houden het bij één officieel voortgangsgesprek per jaar. Andere organisaties zien elk tussentijds gesprek als een voortgangsgesprek – net als ik. Ook het gesprekje bij de koffieautomaat is een voortgangsgesprek. In feite onderzoek je in een voortgangsgesprek of je als organisatie/leidinggevende en medewerker nog op dezelfde golflengte zit; je managet de verwachtingen. Het lijstje met afspraken wordt daarmee een werkdocument dat je meerdere keren per jaar uit de la haalt en met je medewerker bespreekt.

Het beoordelingsgesprek: de eindbalans

Aan het einde van het jaar maak je de eindbalans op. Jij hebt in het beoordelingsgesprek de verantwoordelijkheid om je medewerker te beoordelen en daar een toelichting op te geven. In tegensteling tot de andere gesprekken is dit gesprek meer eenrichtingsverkeer.

De beoordeling mag geen verrassing zijn. Als de ogen van je medewerker steeds groter worden wanneer jij aan het woord bent, kun je ervan op aan dat er iets niet goed is gegaan in de andere gesprekken. Als je goede afspraken hebt gemaakt, waarvan de medewerker zegt: 'Ja dit zijn mijn afspraken, hierop mag je mij beoordelen', als je tussentijds de voortgang hebt besproken, feedback hebt gegeven over resultaten, gedrag en ontwikkeling, zaken hebt bijgesteld en bijgestuurd, dan kan de beoordeling gewoonweg geen verrassing zijn.

Combinatie van beoordelings- en planningsgesprek

Er zijn leidinggevenden die het beoordelings- en planningsgesprek samenvoegen. Het beoordelingsgesprek aan het einde van het jaar en het planningsgesprek aan het begin van het jaar zitten immers dicht op elkaar. Hier is niets op tegen, mits je in de gaten houdt dat het twee verschillende gesprekken zijn met elk hun eigen dynamiek en kenmerken.

Wanneer je hiervoor kiest, begin dan het gesprek met het beoordelingsdeel. Doe dit niet te uitgebreid, houd het kort en zakelijk. Jouw beoordeling is immers geen verrassing. Schrijf de punten op die je vanuit de beoordeling mee wilt nemen voor het maken van afspraken in het planningsgesprek. Rond je beoordeling officieel af, ga even een kop koffie halen met je medewerker, en start dan het planningsgesprek. Nu kun je de punten aansnijden die je zojuist hebt opgeschreven. Door het op deze manier te doen maak je een knip, houd je beide gesprekken zuiver en creëer je geen verwarring bij de medewerker.

Geen tijd voor?!

Wanneer ik het met leidinggevenden over de gesprekken van de HR-cyclus heb, beginnen ze vaak te piepen en te kreunen: 'Die gesprekken kosten tijd en die tijd is er vaak niet.' Had jij dat ook toen ik er in dit hoofdstuk over begon? De gesprekken van de HR-cyclus zijn een belangrijke prioriteit van je werk. Een goede verbinding tussen de organisatie en je medewerkers levert je bovendien veel op. Maak daar dus tijd voor. Anders kun je beter stoppen met leidinggeven.

De feiten over tijd en rendement

Als je nu nog steeds 'ja, maar...' zegt, reken dan even mee. Je hebt per jaar ongeveer 225 werkdagen, acht uur per dag, dus 1800 uur werkuren per jaar. Stel, je geeft leiding aan vijftien medewerkers, met wie je in het kader van de HR-cyclus drie jaarlijkse gesprekken voert. Elk gesprek duurt een uur en vergt een uur voorbereiding en uitwerking. Klopt aardig, toch? Dan ben je totaal negentig uur per jaar kwijt aan de gesprekken van de HR-cyclus. Dat is maar 5 procent van je totale jaarlijkse werktijd. Waar hebben we het over?

Stel nu dat je met iedere medewerker jaarlijks een extra (voortgangs)gesprek voert en dat dit zorgt voor gemiddeld 10 procent meer motivatie en productiviteit van iedere medewerker. Dan heb je met een minimale extra tijdsinvestering (van 5 naar 6,67 procent) veel bereikt.

Je moet natuurlijk niet overdrijven en je medewerkers in de weg lopen, maar oprechte aandacht geven aan medewerkers rendeert als een tierelier!

De ideale HR-cyclus in de praktijk

De HR-cyclus in mijn organisatie vind ik ideaal.

Wat wil de organisatie?

De jaarlijkse HR-cyclus begint bij ons in oktober met een heisessie van één dag voor de hele organisatie. Hier delen we met elkaar onze ideeën voor het komende jaar: over de markt, onze klanten, de concurrentie, onze producten en diensten, de interne werkprocessen, de onderlinge samenwerking, et cetera. De directie laat zich voeden door de medewerkers. Net als in veel andere organisaties geldt ook bij ons dat medewerkers vaak beter weten wat er intern en extern speelt dan de directie.

Na de heisessie trekt de directie zich begin november terug om de organisatiedoelstellingen voor het komende jaar op te stellen, die aansluiten op de organisatiemissie en -visie. Dit A4'tje heet een SOAP, Strategy On A Page. Zowel harde doelstellingen over omzet, rendement en kosten als zachte doelstellingen over klant- en medewerkerstevredenheid, innovatie en marketing worden concreet geformuleerd. Wat medewerkers meteen opvalt aan het A4'tje, is dat in de organisatiedoelstellingen zaken zijn meegenomen van de heisessie van oktober. Er is dus een duidelijke buy-in.

De rest van november en begin december gaan de leidinggevenden en medewerkers van de vier afdelingen aan de slag. Ze stellen zichzelf de vraag: 'Als dit de organisatiedoelstellingen zijn, wat worden dan onze afdelingsdoelstellingen?' Hieruit volgen vier A4'tjes met daarop de afdelingsdoelstellingen die zijn afgeleid van de organisatiedoelstellingen.

Dan volgt een cruciale stap: de vier afdelingsmanagers en de directie overleggen met elkaar wat de relatie is tussen de verschillende afdelingsdoelstellingen. De bedoeling daarachter is dat de afdelingsdoelstellingen als puzzelstukjes in elkaar moeten grijpen. Er zitten immers afhankelijkheden tussen de afdelingen. Als bijvoorbeeld de verkoopafdeling komend jaar iets wil realiseren, dan heeft die daar de marketingafdeling voor nodig. Logisch dat dit met elkaar wordt afgestemd.

Vervolgens is er de check of de optelsom van alle afdelingsdoelstellingen leidt tot de realisatie van de organisatiedoelstellingen. In december zijn de A4'tjes met organisatie- en de afdelingsdoelstellingen van het komende jaar klaar.

Mijn planningsgesprek

Half januari heb ik het planningsgesprek met mijn leidinggevende. Dit gesprek duurt ongeveer een uur. Ter voorbereiding krijg ik van mijn leidinggevende drie officiële documenten:

1. A4'tje met de organisatiedoelstellingen
2. A4'tje met de afdelingsdoelstellingen
3. Mijn functieprofiel

Ik haal uit deze documenten wat de organisatie en de afdeling het komende jaar wil en welke bijdrage van mij wordt verwacht. 'Oké, dit wil de organisatie. Maar wat wil ík, wat zijn mijn persoonlijke doelstellingen, mijn ambities? Hoe wil ik mijn talenten inzetten?' In klad schrijf ik op het formulier welke afspraken ik wil maken. Daarbij houd ik rekening met zowel het organisatiebelang als mijn persoonlijke belang. Mijn leidinggevende bereidt zich ook voor en vult het formulier ook in klad in.

Tijdens het planningsgesprek leggen we de twee kladjes naast elkaar. Omdat we ons beiden goed hebben voorbereid, is het lijstje met definitieve afspraken over resultaten, gedrag en ontwikkeling in ongeveer drie kwartier klaar.

Het laatste kwartier van het gesprek gebruiken we om samen het digitale formulier in te vullen. Ik zit achter het toetsenbord. We ondertekenen beiden het formulier. En klaar zijn we. Ik krijg een kopie, mijn leidinggevende krijgt een kopie en het origineel gaat in mijn dossier.

Afspraken op tafel

Begin februari hebben we een afdelingsoverleg waarin we als collega's de afspraken die iedereen in zijn planningsgesprek heeft gemaakt, met elkaar delen. Dat is een interessante sessie omdat duidelijk wordt wat de verschillen zijn tussen de afspraken en waarom die verschillen er zijn. Daarnaast kijken we hoe de individuele afspraken zich verhouden tot de afdelingsdoelstellingen. Naast ieders individuele verantwoordelijkheid hebben we immers ook een teamverantwoordelijkheid.

Het delen van de afspraken stimuleert om elkaar scherp te houden bij de realisatie van de afspraken. Daarnaast krijgen we als collega's inzicht in en respect voor de onderlinge verschillen. Collega A wordt vooral ingezet voor het realiseren van doelstelling X, terwijl collega B vooral met doelstelling Y bezig is, mede afhankelijk van ieders talenten. Zo ontstaan meer begrip, meer verbondenheid en meer teamgevoel.

Mijn voortgangsgesprekken

We hebben één officieel voortgangsgesprek per jaar, vlak voor de zomervakantie. Maar ik praat vaker met mijn leidinggevende over de voortgang. Ik pak regelmatig het afsprakenformulier erbij en ik maak er ook aantekeningen op. Het is voor mij geen formulier dat in de la verdwijnt. Nee, voor mij is het een kompas dat me scherp houdt. Dat geldt ook voor mijn leidinggevende.

Mijn beoordelingsgesprek

In december, net voor kerst, heb ik mijn beoordelingsgesprek. De beoordeling is voor mij geen verrassing. Mijn leidinggevende daagt me uit het beoordelingsgedeelte op het formulier vooraf in klad in te vullen. Hij doet dat ook.

Wij hebben drie eenvoudige beoordelingscategorieën:

1. onder de norm: heeft minder gerealiseerd dan is afgesproken
2. op de norm: heeft gerealiseerd wat is afgesproken
3. boven de norm: heeft meer gerealiseerd dan is afgesproken

Vervolgens leggen we de twee kladjes naast elkaar en dan blijkt meestal dat er weinig verschillen zijn. Zodra alles eenmaal op het formulier is ingevuld en ondertekend, is de HR-cyclus voor dit jaar klaar.

Mijn beloning

Ook in mijn organisatie hangt de salarisverhoging af van mijn beoordeling. Mijn salarisverhoging wordt medio februari besproken, als het jaar financieel is afgesloten en duidelijk is hoe de organisatie financieel gepresteerd heeft. Dit bepaalt namelijk de loonruimte. Deze 'pot met geld' wordt conform de beoordelingen, volgens afgesproken regels, verdeeld.

De HR-cyclus in jouw organisatie

Lijkt de HR-cyclus in jouw organisatie op die in mijn organisatie? Wat ik vaak van leidinggevenden hoor, is dat de afstemming tussen afdelingen over de afdelingsdoelstellingen niet plaatsvindt.

Daarnaast vinden veel leidinggevenden het afstemmen van ieders persoonlijke doelstellingen binnen de afdeling lastig. 'Ga je dan je individuele afspraken met elkaar bespreken?' Ja, die ga je bespreken. Misschien laat je heel persoonlijke afspraken achterwege. Maar wanneer je als team wilt werken, is het belangrijk dat jouw medewerkers van elkaar weten wat iedereen dit jaar gaat doen, hoe ze samen kunnen werken en hoe ze gebruik kunnen maken van elkaars talenten.

Het plannen van de gesprekken

Ik merk dat in veel organisaties de afspraken voor de HR-cyclus nogal eens ondersneeuwen. Op het moment dat het gesprek met de medewerker gepland staat, is er vaak wel iets anders wat belangrijker en urgenter is. Heel begrijpelijk, maar dan komt zo'n gesprek dus nooit gelegen. En eigenlijk zeg je daarmee: 'Ik vind jou als medewerker minder belangrijk dan...'

Ook binnen mijn organisatie was dit het geval. We weten inmiddels dat de geschetste HR-cyclus alleen slaagt door een goede planning en discipline van iedereen. Dit hebben we echt moeten leren. Wij plannen de verschillende gesprekken van de HR-cyclus ruim een jaar van tevoren centraal in ieders agenda, zowel bij de leidinggevenden als bij de medewerkers. We hebben met elkaar de afspraak gemaakt dat je wel een heel goed verhaal moet hebben om zo'n afspraak te verzetten. Je ziet immers in je agenda de gespreksafspraak ruim van tevoren, zodat je andere zaken eromheen kunt plannen.

Samenvatting

- Wat een medewerker wil, blijkt uit zijn motivatie. En iedere medewerker is gemotiveerd. De vraag is alleen: waarvoor?
- De vijf universele motivatoren autonomie, meesterschap, zingeving, waardering en context kun je gebruiken als knoppen om de motivatie van je medewerkers positief te beïnvloeden.
- Wat de organisatie wil, staat in de organisatiemissie en -visie. Vertaal die in concrete acties op de werkvloer.
- Succesvolle organisaties zorgen voor de verbinding van wat de organisatie wil met wat de medewerkers willen. Dat gaat het best met gemotiveerde medewerkers. Alle reden om bij de medewerkers te beginnen.
- De verbinding tussen de organisatie en je medewerkers maak en bewaak je door in gesprekken te sturen op resultaten, gedrag en ontwikkeling.
- De gesprekken van de HR-cyclus (plannen, voortgang en beoordelen) zijn vanuit de organisatie de officiële instrumenten voor het tot stand brengen van de verbinding tussen de organisatie en je medewerkers.

3 Het echte gesprek

De ene keer loopt een gesprek met een medewerker soepel, de andere keer lijkt een gesprek maar niet op gang te komen. Toch is het mogelijk om met iedere medewerker een echt gesprek te voeren. En met een echt gesprek bedoel ik een moedig en eerlijk gesprek, een gesprek dat op de werkvloer concrete resultaten oplevert.

Smeerolie van succes

Je hebt door het voeren van een echt gesprek met je medewerker een enorme invloed op zijn motivatie en productiviteit. Het echte gesprek is de smeerolie van succesvol leidinggeven. En dan bedoel ik niet de gesprekjes over het weekend of sport, maar de moedige en eerlijke gesprekken, gesprekken waarin je elkaar, met respect, echt leert kennen, gesprekken waarin jij en je medewerker kwetsbaar durven zijn.

In organisaties waar het slecht is gesteld met het echte gesprek, heerst wantrouwen, groeit de weerstand en is de sfeer belabberd. Onder deze omstandigheden kan een organisatie onmogelijk succesvol opereren. Van echte gesprekken krijg je energie, medewerkers voelen zich begrepen, willen meer van zichzelf laten zien en zijn betrokken. Dan gaat het bruisen in de organisatie.

Ik wil je bewust maken van de manier waarop een echt gesprek werkt en wat je daar zelf in kunt betekenen. Ik geef je geen stappenplan, geen model voor het ideale echte gesprek, maar inspiratie en tips. Want wat er tijdens een echt gesprek gebeurt, is niet te voorspellen.

Kwaliteit én kwantiteit kunnen beter

Wat mij betreft kan zowel de kwaliteit als de kwantiteit van de gesprekken tussen leidinggevende en medewerker omhoog. Mensen hebben aandacht nodig, dat blijkt ook uit het vorige hoofdstuk. De ene medewerker is daarin de andere niet, maar aandacht willen ze allemaal. Die aandacht geef jij hun vooral via de gesprekken die jij met hen hebt. Dat zijn als het goed is meer dan de jaarlijkse twee of drie officiële gesprekken. Medewerkers hebben behoefte aan regelmatige feedback in de vorm van meerdere korte gesprekken.

Denk nog eens terug aan jouw beste en slechtste leidinggevende, zoals je deed in hoofdstuk 1. Wat is ook alweer doorslaggevend voor het verschil tussen die twee?

Wat maakt een gesprek echt?

Het voeren van een echt gesprek met vrienden doen we vaak genoeg. We zijn oprecht geïnteresseerd in de ander en doen ons niet anders voor dan hoe we zijn. We stellen ons kwetsbaar op, er is immers wederzijds vertrouwen. Precies daarom lijken gesprekken met je vrienden vanzelf te gaan.

Ik vind het flauwekul om te denken dat gesprekken met medewerkers van een andere orde zijn. We willen in een gesprek met een medewerker een bepaald resultaat bereiken. Dat maakt het inderdaad anders. Maar zou het zo kunnen zijn dat we in gesprekken op de werkvloer geneigd zijn het resultaat voorop te stellen en de relatie, de mens, soms te vergeten?

Een excellent voorbeeld van iemand die weet hoe hij het echte gesprek moet voeren, is Coen Verbraak, journalist en programmamaker voor de NTR. In 2013 heeft hij de Sonja Barend Award gewonnen voor zijn interview met voormalig voorzitter van de raad van bestuur van ABN AMRO Rijkman Groenink.

Bekijk ter inspiratie eens *Coen Verbraak interviewt Rijkman Groenink* op YouTube.

In 2013 heb ik een college van Coen Verbraak gevolgd, waarin hij zijn succesvolle gesprekstechnieken prijsgaf, waar je als leidinggevende veel aan kunt hebben. In het kort komt het neer op:

1. Eerst de mens, dan het resultaat.
2. Bereid je voor op zowel de mens als het resultaat.
3. Met luisteren–samenvatten–doorvragen houd je de regie zonder de relatie uit het oog te verliezen.
4. Je kunt bijna elke vraag stellen zolang je maar oprecht geïnteresseerd bent.

1. Eerst de mens, dan het resultaat

Een gesprek wordt pas een echt gesprek, en daarmee effectief, wanneer jij verbinding weet te maken met je medewerker. Dit noem ik online gaan.

2. Voorbereiding is belangrijk

Om in een gesprek online te kunnen gaan met je medewerker en het gewenste resultaat te behalen, is de voorbereiding net zo belangrijk als het gesprek zelf. Klinkt logisch, maar veel leidinggevenden voeren onvoorbereid gesprekken met medewerkers. Dat is niet effectief en zonde van je kostbare tijd. De tijd die je besteedt aan de voorbereiding, verdien je dubbel en dwars terug.

Wanneer ik me op een belangrijk gesprek voorbereid, schrijf ik op een kladblok mijn voorbereiding in steekwoorden en ik heb deze voor me liggen tijdens het gesprek. Voor mij is dat dé manier om geen dingen te vergeten en gefocust te blijven op het resultaat.

Hoe bereid je je voor op het online gaan met je medewerker? Stel jezelf de vragen:

- Wat is de gebruiksaanwijzing van de medewerker, hoe zit hij in elkaar?
- Waar gaat het hem om, wat houdt hem bezig?
- Wat wil hij bereiken in het gesprek?
- En wellicht: wat is zijn privésituatie?

Bovendien is het goed om jezelf de volgende vragen te stellen:

- Wat wil ik bereiken met dit gesprek?
- Wanneer is dit gesprek voor mij geslaagd?
- Wat wil ik weten?
- Wat waren de eerdere afspraken?

Het is belangrijk dat je niet te veel wilt in een gesprek. Dan wordt het wel erg moeilijk om online te blijven met je medewerker. Het is effectiever om meerdere korte gesprekken te voeren dan één lang gesprek. Dus focus je op de gespreksresultaten die er op dat moment echt toe doen.

Online gaan en blijven

Genoeg gepraat nu, op naar het echte gesprek. Je voorbereiding staat. Je medewerker schuift aan. Het gesprek komt op gang. Veel hangt nu af van de houding waarmee je het gesprek voert.

Ben je een schaker of een zeiler?

Schakers hebben van tevoren in hun hoofd zitten: 'Als hij dit gaat zeggen, zeg ik dat en dan zegt hij natuurlijk dit...' Op deze manier is de schaker al snel de verbinding met zijn gesprekspartner kwijt, want hij is voornamelijk het gesprek in zijn hoofd aan het voeren.

Een zeiler daarentegen laat zijn reacties afhangen van hoe de wind staat. Zeilers bewegen mee met hun gesprekspartner zonder het gespreksresultaat uit het oog te verliezen. Omdat ze op deze manier online blijven met hun gesprekspartner, is hun gesprek veel effectiever.

Je ergeren aan je medewerker
Ik ken een leidinggevende die van zichzelf heel netjes en gestructureerd is. Zijn bureau ziet er altijd opgeruimd uit. Een van zijn medewerkers is het tegenovergestelde: chaotisch en rommelig. Toch presteert deze medewerker heel goed. De leidinggevende ergert zich echter aan het rommelige gedrag van de medewerker en wil dat de medewerker hier iets aan doet.

Verwonder je
In plaats van je te ergeren aan je medewerker en te oordelen, kun je ook oprecht nieuwsgierig zijn, je verwonderen. Je verwonderen betekent: aandacht hebben, oprecht willen weten, geduld hebben, goed kijken, goed luisteren, niet oordelen. Wellicht kun je nog iets leren van je medewerker: 'Hoe doe jij dat toch? Goed werk afleveren en je niet druk maken over de vele papieren op je bureau? Ik vind dat heel knap.'

Houd je ego in je achterzak
Oprecht nieuwsgierig, vol verwondering je medewerker tegemoet treden gaat makkelijker als je beseft dat niet jij maar je medewerker centraal staat in het gesprek. Geef je ego en trots dus even een break. Best lastig, dat geef ik toe, maar met je ego in je achterzak komt je medewerker met informatie over de brug waar jij echt iets mee kunt. Je ego zal trots op je zijn.

Onderdruk de 'reparatiereflex'

Veel leidinggevenden hebben de neiging om op het moment dat een medewerker een probleem op tafel legt, dat probleem voor die medewerker op te lossen: de zogenaamde 'reparatiereflex'. Het woord 'reflex' zegt het al: dit gaat onbewust. Maar deze reflex heeft er ook een handje van je het idee te geven dat je op dat moment heel goed bezig bent.

Bovendien hoor ik je zeggen: 'Ik zou graag willen dat mijn medewerkers wat proactiever zijn.' Dat krijg je niet voor elkaar door hun problemen snel even te fixen. Proactiviteit bereik je door zelf achterover te leunen en passief te zijn. Hiermee help je je medewerker het probleem zelf op te lossen. Dus weg met die reparatiereflex, ook als het druk is.

Overtuig je medewerker niet van jouw 'gelijk'

Probeer zo veel mogelijk zonder waardeoordeel te communiceren. Dit houdt ook in dat je je medewerker niet overtuigt van jouw 'gelijk'. Jouw gelijk is net als het gelijk van je medewerker een waarheid. Misschien heeft je medewerker wel echt gelijk. Jij hebt toch ook meestal gelijk in het gesprek met jouw leidinggevende?

Wat je geeft, ontvang je terug

Ook al begint de verantwoordelijkheid voor het goed verlopen van het gesprek meestal bij jou, je medewerker is net zo goed verantwoordelijk. Een gesprek voer je samen. Een sfeer van samenwerking creëren is bovendien niet ingewikkeld. Maak simpelweg gebruik van het wederkerigheidsprincipe: 'Wat je geeft, ontvang je terug.'

Als je in een gesprek empathie toont, ontvang je dat terug. Toon je interesse en aandacht, dan zul je beide terugontvangen. Probeer het maar eens. Lach naar de caissière in de supermarkt en je zult zien dat je een glimlach terugkrijgt. Zo werkt het ook in een gesprek. Dus als jij eerst het standpunt van de medewerker probeert te begrijpen, dan is hij ook bereid om naar jouw standpunt te luisteren.

Richt je op het hier en nu

Wanneer je echt in het gesprek zit en daar voor honderd procent op gefocust bent, zie je bij je medewerker van alles gebeuren waar jij wat mee kunt. Je krijgt namelijk de mogelijkheid realtime gedrag aan de orde te stellen. En feedback op een 'heterdaadje' in positieve of negatieve zin, is de meest krachtige feedback die je kunt geven. Om deze, op een presenteerblaadje aangereikte, kansen niet te missen, zul je je in het gesprek op het hier en nu moeten richten. Je volgende afspraak en dat lastige telefoongesprek van vanochtend doen er nu niet toe.

Vermijd dienstmededelingen

Klinkt het je allemaal wat soft tot nu toe? Dat is het ook. Maar juist door zacht te zijn in de relatie, kun je hard zijn qua inhoud. Je medewerkers willen immers dat je duidelijk bent over de inhoud.

Een opmerking als 'het printpapier is weer op' is niet duidelijk en blijft in het luchtledige hangen. Het is een dienstmededeling, net als 'wat is het hier warm' en 'ik heb gisteren al koffie gehaald'.

Ongemerkt communiceren we vaak in dienstmededelingen. Je neemt geen verantwoordelijkheid om het probleem op te lossen, je checkt niet of het wel klopt, en de ander ergert zich: 'Verwacht hij nu van mij dat ik nieuw printpapier ga halen?' Wees duidelijk in wat je wilt en ga er niet automatisch van uit dat de ander je wel begrijpt: 'Het printpapier is op. Kun jij uit het magazijn een nieuw pak halen?'

3. Luisteren–samenvatten–doorvragen

Jezelf scherp houden op online blijven met je gesprekspartner én tegelijk je gespreksresultaat realiseren is best een uitdaging. Met luisteren–samenvatten–doorvragen heb je een praktisch handvat dat je helpt bij de les te blijven en de regie te houden zonder de relatie uit het oog te verliezen.

Luisteren

Aandacht geven, in de vorm van luisteren, is de motor van elk gesprek. Luisteren kunnen we allemaal, zeker als het onderwerp ons interesseert. Echt luisteren, is echter een ander verhaal. Maar is het altijd nodig om echt te luisteren in een gesprek met een medewerker? Ik onderscheid vier verschillende luisterniveaus:

1. Doen alsof

Doen alsof is een luisterniveau dat we regelmatig toepassen. Tenminste, ik wel. Op een feestje bijvoorbeeld. Dan kan ik wel eens doen alsof ik luister terwijl ik eigenlijk helemaal niet geïnteresseerd ben.

2. Selectief

Als je selectief luistert, hoor je amper wat iemand zegt. Je reageert pas als er iets wordt gezegd wat jij interessant vindt en wat in jouw straatje past. Je luistert dus om te reageren.

3. Aandachtig

Bij aandachtig luisteren hoor je alles wat de ander zegt, maar daarbij ga je vooral vanuit je eigen referentiekader op zoek naar herkenning, om daar vervolgens op te reageren. Vaak blijven we op het luisterniveau van aandachtig luisteren hangen. We denken dat we heel goed luisteren. Immers, we horen toch alles wat de ander zegt? Echter, ook hier luister je om te reageren en niet om te begrijpen.

Aandachtig luisteren na de zomervakantie

Dit luisterniveau kun je leuk testen op je werk rond de zomervakantie. Als je je collega's vertelt over jouw vakantie, duurt het bij sommige collega's maar kort voordat het gesprek gaat over hún vakantie. Deze collega's luisteren aandachtig vanuit hun eigen referentiekader en zijn gespitst op 'wanneer kan ik mijn punt inbrengen?' Ze luisteren dus om te reageren. Bij collega's die vooral bij jouw verhaal blijven, zul je merken dat het gesprek veel plezieriger en effectiever verloopt. Probeer het maar eens.

4. Empathisch

Het vierde luisterniveau is empathisch luisteren: je gaat op zoek naar wat de ander echt bedoelt, je luistert tussen de regels door; je bent gespitst op emoties en andere non-verbale signalen. Je doet je best je in te leven en mee te kijken vanuit het referentiekader van de ander. Je zelf, je ego en je trots zijn offline. En dat blijft ook zo, want je wilt oprecht weten wat die ander te vertellen heeft. Je luistert om te begrijpen en niet om te reageren.

Empathisch luisteren doet een beroep op je geduld, want het kost meestal meer tijd. Maar het is wel ontzettend effectief. Je zult merken dat als de ander in de gaten heeft dat jij empathisch luistert, hij dit als zeer plezierig ervaart. Hij vertelt meer en soms gaat er een wereld voor je open.

Je hoeft als leidinggevende natuurlijk niet altijd empathisch te luisteren. Soms is aandachtig luisteren ook heel handig, zeker als je snel *to the point* wilt komen. Maar wanneer je gesprekken voert om medewerkers in beweging te krijgen en erachter te komen wat hen echt motiveert, is het zaak om bij het referentiekader van je medewerkers te blijven en empathisch te luisteren.

Het verschil tussen aandachtig en empathisch luisteren kun je goed zien in het hilarische YouTubefilmpje *It's not about the nail.*

Luistertips

Veel leidinggevenden, wellicht jij ook, zijn in het contact met hun medewerkers graag aan het woord. Luisteren is niet hun sterkste punt. *Comes with the job.* Maar als je de ambitie hebt een betere leidinggevende en dus een betere luisteraar te worden, heb ik een paar handige tips voor je:

- *Je hebt twee oren en een mond.* Gebruik ze ook in die verhouding. Je kunt nu eenmaal niet luisteren als je praat.
- *Houd je mond, ook van binnen.* Alleen letterlijk je mond houden is niet genoeg. Ook vanbinnen moet je stil zijn en je mond houden. Je kunt niet praten in je hoofd en luisteren tegelijk. Dus niet gaan zitten malen over je volgende afspraak.
- *Heb geduld.* Gun je gesprekspartner de tijd om onder woorden te brengen wat hij denkt. Iedere medewerker heeft zo zijn eigen tempo. En als je te weinig geduld hebt en te hard gaat, krijg je weerstand.
- *Maak gebruik van stiltes.* Een van de machtigste instrumenten die je kunt toepassen om goed te luisteren, is een stilte. Hoe lang denk jij dat het duurt voordat een stilte in een gesprek ongemakkelijk wordt? Na gemiddeld 4 seconden willen we iets zeggen, puur om de stilte te verbreken. Je kunt dus best bewust een stilte laten vallen. Daarmee lok je uit dat die ander gaat praten. Een handig instrument, niet alleen voor leidinggevenden.

Effectieve stilte

Een arts vraagt zijn patiënt: 'Hoeveel alcohol drinkt u zo gemiddeld per week?' De patiënt: 'Nou, twee à drie glazen per week.' Waarop de arts een ongemakkelijke stilte laat vallen. Na ongeveer 4 seconden zegt de patiënt: 'Nou ja, nu u het er toch over heeft, misschien zijn het wel zeven of acht glazen per week.'

Samenvatten
Je hebt goed geluisterd naar je medewerker, maar weet je zeker dat je hem ook echt hebt begrepen? Elkaar niet begrijpen zorgt niet alleen voor frustratie, het is ook uitermate ineffectief en tijdrovend. Om te voorkomen dat jullie langs elkaar heen praten, is het belangrijk om dit tussendoor af en toe te checken door samen te vatten.

In je samenvatting kun je bovendien nieuwe woorden toevoegen die je dichter bij de kern brengen van wat je medewerker echt bedoelt. Dat versterkt niet alleen de verbinding met hem, je krijgt ook extra informatie boven tafel. Samenvatten doe je op inhoud, emotie en non-verbale signalen.

Op inhoud
Wanneer je samenvat op inhoud, herformuleer of herhaal je letterlijk wat je medewerker heeft gezegd. Als je medewerker vervolgens reageert met zoiets als: 'Ja precies, dat bedoel ik,' dan heb je goed samengevat. Bovendien geef je je medewerker de indruk: hé, ik word begrepen. Dat voelt fijn. De verbondenheid wordt er sterker van.

Emoties hebben voorrang
Wanneer je samenvat op emotie, reflecteer je wat je op het emotionele vlak bij je medewerkers ziet gebeuren. Emoties hebben altijd voorrang op de inhoud.

Bijvoorbeeld: 'Ik zie dat je baalt van deze situatie. Klopt dat?' Door even te checken of je het goed hebt gezien, geef je je medewerker het gevoel: hé, ik ben gezien. Een medewerker die zijn emotie niet gezien voelt, zal die emotie blijven versterken totdat deze wel wordt gezien.

Het lichaam liegt niet

We communiceren voor een groot deel via non-verbale signalen, zoals oogbewegingen, stemgebruik, micro-expressies en lichaamshouding. Het lichaam liegt niet. Een medewerker die met zijn armen over elkaar achterover leunt in een stoel, zegt non-verbaal iets heel anders dan iemand die voorover leunt met zijn handen op tafel. Betrek die signalen in het gesprek door ze te checken en erop door te vragen.

De opstelling waarin jullie tijdens het gesprek zitten, kan invloed hebben op hoe iemand zich voelt tijdens het gesprek. Ga bijvoorbeeld eens schuin in plaats van recht tegenover elkaar zitten.

Als een gesprek stokt omdat je het even niet meer weet, ga dan samenvatten wat er tot nu toe is besproken. Terwijl jij aan het samenvatten bent, geef je jezelf even rust om te bedenken welke vraag je wilt gaan stellen. Je zult zien dat het gesprek dan weer op gang komt.

Doorvragen

Doorvragen is wat mij betreft het belangrijkste en leukste onderdeel van de luisteren–samenvatten–doorvragen-techniek. Jouw belangrijkste taak in een gesprek is niet het geven van de juiste antwoorden, maar het stellen van de juiste vragen.

Durf te vragen

Durf jij je medewerker de vraag te stellen: 'Wat motiveert jou om elke dag met plezier naar je werk te gaan?' Of ben jij net als veel leidinggevenden bang voor het antwoord en stel je de vraag daarom maar niet? Want 'eh... eigenlijk kom ik helemaal niet met plezier naar mijn werk' wil je natuurlijk niet horen. Toch?

Nog zo'n vraag waarbij veel leidinggevenden bang zijn voor het antwoord: 'Wat wil je worden als je groot bent?' Stel je voor, straks droomt hij over totaal iets anders dan zijn huidige werk en gaat hij binnenkort weg. Beangstigend, zeker als het om een medewerker gaat die je niet kwijt wilt.

Toch zijn het juist dit soort vragen die je helpen. Je komt erachter wat jouw medewerkers echt motiveert en daar kun je wat mee.

Vrachtwagenchauffeur worden!

Op de vraag 'wat wil je worden als je groot bent?', antwoordt een administratief medewerker: 'Ik wil vrachtwagenchauffeur worden.'

'Leuk zeg!' reageert de leidinggevende. 'Wat trekt je dan zo aan in dat beroep?'

De medewerker: 'Je komt nog eens ergens. Je ontmoet nieuwe mensen.'

'Dus jij houdt wel van een beetje avontuur?'

'Ja,' knikt de medewerker enthousiast. 'Op vakantie wil ik ook altijd nieuwe dingen zien en nieuwe mensen ontmoeten.'

Wanneer een paar maanden later aan de leidinggevende wordt gevraagd of er iemand van zijn afdeling voor een periode van drie maanden één dag in de week op de afdeling van een andere vestiging kan zitten, weet hij direct iemand.

4. Bijna elke vraag kan worden gesteld

Als je goed online bent en er over en weer vertrouwen is, kun je bijna elke vraag stellen, als het maar een oprechte vraag is en je oprecht geïnteresseerd bent in het antwoord.

Een echt gesprek mag best een beetje 'schuren'

Wanneer het je lukt je medewerker aan het denken te zetten, kom je bij de kern van zijn verhaal. Maar dat kan soms ongemakkelijk voelen. Een echt gesprek mag best een beetje 'schuren'. Het zorgt voor beweging. Je komt ergens.

Wat is een goede vraag?

Als de medewerker snel antwoord geeft op je vraag, is het geen goede vraag geweest. De medewerker heeft dan nauwelijks nagedacht, het antwoord lag aan de oppervlakte.

Bij een goede vraag weet de medewerker niet direct hoe te antwoorden, hij wordt stil en is zichtbaar geraakt. Een echt gesprek met goede vragen loopt traag. Er zijn veel stiltes en omdat de medewerker nadenkt, komen de woorden langzaam.

Welk soort vraag je stelt en de manier waarop, heeft impact op het verloop van het gesprek. Daar kun je bewust gebruik van maken. Ik zet de belangrijkste soorten vragen voor je op een rij. Speel ermee en kijk wat werkt en wat niet. En wees daarbij niet te voorzichtig. Neem anders eerst je thuisfront en je vrienden als proefkonijn.

Open vragen – wie, wat, wanneer, waar, hoe, waarmee

Open vragen zijn handig als je veel wilt weten en je de medewerker op zijn gemak probeert te laten voelen. De waaromvraag heb ik hier niet bij gezet. Deze wordt vaak opgevat als 'ik moet mij verantwoorden voor iets'. Dat wil echter niet zeggen dat je waaromvragen nooit kunt stellen.

De hand

Uit reacties die ik van leidinggevenden én medewerkers krijg, blijkt dat er vijf open vragen zijn die goed werken in een echt gesprek. Het zijn vragen die een medewerker tot nadenken stemmen, met antwoorden die jou veel informatie geven en die makkelijk te onthouden zijn door je hand als metafoor te gebruiken: bij elke vinger hoort een vraag.

Duim: waar ben je goed in?
Wijsvinger: waar wil je heen?
Middelvinger: waar heb je een hekel aan?
Ringvinger: waar blijf je trouw aan?
Pink: waar wil je nog in groeien?

Je kunt deze vragen tijdens een gesprek stellen. Of stel ze vooraf, zodat medewerkers zich kunnen voorbereiden. Laat je verrassen door hun antwoorden en doe er iets mee. En stel de vragen ook eens aan jezelf.

Gesloten vragen – vind je dit werk leuk?

Niks mis met een gesloten vraag, zeker niet als je snel iets duidelijk wilt krijgen met een ja/nee-antwoord.

Keuzevragen – bel je de klant morgen of zo meteen?
Met een keuzevraag geef je je medewerker een keuze en dat voelt altijd goed. Maar jij bepaalt waaruit hij kan kiezen.

Wanneer is het verslag klaar?
Je wilt weten wanneer je medewerker het verslag van het laatste projectoverleg klaar heeft. Dan kun je vragen: 'Wanneer heb je het verslag klaar?' Dat is een goede open vraag, maar je laat helemaal aan de medewerker over wat hij gaat zeggen. Je kunt ook een keuzevraag stellen: 'Ga je na het komende weekend het verslag maken of nog net voor het weekend?' Daarmee dwing je de medewerker om in elk geval te reageren op wat jij net zei.

Sturende vragen – vind je ook dat het beter zou moeten gaan op onze afdeling?
Is het nodig een medewerker een beetje uit de tent te lokken, dan kan een sturende vraag effectief zijn. Door je mening in je vraag te verwerken dwing je hem te reageren.

Confronterende vragen – stel dat binnenkort jouw baan verdwijnt, wat ga je dan doen?
In het kader van 'een gesprek mag best een beetje schuren', kan het bij sommige medewerkers helpen een confronterende vraag te stellen. Daar schrikt iemand van. Soms is dat nodig om een medewerker in beweging en aan het praten te krijgen over wat hij wil en vindt.

Waar blijkt dat dan uit?
Stel, een medewerker zegt: 'Ik werk heel erg hard,' of: 'Ik heb altijd aandacht voor de klant.' Door de confronterende vraag te stellen 'waar blijkt dat dan uit?', krijg je de zaken concreet.

Provocerende vragen – vind je ook niet dat dit wat te veel van je gevraagd is?
Voor provocerende vragen geldt hetzelfde als voor confronterende vragen: medewerkers in beweging en aan het praten krijgen over wat ze willen en vinden. Alleen ga je nog een stapje verder. Het doet even pijn, het schuurt, maar jij weet als het goed is precies bij welke medewerker een provocerende vraag past en bij welke niet. Doe het wel met een beetje humor, anders loop je het risico uit de bocht te vliegen.

Provoceren kun je doen door tegengesteld of dramatisch te reageren, te overdrijven, problemen uit te vergroten of absurde oplossingen aan te dragen. Een voorbeeld van een provocerende vraag voor een medewerker die overal problemen ziet: 'Stel dat ik jouw probleem ook zou willen hebben. Hoe zou jij mij dat kunnen aanleren? Wat moet ik daarvoor doen?'

Drie open vragen waarmee je medewerkers in beweging krijgt

Hoe krijg je medewerkers zover dat ze in hun eigen woorden een verandering vormgeven waar ze eigenlijk geen trek in hebben? Het volgende voorbeeld laat zien hoe je dit kunt bewerkstelligen.

In eigen woorden de verandering vormgeven

Binnenkort krijgen we in mijn organisatie een nieuw softwarepakket waarin ik mijn uren en klantgegevens moet bijhouden. Administratie is allesbehalve mijn hobby. Van een nieuw softwarepakket word ik dan ook niet blij. Ik ben net gewend aan het huidige pakket.

De eerste vraag die mijn leidinggevende mij stelt: 'In hoeverre ben je bereid om met het nieuwe softwarepakket te gaan werken op een schaal van één tot tien, waarbij geldt: één: ik ben helemaal niet bereid en tien: ik ben volledig bereid?' Mijn antwoord: 'Een drie.' Ik ben dus niet zo bereid.

Mijn leidinggevende zou de logische vervolgvraag kunnen stellen: 'Wat heb je nodig om van die drie een zes te maken?' Maar hij stelt een andere vraag: 'Waarom heb je jezelf geen één gegeven?' Die vraag had ik niet zien aankomen. Ik raak een beetje uit balans en na een stilte noem ik in mijn eigen woorden allerlei voordelen op van de verandering. 'Dat we een nieuw softwarepakket krijgen, is wel logisch. Het huidige pakket is hopeloos ouderwets en loopt steeds vast. En misschien valt de overgang wel mee, zeker als ik een ochtend naast Linda ga zitten, die me uitlegt hoe het nieuwe pakket werkt.'

Mijn leidinggevende luistert goed naar de positieve dingen die ik opnoem, oordeelt niet, schrijft ze op en stelt wat check-vragen. Hij vat de punten nog eens samen en stelt de slotvraag: 'Hoe kunnen we deze voordelen verder uitbouwen om van die drie een zes te maken?'

Het effect van deze drie vragen is dat ik proactief ga meewerken en op mijn manier en met mijn ideeën van een drie een zes maak.

Vraag voor de klagende medewerker

Medewerkers die elke verandering klagend tegemoet treden met 'ja, maar...', wil je wellicht een figuurlijke schop onder hun kont geven. Probeer dan de wondervraag: 'Stel, je wordt morgen wakker en alles is hier zoals jij zou willen. Hoe ziet dat er dan uit?' Met deze vraag laat je je medewerker nou eens vertellen wat hij wél wil, in plaats van wat hij niet wil. Leun achterover, laat een (ongemakkelijke) stilte vallen en ga alleen maar luisteren, samenvatten, doorvragen en vooral niet oordelen. Schrijf het op en pik eruit waar je wat mee kunt. Dan heb je de verbinding gelegd tussen wat je medewerker wil en wat de organisatie wil.

Het gesprek loopt niet lekker

We zijn vaak geneigd om op het moment dat we vinden dat een gesprek niet lekker loopt, nog eens krachtig te herhalen wat we al hebben gezegd. Het risico daarvan is dat het gesprek alleen maar minder effectief wordt.

Door even op de derde stoel te gaan zitten, van een afstand naar het gesprek te kijken en te communiceren over hoe de communicatie verloopt, ben je in staat een stroef gesprek vlot te trekken. 'Vind je ook dat dit gesprek niet zo lekker loopt?' Daarmee haal je de angel eruit. Want neem maar van mij aan dat je medewerker precies hetzelfde gevoel heeft.

Het slechtnieuwsgesprek

Wellicht heb je al eens een slechtnieuwsgesprek gevoerd. Iedere leidinggevende krijgt ermee te maken. Nu is een slechtnieuwsgesprek niet altijd iets waar je je vooraf bewust van bent. Soms is een normaal gesprek voor jou een slechtnieuwsgesprek voor de medewerker. Belangrijk om je te realiseren is: de andere partij bepaalt of een gesprek een slechtnieuwsgesprek is of niet.

Om een slechtnieuwsgesprek effectief te laten verlopen, gelden aparte gespreksregels:

- **Dreun:** vertel direct het slechte nieuws. Wees duidelijk. Draai er niet omheen en houd het kort.
- **Kreun:** laat een (ongemakkelijke) stilte vallen, zodat de medewerker kan reageren op de dreun. Iedere medewerker reageert anders (boos, geëmotioneerd, stil, druk). Laat het gebeuren, geef emoties de ruimte en houd je mond.
- **Steun:** emoties nemen na verloop van tijd altijd af. Wanneer? Dat verschilt per medewerker. Ga pas praten als de medewerker eraan toe is en weer in de 'luisterstand' staat. Als de medewerker een vraag stelt, is hij eraan toe. Je kunt nu de medewer-

ker steunen: zijn vragen beantwoorden, het slechte nieuws toelichten, et cetera.

Geduld hebben is belangrijk in een slechtnieuwsgesprek. Veel leidinggevenden vinden dat lastig. Ze gaan te snel van de kreun- naar de steunfase. Dit roept weerstand op; grote kans dat de medewerker nog niet in de luisterstand staat en dus niet hoort wat je zegt.

Samenvatting

- Het echte gesprek met je medewerkers is de smeerolie van succesvol leidinggeven – moedige en eerlijke gesprekken waarin je elkaar echt leert kennen.
- Een echt gesprek is effectief als je op basis van oprechte empathie online gaat met je medewerker en met hem mee kunt bewegen zonder het gespreksresultaat uit het oog te verliezen. Eerst de mens, dan het resultaat.
- Je voorbereiding is net zo belangrijk als het gesprek zelf: wie is de medewerker en wat wil je bereiken?
- Je houding kan een gesprek maken of breken: oprechte nieuwsgierigheid, je medewerker in het middelpunt, communicatie zonder waardeoordeel, samen en honderd procent focus op het gesprek.
- Met luisteren–samenvatten–doorvragen houd je de regie zonder de relatie uit het oog te verliezen.
- Jouw belangrijkste taak in een gesprek is niet het geven van het juiste antwoord, maar het stellen van de juiste vraag. Bijna elke vraag kan gesteld worden, als het maar een oprechte vraag is en je oprecht geïnteresseerd bent in het antwoord.

4 Sturen op resultaten

Resultaten realiseren, targets halen: in organisaties draait het daarom. Maar zijn de resultaatafspraken die jij met je medewerkers maakt logisch en helder? Hoe stuur je op deze afspraken? Krijgen je medewerkers speelruimte om het op hun manier te doen? Of laat je liever niets aan het toeval over? En hoe zit het met jouw resultaatafspraken?

De valkuilen

Sturen op resultaten lijkt zo vanzelfsprekend. Het realiseren van resultaten, daar doen we het immers allemaal voor. Medewerkers willen daarom weten welke resultaten er van hen worden verwacht. Er zijn echter maar weinig organisaties die vinden dat de manier waarop zij op resultaten sturen daadwerkelijk waarde toevoegt. Vreemd. Hoe komt dat?

Bij veel organisaties is het sturen op resultaten verworden tot een dichtgetimmerd systeem voor het beoordelen van medewerkers. Alle blinkende knoppen en formulieren richten zich op het ranken van de medewerker en niet op waar het werkelijk om draait bij sturen op resultaten: het op één lijn krijgen van wederzijdse verwachtingen over 'wanneer doe ik als medewerker mijn werk goed?'

Robotachtig sturen op resultaten werkt niet

Steeds meer leidinggevenden beginnen het manco van deze haast robotachtige manier van sturen op resultaten in te zien. Er moet volgens hen veel meer aandacht komen voor goede resultaatafspraken in het planningsgesprek en voor de tussentijdse voortgang van deze afspraken. De beoordeling tijdens het beoordelingsgesprek moet een logisch gevolg zijn van de voortgang.

Deze ontwikkeling brengt de verantwoordelijkheid van de leidinggevende weer terug naar waar ze hoort. Niet de formulieren en knoppen doen het werk, nee, jij helpt je medewerkers de resultaten te behalen die ertoe doen. Kun je niet uit de voeten met de formulieren van de HR-cyclus? Stel het aan de orde en pas desnoods zelf het formulier aan. Jij bent er niet voor het formulier, het formulier is er voor jou! Een beetje burgerlijke ongehoorzaamheid zal de resultaten en motivatie van je medewerkers ten goede komen.

Van missie en visie naar actie

Sturen op resultaten begint bij de vertaling van de organisatiemissie en -visie naar acties op de werkvloer. Deze acties formuleer je in afspraken over resultaten (wat gaan we doen) en gedrag (hoe gaan we dit doen).

Ik neem mezelf even als voorbeeld om te laten zien hoe je een missie en visie kunt vertalen naar de praktijk. Mijn persoonlijke missie is 'gezond en gelukkig zijn'. Mijn persoonlijke visie, de manier waarop ik mijn missie ga uitvoeren, is 'door gezond te leven'. Wat ga ik doen om gezond te leven en Hoe ga ik dat dan doen?

Leidinggevenden worstelen nogal eens met het formuleren van effectieve resultaatafspraken. Het kunnen geen vage afspraken zijn, want dan stuur je medewerkers het bos in en levert het gedoe op bij de beoordeling. Hoe luidt een effectieve resultaatafspraak?

Een resultaat dat ik wil realiseren, in lijn met mijn persoonlijke missie en visie, is 'afvallen'. Een effectieve resultaatafspraak bestaat uit drie onderdelen. De doelstelling is afvallen. De indicator is de meetlat: hoe ga je meten of de doelstelling gerealiseerd is? De indicator in mijn voorbeeld is het 'aantal kilo's'. En ten slotte heb ik een target nodig: '10 kilo afvallen voor het einde van het jaar'.

- Missie: gezond en gelukkig zijn
- Visie door gezond te leven

Resultaatafspraak:

- **D**oelstelling: afvallen
- **I**ndicator: aantal kilo's
- **T**arget: min 10 kilo voor het einde van dit jaar

Welk gedrag is nodig om mijn resultaatafspraak te realiseren? Hoe ga ik het doen? Ik ga mijn resultaatafspraak realiseren als ik doorzettingsvermogen en vasthoudendheid in mijn gedrag toon. Hoe je afspraken maakt over gedrag en hierop kunt sturen, komt verder aan bod in hoofdstuk 5.

Afspraken over kerntaken

Een vraag die me vaak wordt gesteld, is: 'Waarover moet ik resultaatafspraken maken met mijn medewerkers?' Eigenlijk een gekke vraag, want het betekent dat je niet goed weet wat je van je medewerkers verwacht en op welke resultaten je dus moeten sturen. Waarschijnlijk maak je het jezelf gewoon te moeilijk. De resultaten die ertoe doen en waarover je afspraken met je medewerker maakt, liggen namelijk voor het oprapen.

Voor een medewerker van een andere afdeling kun je waarschijnlijk heel gemakkelijk bedenken welke resultaten er in zijn functie toe doen en waar hij op beoordeeld wordt. Maar voor je eigen medewerkers zie je het niet omdat het zo vanzelfsprekend is. Je lijdt aan 'resultaatblindheid'.

Als het goed is, besteden je medewerkers vooral tijd en aandacht aan het vervullen van hun kerntaken. Daarmee leveren zij hun bijdrage aan de afdelings- en organisatiedoelen. Maak daar dan ook resultaatafspraken over. Wanneer doet de medewerker deze kerntaken goed?

Veel leidinggevenden zoomen met hun resultaatafspraken in op de aanvullende werkzaamheden die er naast de kerntaken altijd wel zijn. Maar dat is gek, want dan stuur en beoordeel je een medewerker niet zozeer op zijn kerntaken, zijn normale werk, maar op de extra's. Een medewerker wil vooral beoordeeld worden op de uitvoering van zijn kerntaken, zijn normale dagelijkse werk. Dat geldt voor jou toch ook?

Een effectieve manier om de kerntaken van de medewerker te bepalen is door samen de vraag te beantwoorden: *stel jouw functie wordt tijdelijk overgenomen door iemand anders en die persoon bakt er helemaal niets van. Wat gaat er dan mis?*

Wat er dan misgaat, zijn de kerntaken van de medewerker. Hiermee levert hij zijn bijdrage aan de afdelings- en organisatiedoelstellingen.

Een kerntaak van een salarisadministrateur
Wat gaat er mis als iemand het werk van een salarisadministrateur overneemt en er niets van bakt? Dan worden de salarissen niet op tijd en correct betaald. Dat is een kerntaak met een hoog afbreukrisico. Ook al kost deze taak waarschijnlijk weinig tijd, zijn leidinggevende doet er goed aan er een resultaatafspraak over te maken.

Voor het oprapen

Om leidinggevenden te laten inzien dat het formuleren van resultaatafspraken niet moeilijk is en dat ze voor het oprapen liggen, stel ik ze in mijn trainingen de vraag: 'Waar denk je dat ik als leiderschapstrainer op word beoordeeld?' Binnen een minuut noemen ze mijn belangrijkste resultaatafspraken.

Mijn resultaatafspraken

1. Klanttevredenheid: tevredenheidscijfer
2. Declarabel: percentage van de werktijd
3. Acquisitie: omzetbedrag in euro's

Logische resultaatafspraken, vind je niet? En ja, inderdaad, verre van spannend. Maar het zijn mijn kerntaken. Ze komen elk jaar aan bod in mijn planningsgesprek. Het enige dat jaarlijks kan veranderen, zijn de targets: het tevredenheidscijfer, het percentage van de werktijd en het omzetbedrag. Het zou raar zijn als ik tegen mijn leidinggevende zou zeggen: 'Nou, laat dit jaar de klanttevredenheid maar achterwege.' Zijn reactie zal waarschijnlijk zijn: 'Zoek dan vooral ander werk.'

Het realiseren van deze drie resultaatafspraken vormt een belangrijk deel, zo niet het belangrijkste deel van mijn dagelijkse werk. Sterker nog, mijn collega-trainers hebben dezelfde afspraken.

Wat wil de medewerker?

Naast het maken van resultaatafspraken over kerntaken raad ik je aan resultaatafspraken te maken die verband houden met de persoonlijke doelstellingen, ambities en talenten van medewerkers: persoonlijke resultaatafspraken.

Wat wil ik?
Nog even terug naar mijn resultaatafspraken. Naast de drie resultaatafspraken over mijn kerntaken heb ik dit jaar ook twee persoonlijke resultaatafspraken geformuleerd. Die zijn voor mij de kers op de taart.

Ik heb aan het begin van dit jaar in de voorbereiding op het planningsgesprek nagedacht over wat ík dit jaar wil. Welke persoonlijke doelstellingen, ambities en talenten heb ik en welke persoonlijke resultaatafspraken wil ik dat er dit jaar met mij worden gemaakt?

Mijn twee persoonlijke resultaatafspraken dit jaar zijn:
1. Dit boek schrijven.
2. Mentor zijn voor nieuwe collega's.

Deze twee persoonlijke resultaatafspraken vertegenwoordigen voor mij dit jaar mijn persoonlijke doelstellingen, ambities en talenten. En natuurlijk vloeien deze persoonlijke resultaatafspraken ook voort uit de organisatie- en afdelingsdoelstellingen. Ik wil het en mijn organisatie/mijn leidinggevende wil het ook.

Hier ga ik voor!
Mijn resultaatafspraken voor dit jaar zijn dus:
1. Klanttevredenheid
2. Declarabel
3. Acquisitie

4. Dit boek schrijven
5. Mentor zijn voor nieuwe collega's

Van deze resultaatafspraken kan ik met volle overtuiging zeggen: 'Ja, dit klopt, dit is mijn werk, hier ben ik ongeveer 90 procent van mijn werktijd mee bezig. Hier ga ik voor, hier mag je mij dit jaar op beoordelen!'

Er is op deze manier een goede balans tussen wat ik wil en wat mijn organisatie wil. Dat motiveert mij enorm.

De ervaring leert dat je er met twee tot zes resultaatafspraken per jaar wel bent; bij meer dan zes gaat de focus verloren. Zorg voor een goede balans tussen kerntaakgerelateerde en persoonlijke resultaatafspraken.

SMART

Resultaatafspraken moeten SMART zijn, zo hebben veel leidinggevenden geleerd. Daar is niks mis mee.

Een resultaatafspraak is SMART als deze voldoet aan de volgende voorwaarden:

- **S**pecifiek: een concreet aanwijsbaar resultaat
- **M**eetbaar: hoeveel (kwantiteit) en/of hoe goed (kwaliteit)
- **A**mbitieus : uitdagend en geaccepteerd
- **R**ealistisch: haalbaar en beïnvloedbaar
- **T**ijdgebonden: er is een deadline voor het resultaat

Eventueel kun je er de **I** van **I**nspirerend aan toevoegen, want een resultaatafspraak moet ook inspirerend voor de medewerker zijn – dan maak je er SMARTI van.

Eerder in dit hoofdstuk had ik voor mezelf een resultaatafspraak geformuleerd als DIT:

- **D**oelstelling: afvallen
- **I**ndicator: aantal kilo's
- **T**arget: 10 kilo voor het einde van het jaar

Je ziet dat mijn DIT-geformuleerde resultaatafspraak automatisch SMART is: het is een concreet aanwijsbaar resultaat, een hoeveelheid, uitdagend en geaccepteerd, haalbaar en door mij beïnvloedbaar en er is een deadline voor het resultaat.

Ik sta nog even stil bij twee gevoelige SMART-letters. De **R** en de **M**.

De R van Realistisch

Een afspraak is realistisch als deze haalbaar en beïnvloedbaar is. In de praktijk zie ik regelmatig resultaatafspraken die zo zijn geformuleerd dat de medewerker het realiseren van de afspraak onvoldoende zelf kan beïnvloeden. De medewerker zal zich er dan niet echt eigenaar van voelen. Er is geen buy-in. Bovendien krijg je rare en frustrerende discussies, zeker bij de uiteindelijke beoordeling van de resultaatafspraken.

Slimmer is om met je medewerker de resultaatafspraken zo te formuleren dat hij genoeg invloed heeft op het te realiseren resultaat. Dat is niet altijd makkelijk en soms inderdaad samen even puzzelen. Wat hierbij kan helpen is het volgende. Beantwoord samen met je medewerker de vragen: *Is het realistisch om een resultaatafspraak te maken over de output van een kerntaak? Heb je daar voldoende invloed op? Of wordt de output van deze kerntaak in belangrijke mate ook beïnvloed door anderen?*

Als dat laatste zo is, dan is het realistischer om een resultaatafspraak te maken over de inspanningen die de medewerker voor deze kerntaak verricht. Het gaat er dus om wat realistisch is. Een resultaatafspraak over de output of over de inspanningen?

Output of inspanning

Een organisatie heeft een resultaatafspraak geformuleerd: *dit jaar een gemiddeld ziekteverzuim van minder dan 4 procent.* Is het realistisch om deze resultaatafspraak rechtstreeks neer te leggen bij de HR-manager? Nee, want de HR-manager heeft slechts beperkte invloed op het realiseren van dit resultaat. Waar heeft de HR-manager, wat ziekteverzuim betreft, wel invloed op vanuit zijn kerntaken? Waarop kun je hem dan wel beoordelen? Op het maken van een goede ziekteverzuimprocedure, op het maken van goede afspraken met de arbodienst, op het feit dat leidinggevenden goed getraind moeten zijn in het voeren van verzuimgesprekken. Dit zijn stuk voor stuk inspanningen van de HR-manager, die voortvloeien uit zijn kerntaken en waarover je concrete resultaatafspraken kunt maken. Ze leveren een bijdrage aan de doelstelling om het gemiddelde ziekteverzuim voor dit jaar onder de 4 procent te laten uitkomen. En belangrijker: de HR-manager heeft hier duidelijk invloed op. Hij zal zeggen: 'Natuurlijk, dit doe ik, dit is mijn werk, hier mag je mij op beoordelen.'

Vaak denken leidinggevenden dat resultaatafspraken over inspanningen vrijblijvend en niet SMART zijn, maar dat is niet waar. Net als over output zijn er ook niet-vrijblijvende SMART-resultaatafspraken over inspanningen te maken.

In plaats van mijn resultaatafspraak over de output '10 kilo afvallen voor het einde van dit jaar' zou ik resultaatafspraken kunnen maken over mijn inspanningen, zoals sporten en gezond eten. Bijvoorbeeld 'drie keer per week één uur sporten op de sportschool' en 'dagelijks maximaal 2500 kilocalorieën eten'. Daar is niets vrijblijvends aan, het is zo SMART als wat.

Voorbeeld resultaatafspraken over output

Voor een leidinggevende:

- Doelstelling: binnen afdelingsbudget blijven
- Indicator: percentage afwijking van het budget
- Target: 5 procent afwijking

Voor een HR-adviseur:

- Doelstelling: tevreden interne klanten
- Indicator: cijfer interne klanttevredenheid
- Target: gemiddeld 7,5

Voorbeeld resultaatafspraken over inspanningen

Voor een werkopzichter in de bouw:

- Doelstelling: maximale veiligheid
- Indicator: aantal keren dat veiligheid in werkoverleg wordt besproken
- Target: elke maand

Voor een receptioniste:

- Doelstelling: tevreden bezoekers
- Indicator: snelheid waarmee ze te woord worden gestaan
- Target: binnen 5 seconden

De M van Meetbaar

De M in SMART staat voor meetbaar. Resultaatafspraken moeten meetbaar zijn. Ook dat hebben we zo geleerd. Maar zijn resultaten altijd meetbaar? Neem bijvoorbeeld een beleidsmedewerker bij een gemeente. Zou je als leidinggevende een afspraak maken over de hoeveelheid beleidsnotities die de medewerker per jaar moet schrijven om maar te voldoen aan de M van meetbaar? Je voelt dat de schoen hier wringt.

Meten bij de politie

In het recente verleden was er een meetbare resultaatafspraak voor de politie: het aantal bekeuringen per jaar. Veel politiemensen en burgers hadden moeite met deze afspraak. Immers, wordt er dan wel op de juiste zaken gestuurd? Doet het aantal bekeuringen ertoe? Nee. Met als gevolg dat deze afspraak niet meer bestaat.

We kunnen concluderen:

- Niet alles wat meetbaar is, doet ertoe.
- Niet alles wat ertoe doet, is meetbaar.

Je hoeft je dus niet in allerlei bochten te wringen om een resultaatafspraak meetbaar te maken. Als het kan, als het ertoe doet en als het realistisch is, doe het dan vooral. Maar soms kan het niet. Wat dan?

Als meetbaar niet kan, vervang het woord 'meetbaar' dan door het woord 'merkbaar'. Waaraan merk je dat een medewerker een bepaalde kerntaak goed heeft gedaan?

Hardlopen

Een vriend van mij is fervent hardloper. Ik niet, maar toch had hij me overgehaald om samen een rondje hard te lopen. Ik ben immers druk bezig met afvallen. Tijdens het hardlopen zei hij tegen mij: 'Je loopt te hard. Je moet een tempo aanhouden waarbij je hartslag tussen de 70 en 75 procent van je maximale hartslag ligt.' Dat is een meetbare afspraak, maar ik had geen idee wat hij bedoelde. 70 tot 75 procent? Maximale hartslag? Mijn vriend zag mijn blik en herformuleerde de afspraak: 'Je moet zo hard lopen, dat je nog kunt praten.' Dit begrijp ik en daar kan ik wat mee. Deze afspraak is merkbaar! Ik moest mijn loopsnelheid inderdaad naar beneden bijstellen.

Ook mijn eigen resultaatafspraak, '10 kilo afvallen', zou ik kunnen herformuleren in een merkbare afspraak, bijvoorbeeld: 'zoveel afvallen dat ik het pak dat al een jaar in de kast hangt weer aan kan'. Of 'zoveel afvallen, dat ik mijn riem één gaatje terug kan doen'.

Je ziet dat merkbare resultaatafspraken vaak leuker, motiverender en – wanneer meetbaarheid niet logisch is – realistischer zijn dan meetbare resultaatafspraken. Dat is belangrijk als je buy-in wilt creëren bij je medewerkers.

Nog even terug naar het voorbeeld over de beleidsmedewerker bij de gemeente. Waaraan merk je dat hij zijn kerntaak, het schrijven van een beleidsnotitie, goed doet? Bijvoorbeeld aan de positieve reacties van belanghebbenden op de notitie. Of aan het feit dat de beleidsmedewerker wordt gevraagd een presentatie over de beleidsnotitie te geven aan het college van burgemeester en wethouders. Daar kun je heldere en merkbare resultaatafspraken over maken.

De zachte kant

We hebben het in dit hoofdstuk tot nu toe voornamelijk gehad over de harde kant van het sturen op resultaten. Maar binnen de handvatten die ik je heb gegeven, zit nog veel ruimte. Hoe jij met die ruimte omgaat, is de zachte kant van het sturen op resultaten.

Pasta

Mijn zoon en ik zorgen voor het avondeten en we hebben besloten een pastaschotel met spaghetti te maken. Hij haalt de boodschappen en ik doe het kookwerk. Ik geef hem wel een boodschappenlijstje mee, want anders komt hij met van alles thuis behalve met de ingrediënten voor de pasta.

Eenmaal weer thuis vertelt hij dat er geen spaghetti meer was in de supermarkt, 'alleen nog van die groene gezonde', en dat hij daarom macaroni heeft meegenomen. Dat wordt dus geen spaghetti vanavond. Maar is dat erg? Macaroni is ook pasta, dus het draagt bij aan onze gezamenlijke doelstelling een pastaschotel te maken voor het avondeten.

Als jij stuurt op resultaten, krijgen jouw medewerkers van jou dan de ruimte om een eigen oplossing te bedenken als de situatie daarom vraagt? Of wil je dat iedere medewerker eerst bij je terugkomt met de mededeling dat er geen spaghetti is? Als je dan vervolgens vraagt naar andere pastasoorten en het antwoord krijgt: 'Geen idee. Ik heb alleen gekeken of er spaghetti was', denk je toch ook: wat is dat voor onzin?

Een oplossingsgerichte medewerker zal de macaroni meenemen. Maar wat vaak gebeurt, is dat hij uitgebreid bij zijn leidinggevende moet beargumenteren waarom hij dat heeft gedaan. Het is aan jou om bij het sturen op resultaten de juiste balans te vinden tussen autonomie en controle.

Jouw resultaatafspraken

Denk eens na over resultaatafspraken die je dit jaar voor jezelf zou willen maken. Wanneer doe jij je werk goed? Waar wil jij op beoordeeld worden? Begin bij de missie van de organisatie: het waarom, de opdracht, het verhaal. En bedenk vervolgens hoe die missie wordt uitgevoerd, de organisatievisie. Daar komen, als het goed is, bepaalde kerntaken voor jouw functie uit. Welke resultaatafspraken kun je aan deze kerntaken koppelen? Denk daarbij ook aan de zachte kant van leidinggeven. Wanneer ben jij voor je medewerkers een goede leidinggevende?

Een indicator daarvoor zou de tevredenheid van je medewerkers over jou kunnen zijn. Target een acht?

Wat zijn daarnaast je persoonlijke doelstellingen, ambities en talenten? En welke persoonlijke resultaatafspraken vloeien daaruit voort?

Formuleer eens, net als in mijn voorbeeld, vijf resultaatafspraken:

- drie over je kerntaken;
- twee waarin je persoonlijke doelstellingen, ambities en talenten een plek krijgen.

Hoe was het voor jou om na te denken over je resultaatafspraken? Vooral de resultaatafspraken waarin je persoonlijke doelstellingen, ambities en talenten een plek krijgen, geven energie. Je medewerkers zullen precies hetzelfde ervaren. Inspireer en stimuleer hen daarom om vooral zelf na te denken over hun resultaatafspraken.

Samenvatting

- Een medewerker wil vooral beoordeeld worden op zijn kerntaken, de taken die ertoe doen. Hiermee levert hij zijn bijdrage aan de afdelings- en organisatiedoelstellingen. Maak daar resultaatafspraken over.
- Maak naast kerntaakgerelateerde resultaatafspraken ook persoonlijke resultaatafspraken die verband houden met de persoonlijke doelstellingen, ambities en talenten van de medewerker.
- Een effectieve resultaatafspraak bouw je op uit drie onderdelen: een Doelstelling, een Indicator en een Target. En DIT is SMART.
- Resultaatafspraken zijn pas realistisch wanneer de medewerker genoeg invloed heeft op het te realiseren resultaat.
- Niet alle resultaten zijn meetbaar. Kies dan voor merkbare resultaatafspraken: waaraan merk je dat een medewerker een bepaalde kerntaak goed heeft gedaan?
- Formuleer twee tot zes resultaatafspraken en zorg voor een balans tussen kerntaakgerelateerde en persoonlijke resultaatafspraken.

5 Sturen op gedrag

Wat zien medewerkers jou doen? De antwoorden die je krijgt, zullen je iets vertellen over jouw gedrag. Hoe draagt jouw gedrag bij aan jouw resultaten? En hoe zit het met het gedrag van je medewerkers? Ben je daar tevreden over? Sturen op resultaten kan niet zonder te sturen op gedrag.

Waarom sturen op gedrag?

Leidinggevenden in de meeste organisaties sturen op resultaten én gedrag. Ze maken met hun medewerkers afspraken over het wat (resultaten) en het hoe (gedrag).

Het besef dat hoe de resultaten worden bereikt net zo belangrijk is als de resultaten zelf, krijgt de laatste jaren steeds meer voet aan de grond. Je ziet dat bij overheidsorganisaties, maar ook in het bedrijfsleven. De bouwfraude, die zich afspeelde tussen 1990 en 2000, en recenter de bankencrisis zijn simpelweg het gevolg van onvoldoende sturing op gedrag. Een bouwbedrijf kan nog zulke fantastische huizen bouwen, een bank kan nog zulke aantrekkelijke leningen verstrekken, maar inmiddels weten we dat hoe medewerkers daarbij te werk gaan, het verschil maakt.

Gedrag is bepalend voor het langetermijnsucces
Uit de praktijk blijkt dat wanneer leidinggevenden zowel op de resultaten als op het gedrag van hun medewerkers sturen, de organisatie op de langere termijn succesvoller is. Een leidinggevende die alleen stuurt op resultaten en gedrag niet belangrijk vindt, is vooral op de korte termijn gericht.

Topverkoper

Met een autoverkoper van een bekend automerk wordt alleen een resultaatafspraak gemaakt over het aantal te verkopen auto's. Dan kan het best zo zijn dat de autoverkoper heel veel auto's verkoopt, en dus een fantastisch resultaat realiseert. Heel mooi! Maar als hij dit met gedrag doet waarbij hij klanten onder druk zet om de koopovereenkomsten te tekenen en klanten van collega-verkopers afpakt, is hij bezig op een manier waar zijn organisatie niet blij mee is. Op de korte termijn is er succes met veel verkochte auto's, maar op de langere termijn komen klanten niet meer terug en gaan collega-verkopers elders werken. Succes op de lange termijn wordt geblokkeerd en de goede naam van de autodealer loopt een flinke deuk op.

Gedrag bepaalt in belangrijke mate het resultaat
Gedrag is de cruciale schakel tussen de resultaatafspraak en het uiteindelijke resultaat. Gedrag bepaalt dus het uiteindelijke resultaat. Wanneer je de resultaten van een medewerker wilt beïnvloeden, is het effectief om samen aan de 'gedragsknop' van de medewerker te draaien.

Gedrag is een belangrijk deel van het product of de dienst

Je merkt waarschijnlijk elke dag dat het gedrag van je medewerkers ten opzichte van klanten in belangrijke mate bepaalt hoe klanten de organisatie waarderen. Klanten vinden hoe iets plaatsvindt heel belangrijk, soms zelfs belangrijker dan wat er plaatsvindt. Gedrag is meer dan de verpakking, het vormt een belangrijk onderdeel van het product of de dienst.

Daarnaast weerspiegelt het gedrag van medewerkers de organisatiecultuur en -kernwaarden. Gedrag is daarmee het visitekaartje van de organisatie, en bepaalt dus in belangrijke mate het externe imago.

Een gemeente kan voor haar burgers nog zulke fantastische resultaten realiseren, als de gemeenteambtenaren zich beroerd gedragen tegenover de burgers, zullen die dat niet pikken.

Gedrag bepaalt de effectiviteit van samenwerking

Organisaties bestaan bij de gratie van samenwerking. Als je effectief met elkaar wilt samenwerken, zul je je naar elkaar toe moeten gedragen en dient gedrag bespreekbaar te zijn.

Stel, ik ben jouw collega. Dan kan mijn gedrag van invloed zijn op jouw resultaten. Het is essentieel dat jij met mij in gesprek kunt gaan over mijn gedrag.

Gedrag maakt het verschil zichtbaar

Neem je team eens voor ogen en kies daaruit je beste en je minst goede medewerker. Kijk eens goed naar die twee medewerkers. Wat is het verschil?

Wanneer ik deze vraag aan leidinggevenden stel, krijg ik antwoorden als: 'De beste medewerker neemt verantwoordelijkheid, neemt initiatief, lost problemen op, werkt prettig samen.' Hé, dit is gedrag. Het verschil tussen een goede en een minder goede medewerker is in de meeste gevallen het gedrag.

Voordat je effectief kunt sturen op het gedrag van je medewerkers, is het handig om te weten hoe gedrag werkt en hoe gedrag zich verhoudt tot andere zaken zoals kennis, vaardigheden en karakter. Een handige metafoor daarbij is de ijsberg: van een ijsberg is slechts een klein deel zichtbaar boven de waterspiegel. De rest bevindt zich onder water. Hetzelfde geldt voor mensen. Wat je van je medewerkers kunt waarnemen, is het gedrag. En gedrag leidt tot resultaten. Gedrag en resultaten zijn daarmee dé factoren waarop jij je medewerkers kunt sturen en beoordelen.

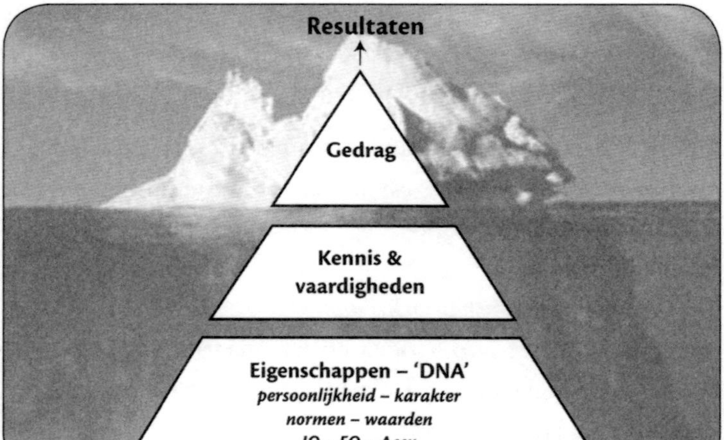

Het gedrag dat medewerkers laten zien – boven de waterspiegel – wordt gevormd door de zaken onder de waterspiegel.

Kennis, vaardigheden en gedrag

Net onder de waterspiegel liggen kennis en vaardigheden. Om bepaald gedrag te kunnen vertonen en bepaalde resultaten te kunnen realiseren heeft een medewerker specifieke kennis en vaardigheden nodig. Kennis en vaardigheden worden in de meeste organisaties dan ook cruciaal bevonden voor het bereiken van resultaten.

Er is een sterke relatie tussen kennis, vaardigheden en gedrag. Maar deze relatie is geen automatisme. Het bezitten van kennis en vaardigheden is geen garantie voor het vertonen van het juiste gedrag en het realiseren van de juiste resultaten. Toch wordt in veel organisaties wel zo gedacht: als je sleutelt aan de kennis en vaardigheden van medewerkers, worden de resultaten en het gedrag automatisch positief beïnvloed. Vandaar al die kennis- en vaardigheidstrainingen waar medewerkers massaal naartoe worden gestuurd. Maar zo werkt het niet.

De kennis en vaardigheden die een medewerker heeft en leert, hebben alleen impact op zijn gedrag en resultaten als de medewerker deze ook daadwerkelijk in de praktijk toepast. Alleen als jij je medewerker de gelegenheid geeft en helpt zijn (nieuwe) kennis en vaardigheden in te zetten in zijn dagelijkse werk, heeft dit invloed op zijn gedrag en resultaten.

DNA

Dieper in de ijsberg bevinden zich de eigenschappen van de medewerker. Eigenschappen bestaan uit iemands persoonlijkheid en karakter, maar ook normen en waarden, IQ en EQ, en niet te vergeten AQ (accu): de interne energiebron. Deze eigenschappen zijn in feite het 'DNA' van de medewerker. Iemands DNA heeft veel invloed op iemands gedrag. Een medewerker met een introverte persoonlijkheid vertoont ander gedrag dan een medewerker met een extraverte persoonlijkheid.

Aan kennis en vaardigheden kun je je leven lang sleutelen. Sleutelen aan je DNA is heel lastig, zo niet onmogelijk. Of ben jij van mening dat je DNA continu verandert in reactie op je omgeving en de ervaringen die je door de jaren heen opdoet? Ben je nu iemand anders dan tien jaar geleden? Uit onderzoek blijkt van niet. Het DNA van mensen is stabiel. Dat geldt voor je medewerkers, en uiteraard ook voor jou.

Wat is dan de impact van de ervaringen die je in je leven opdoet? Daar blijf je als mens toch niet stoïcijns onder? Dat klopt. Via ervaringen leer je jezelf steeds beter kennen, waardoor je beter om kunt gaan met wie je ten diepste bent (je 'DNA'). Je weet steeds beter hoe je je sterke punten kunt benutten en hoe je kunt omgaan met je minder sterke punten. Je wordt effectiever.

Daarnaast kunnen je overtuigingen in de tijd veranderen. In de ijsberg vind je je overtuigingen in een grijs gebied tussen DNA en kennis en vaardigheden. Ze vertellen je hoe je naar jezelf en de wereld kijkt. Kijk je nu anders naar jezelf en de wereld dan tien jaar geleden? Het zijn je ervaringen die overtuigingen ontkrachten en bevestigen en die nieuwe overtuigingen toevoegen.

Aan kennis en vaardigheden van je medewerkers kun je sleutelen, aan hun DNA niet. Wat betekent dat voor sturen op gedrag? Een kat laten blaffen heeft niet zo veel zin. Zo werkt het ook bij mensen: wanneer je met je medewerker afspraken maakt over gedrag, zijn deze afspraken vooral effectief als dit gedrag aansluit bij zijn DNA.

Congruent = gelukkig = succesvol

We zijn gelukkig als ons gedrag een-op-een een weerspiegeling is van ons DNA. Dan ben je congruent. Dat maakt je gelukkig, dan kwispelt je staart. En wanneer je gelukkig bent in je werk, ben je ook succesvol. Je kunt je voorstellen wat er gebeurt wanneer een medewerker frequent gedrag vertoont dat niet past bij zijn DNA: het kost hem veel energie en hij loopt op zijn tenen. Wanneer dit lang doorgaat, zal zijn lichaam uiteindelijk uitgeput raken: een burn-out.

Hoe zit het met jouw congruentie? Kwispelt je staart regelmatig? Er is een simpele manier om je werkgeluk en succes te vergroten:

- Weet wie je bent. Heb inzicht in je eigen ijsberg.
- Weet wat je wilt. Maak keuzes in lijn met wie je bent.
- Kom in actie. Ga iets doen op basis van wie je bent en wat je wilt.

Vooral bij het laatste punt gaat het vaak mis. Veel mensen weten wel wie ze zijn en wat ze willen, maar komen niet echt in actie.

Excellente resultaten en beroerd gedrag

Ken je House uit de gelijknamige televisieserie? Gregory House is een arts in een ziekenhuis in New Jersey. Hij is een medisch genie, maar heel bot tegen zijn patiënten, collega's en leidinggevende.

Bekijk voor een snelle indruk van het gedrag van House het YouTubefilmpje *House MD – The Funny Moments Compilation.*

Je ziet bij House een grote discrepantie tussen gedrag en resultaten. Zijn resultaten als arts zijn fantastisch, zijn gedrag is beroerd. Ken jij binnen jouw organisatie types als House? Vast wel, want elke organisatie heeft er wel een paar. Hun gedrag wordt getolereerd omdat ze fantastische resultaten realiseren. Er wordt om deze medewerkers heen georganiseerd. Wat vind je daarvan?

Stel je nu het tegenovergestelde van House voor: een medewerker die fantastisch gedrag vertoont, maar geen of nauwelijks resultaten realiseert. Heb je zulke medewerkers binnen je organisatie? Vind je dat dit niet kan? Toch bestaan ze en ook zij worden vaak getolereerd.

Fijne collega

Binnen een technisch bedrijf is er één monteur die heel collegiaal is, maar beroerd presteert. De leidinggevende kiest er bewust voor deze monteur te behouden. Waarom? Omdat deze monteur door zijn collegiale gedrag de smeerolie is tussen de anderen. Hij zorgt dat monteurs goed onderling communiceren en samenwerken, ook met andere afdelingen. Deze monteur levert door zijn gedrag een fundamentele bijdrage aan het goed functioneren van deze afdeling.

Met het voorbeeld van House wil ik je bewust maken van verschillen in belang tussen resultaten en gedrag. Zoals je ziet, kan dit per functie en zelfs per medewerker verschillen. Bij bijvoorbeeld een chirurg en een ICT-professional hecht je wellicht meer belang aan hun resultaten dan aan hun gedrag. Bij een receptioniste en een verpleger is het juist omgekeerd.

Wat is in jouw functie belangrijker? Resultaten of gedrag? En bij je medewerkers?

Effectieve gedragsafspraken

Vaak halen leidinggevenden bij het maken van afspraken over gedrag twee dingen door elkaar. Je hebt afspraken over het gedrag zelf – gedragsafspraken – en je hebt afspraken over de ontwikkeling van gedrag – ontwikkelafspraken. Gedragsafspraken gaan over 'welk gedrag doet ertoe en is nodig om de resultaatafspraken te realiseren?'. Ontwikkelafspraken gaan over 'welk gedrag dient de medewerker verder te ontwikkelen?'.

In het vervolg van dit hoofdstuk hebben we het over gedragsafspraken. In hoofdstuk 6 komt de ontwikkeling van gedrag aan bod.

Welk gedrag doet ertoe?

Beantwoord samen met je medewerker de volgende twee vragen:

1. Welk gedrag doet ertoe, maakt echt het verschil? Het heeft namelijk niet zo veel zin om al het gedrag dat nodig is te benoemen.

Verschillen in gedrag

De vraag welk gedrag er echt toe doet om succesvol te zijn in een bepaalde functie, kun je heel makkelijk beantwoorden door te kijken naar de gedragsverschillen tussen een goed presterende en een minder goed presterende medewerker.

Welk gedrag doet ertoe bij een autoverkoper?

Bijvoorbeeld:

- Zoekt actief naar mogelijke wensen en behoeften van een klant.
- Vraagt door op gegeven informatie.
- Sluit met de eigen voorstellen en argumenten aan bij die van de klant.
- Wekt een professionele indruk door verstand van zaken te tonen.

2. Met welk gedrag kan de medewerker, rekening houdend met zijn DNA, een bijdrage leveren aan de realisatie van de

afgesproken resultaten? Soms verwacht je ook gedrag dat minder past bij het DNA van de medewerker. Dat is prima, maar laat het vooral gedrag zijn dat wel past. Dat geeft de meeste kans op succes.

Een gedragsafspraak maken

Je weet welk gedrag ertoe doet en wat je van je medewerker verwacht. Nu moet het nog in een afspraak worden gegoten. In hoofdstuk 4 over resultaatafspraken kwamen het SMART- en DIT-principe aan de orde. Het meetbare aspect in deze principes werkt niet bij het maken van gedragsafspraken, want gedrag is niet meetbaar. Als je bijvoorbeeld gedrag over samenwerken meetbaar zou willen maken, krijg je zoiets als: 'Ik verwacht van jou dat je de komende maand drie keer gaat samenwerken met Harrie.' Dat is een beetje onnozel. Maar hoe moet het dan wel?

- **Concreet:** hoe ziet het gedrag dat ertoe doet er concreet uit? Beschrijf het gedrag zo concreet mogelijk alsof je het in een film voor je ziet, met de medewerker in de hoofdrol.
- **Actief:** beschrijf het gedrag dat de medewerker moet laten zien, en niet het gedrag dat de medewerker niet moet laten zien.

Het effect van 'niet'

Als je het gedrag beschrijft dat een medewerker níét moet laten zien, loop je het risico dat de medewerker dit gedrag juist wel vertoont. Onze hersenen kennen namelijk het woord 'niet' niet. Als we horen dat iets niet mag, krijgen we spontaan allerlei ideeën om het juist wel te doen. Wat doe je als ik zeg: 'Denk níét aan het volgende teamoverleg'?

- **Persoonlijk:** beschrijf het gedrag persoonlijk voor de betreffende medewerker. Het kan dus zijn dat een gedragsafspraak voor de ene medewerker anders is verwoord dan voor de andere medewerker.

Gedragsafspraken

In hoofdstuk 4 heb ik het gehad over doorzettingsvermogen en vasthoudendheid om 10 kilo af te vallen voor het einde van dit jaar. Hoe zouden gedragsafspraken hierover kunnen luiden?

- Zet zich na een tegenslag extra in, zodat het resultaat toch behaald wordt.
- Houdt zich aan de afspraak, ondanks de verleidingen die er gedurende de dag zijn.

Competenties

Een handig hulpmiddel om als organisatie eenduidig te sturen op gedrag, is het gebruik van competenties. Ik krijg op de simpele vraag aan leidinggevenden 'wat zijn competenties?' vaak uiteenlopende antwoorden: vaardigheden, talenten, persoonlijke eigenschappen, houding, gedrag.

Waarom zou je het moeilijker maken dan het is? Competenties gaan over gedrag, gedrag dat bijdraagt aan de realisatie van bepaalde resultaten.

De set van competenties die een organisatie gebruikt, de competentietaal, is een gedragstaal om met elkaar te praten en afspraken te maken over gedrag. Meestal wordt de competentietaal weergegeven in een competentiehandboek, waarin voor elke competentie een definitie en diverse gedragsvoorbeelden staan. Iedereen binnen de organisatie weet precies wat elke competentie inhoudt en welk gedrag ermee wordt bedoeld. Dit voorkomt Babylonische spraakverwarringen over gedrag.

Het YouTubefilmpje *We are sinking* laat zien wat er in een werksituatie kan gebeuren als er sprake is van een Babylonische spraakverwarring.

Stel, je hebt het met een medewerker over de competentie klantgerichtheid. Je hoeft dan niet eerst een hele discussie te voeren over de vraag: 'Wat verstaan we eigenlijk onder klantgerichtheid?' Dat staat al beschreven in de competentietaal.

Voorbeeldbeschrijving van de competentie klantgerichtheid

Definitie: onderzoeken van wensen en behoeften van de klant en hiernaar handelen. Anticiperen op behoeften van klanten. Hoge prioriteit geven aan servicebereidheid en klanttevredenheid.

Gedragsvoorbeelden:

- stelt zich dienstverlenend op;
- reageert direct op een klacht zonder zich defensief op te stellen;
- checkt bij de klant of aan alle verwachtingen, wensen of behoeften is voldaan.

Welke competenties zijn van belang? Er zijn er altijd twee à drie die zo belangrijk zijn binnen een organisatie dat ze voor iedereen van toepassing zijn. Dat zijn de organisatiecompetenties. Deze sluiten uiteraard aan bij de organisatiemissie en -visie.

Daarnaast zijn er functiecompetenties. Dit zijn drie à vier competenties die ertoe doen voor succesvol functioneren in een bepaalde functie, die het verschil maken tussen een goed en een minder goed presterende medewerker.

Creëer daarnaast de flexibiliteit om samen met je medewerker jaarlijks één of twee persoonlijke competenties te kiezen. Die hebben een sterke link met het DNA en de persoonlijke doelstellingen, ambities en talenten van je medewerker. Jullie kunnen daarmee anticiperen op zaken die de organisatie/jij belangrijk vindt en zaken die je medewerker belangrijk vindt. Leidinggevenden en medewerkers die met persoonlijke competenties werken, zijn er enthousiast over.

Zorg dat het totale aantal competenties voor een medewerker niet meer dan acht is. Breng focus aan.

De competenties voor een leiderschapstrainer
Welke competenties heb ik? Onze organisatie heeft twee organisatiecompetenties:

1. Klantgerichtheid
2. Resultaatgerichtheid

Daarnaast heb ik vanuit mijn functie als leiderschapstrainer drie functiecompetenties:

3. Oordeelsvorming
4. Overtuigingskracht
5. Plannen en organiseren

Van mij wordt verwacht dat ik als trainer een goede training en een goed advies geef (oordeelsvorming), dat ik dat overtuigend overbreng (overtuigingskracht) en dat ik mijn werkzaamheden goed plan, organiseer en administreer (plannen en organiseren).

Je ziet dat deze competenties bijdragen aan de realisatie van de in hoofdstuk 4 genoemde resultaatafspraken klanttevredenheid, declarabel en acquisitie.

Daarnaast heb ik dit jaar samen met mijn leidinggevende twee persoonlijke competenties gekozen. Deze hebben een sterke link met mijn DNA en persoonlijke doelstellingen, ambities en talenten, en dus ook met mijn persoonlijke resultaatafspraken: dit boek schrijven en mentor zijn voor nieuwe collega's. De persoonlijke competenties zijn:

6. Creativiteit
7. Coachen

Creativiteit is van belang voor het succesvol schrijven van dit boek. Coachen is van belang als ik succesvol mentor wil zijn voor nieuwe collega's.

Ik heb dus zeven competenties, waar ik samen met mijn leidinggevende in het planningsgesprek gedragsafspraken over maak en waar ik op beoordeeld word.

Input voor gedragsafspraken
De gedragsvoorbeelden van een competentie uit het competentiehandboek kun je heel goed gebruiken als input om gedragsafspraken met je medewerkers te maken. Pik een gedragsvoorbeeld dat aardig klopt, en 'vertaal' het samen met je medewerker naar een gedragsafspraak die Concreet, Actief en Persoonlijk (CAP) is.

Zodra de medewerker aangeeft: 'Dit gedrag begrijp ik en is logisch, want het leidt tot het gewenste resultaat,' is het een goede gedragsafspraak waarop je effectief kunt sturen. En is er sprake van buy-in.

Mijn gedragsafspraken
Als voorbeeld geef ik je twee gedragsafspraken die ik dit jaar samen met mijn leidinggevende heb gemaakt. De eerste:

- Resultaatafspraak: klanttevredenheid
- Competentie: klantgerichtheid
- Gedragsafspraak: checkt na afloop van een training bij

deelnemers en opdrachtgever of aan de verwachtingen is voldaan

De tweede:
- Resultaatafspraak: dit boek schrijven
- Competentie: creativiteit
- Gedragsafspraak: komt met verschillende ideeën, die niet direct voor de hand liggen

Deze gedragsafspraken zijn concreet, actief en persoonlijk. Net als bij de resultaatafspraken in hoofdstuk 4 kan ik met volle overtuiging zeggen: 'Ja, deze gedragsafspraken kloppen, ze gaan over mij. Hier ga ik voor, hier mag je mij dit jaar op beoordelen!' Er is een goede balans tussen wat ik wil en wat mijn organisatie wil. Dit motiveert mij enorm.

Een beeld vormen van gedrag

Hoe goed heb jij zicht op het gedrag van je medewerkers? Zie je hen regelmatig aan het werk? Als je sturen op gedrag belangrijk vindt, dan ontkom je er niet aan de organisatiestructuur zo in te richten dat je als leidinggevende het gedrag van je medewerkers regelmatig kunt observeren en daarop feedback kunt geven. Wat heeft sturen op gedrag anders voor zin? Jij moet zelf een beeld kunnen vormen van het gedrag van je medewerkers. Dat beeld kun je vervolgens best aanvullen met observaties van anderen, maar het begint bij jou.

Span of control
Ik krijg regelmatig de vraag: 'Aan hoeveel medewerkers kun je maximaal succesvol leidinggeven?' Ik schrijf dan twee getallen op: vijftien en vijftig.

Je kunt aan maximaal vijftien medewerkers succesvol leidinggeven. En aan deze maximaal vijftien medewerkers besteed je vijftig procent van je tijd. Dat zijn interessante getallen die vaak tot discussie leiden. In veel organisaties geven leidinggevenden leiding aan meer medewerkers in minder tijd.

Te vaak denken leidinggevenden dat medewerkers zelfsturende professionals zijn die weinig leiding en aandacht nodig hebben. En dat klopt niet: veel medewerkers zijn geen zelfsturende professionals en iedere medewerker, ook een zelfsturende professional, heeft behoefte aan leiding en aandacht.

Observeren van gedrag
Gedrag goed observeren is een vak apart. We hebben de neiging om selectief naar een situatie te kijken, ieder door zijn eigen filter. We zien wat we willen zien.

Wat zie je?
Neem de proef maar eens op de som met het YouTubefilmpje *Test Your Awareness: Whodunnit?*. Na een korte scène wordt de vraag gesteld: welke veranderingen heb je gezien? En wat blijkt? Mensen kijken selectief en zien maar heel weinig veranderingen.

Verder oordelen we ook razendsnel: we zien iets en vinden er meteen iets van, vaak gezien door een negatief filter. We zien vooral wat er niet goed is.

Dit snelle, vooral negatieve oordelen zit je in de weg wanneer je medewerkers feedback geeft. Raak jij regelmatig verzeild in een welles-nietesfeedbackgesprek met een medewerker? Dan kan het zomaar zijn dat het niet gaat over het gedrag dat je van je medewerker hebt gezien, maar vooral over je negatieve oordeel over dit gedrag.

Zet je competentiebril eens op

Wat kan helpen, is dat je van tevoren bepaalt naar welk gedrag je gaat kijken. Zo omzeil je de menselijke focus op negatieve zaken en zie je andere, goede zaken niet over het hoofd. Spreek bijvoorbeeld met jezelf af dat je tijdens het volgende teamoverleg specifiek naar het gedrag van een medewerker kijkt dat behoort bij de competentie 'initiatief'. Wat zie je de medewerker doen en wat hoor je de medewerker zeggen met betrekking tot de competentie 'initiatief'? Je zult merken dat je veel meer gedrag ziet, waaronder ook veel positiefs.

Feedback die werkt

Je wilt je medewerker zodanig met feedback raken dat hij in beweging komt. Iemand komt echter pas in beweging als hij inziet dat het hem iets oplevert. *What's in it for me?*
Het geven van feedback die werkt, bestaat uit vier stappen.

Stap 1: beschrijf het feitelijk waargenomen gedrag zonder te oordelen
Als een soort filmbeschrijving, met de medewerker in de hoofdrol, geef je terug wat je hebt gezien. Best lastig, want je oordeel ligt op de loer. Maar je zult merken dat als je het goed doet, er nauwelijks discussie ontstaat. De medewerker zal zeggen: 'Ja, dat klopt. Zo is het gebeurd.'

Stap 2: geef aan wat het effect is van het gedrag
Er zijn twee soorten effecten die je kunt beschrijven:

1. **Het effect dat het gedrag van de medewerker op jou en jouw belang heeft.** Bijvoorbeeld: 'Je rende net heel hard mijn kamer binnen en ging met een harde plof op de stoel tegenover mij zitten (stap 1). Het effect daarvan op mij is dat ik geïrriteerd raak. Ik ben met een lastige taak bezig en ben nu uit mijn concentratie gehaald (stap 2).' Op zichzelf is het goed dat je vertelt wat het effect op jou is, maar het gaat alleen over jou en jouw belang. Het is maar de vraag of de medewerker hierdoor in beweging komt.
2. **Het effect dat het gedrag van de medewerker op zijn eigen belang heeft.** Je wilt je medewerker dusdanige feedback geven dat hij zich gaat realiseren: 'Oké, dit effect is niet handig voor mij.' Dat bereik je met het beschrijven van een effect dat aansluit bij zijn belang. Dat lukt je alleen als je weet wat zijn belang is. Jij: 'Met welk doel kom je zo binnen?' De medewerker: 'Nou, ik zit met een dringende situatie waarbij ik je hulp nodig heb.' Als je het belang van de medewerker weet, kun je in het effect van het gedrag de verbinding leggen met zijn belang: 'Je rende net heel hard mijn kamer binnen

en ging met een harde plof op de stoel tegenover mij zitten (stap 1). Het effect daarvan is dat ik jou nu niet de aandacht en hulp geef die jij graag zou willen hebben. Ik ben met een lastige taak bezig en ben uit mijn concentratie gehaald (stap 2).' De medewerker heeft nu in de gaten dat er een verschil is tussen zijn belang en het effect van zijn gedrag. Door op deze wijze het effect te beschrijven raak je de medewerker en vergroot je de kans dat hij in beweging komt. Jouw feedback levert hem iets op.

Te laat op het teamoverleg

Een medewerker verschijnt elke keer te laat op het teamoverleg. Zijn leidinggevende ergert zich hieraan. De feedback van de leidinggevende: 'Het is kwart over negen. We beginnen ons teamoverleg om negen uur. Je bent voor de vierde keer te laat. Het effect is dat ik me hieraan erger.' Deze feedback zorgt niet voor beweging van de medewerker. Hij blijft te laat komen.

De medewerker komt wel in beweging door de volgende feedback: 'Het is kwart over negen. We beginnen ons teamoverleg om negen uur. Je bent voor de vierde keer te laat. Het effect is dat je collega's en ik je niet meer serieus nemen.' Het belang van de medewerker is dat hij wel serieus genomen wil worden. Deze feedback raakt hem en hij komt in beweging. De volgende keer komt hij op tijd.

Stap 3: check of de medewerker de feedback heeft begrepen en of de feedback hem raakt
Dat doe je bijvoorbeeld door na het beschrijven van het effect (stap 2) een stilte te laten vallen. Na een (ongemakkelijke) stilte gaat de medewerker wel praten. 'Maar dat wil ik niet, ik wil dat je naar me luistert en tijd voor me maakt.'

Stap 4: geef eventueel een tip voor verandering of continuering van het gedrag
'Kom de volgende keer gewoon rustig binnen en vraag of ik tijd voor je heb in verband met een dringende situatie. Dan is de kans groter dat ik naar je luister en tijd voor je maak.'

Je zult merken dat als je de feedback goed geeft, de medewerker zelf wel kan verzinnen wat hij kan veranderen of continueren aan zijn gedrag. Als je te snel met een tip komt, werkt het niet. Waarschijnlijk 'branden' je goedbedoelde tips in je achterzak, maar haal ze pas tevoorschijn als de medewerker daarom vraagt.

Goed en fout gedrag

De grootste valkuil bij het geven van feedback is dat je de medewerker wilt overtuigen van jouw gelijk. Dat is feedback vanuit je ego, waarbij je ook nog eens onderscheid maakt tussen goed en fout gedrag. Maar er is geen goed en fout gedrag bij medewerkers. Medewerkers bedoelen het goed en vertonen gedrag vanuit een positieve intentie. Ik ken geen enkele medewerker met de bewuste houding 'ik ga vandaag eens lekker de boel saboteren'.

Maak daarom onderscheid tussen effectief en ineffectief gedrag in relatie tot het belang dat de medewerker heeft. Wanneer je het hebt over effectief en ineffectief, zul je merken dat je een ander feedbackgesprek krijgt dan wanneer je praat over goed en fout.

Houd het klein

Medewerkers willen graag geregeld feedback krijgen, vooral directe feedback over kleine dingetjes, 'microfeedback'. Als je het te groot maakt, wordt het gesprek te zwaar en loop je het risico dat je alsnog in een welles-nietesdiscussie verzeild raakt.

Geef ook feedforward

Feedforward is het beschrijven van effectief gedrag dat je vaker wilt zien. Feedforward is toekomstgericht en positief. Het geeft de medewerker vertrouwen.

Feedback geforceerd combineren

Ken je de sandwichmethode? Het is een populaire manier om kritische feedback in een 'lekker' broodje te verpakken. Je begint met iets positiefs, dan iets negatiefs en je sluit af met weer iets positiefs. Ik geloof niet in dit soort geforceerde combinaties. Geef de feedback die je wilt geven. Is die positief, dan is die positief. Is die kritisch, dan is die kritisch. Geef hem oprecht.

Wanneer grijp je in?

Soms is bepaald gedrag van een medewerker zo storend en ineffectief dat je moet ingrijpen. Maar wanneer doe je dat? Daar is een simpele vuistregel voor:

- Eén keer is een incident
- Twee keer is toeval
- Drie keer is een patroon

Wanneer een medewerker drie keer hetzelfde storende en ineffectieve gedrag laat zien, moet je dus ingrijpen.

Denk aan Louis Suárez op het WK voetbal 2014. Hij beet voor de derde keer een speler. Iedereen viel over hem heen: 'Dit is geen incident meer. Het is een patroon. Er moet ingegrepen worden.' En dat is gebeurd met een forse straf.

Vergeet het compliment niet

Tot nu toe hebben we het vooral over kritische feedback gehad. Dat is ook de moeilijkste feedback om zodanig te geven dat de medewerker in beweging komt. Het ligt gevoelig omdat kritiek harder aankomt dan een compliment.

Je kunt het jezelf makkelijker maken met positieve feedback. Een compliment brengt medewerkers in beweging, laat hen groeien, motiveert hen. Wees daarom gul met oprechte complimenten. Geef je positieve feedback direct en vertel kort en krachtig wat effectief is in het gedrag en dat dit gewaardeerd wordt. Dan komen complimenten het best aan en blijft het positieve gevoel het langst hangen.

Samenvatting

- Het gedrag van medewerkers is bepalend voor de resultaten die ze boeken. Dat maakt gedrag een belangrijk onderdeel van een product of dienst.
- Welk gedrag doet ertoe? Dit is het verschil in gedrag tussen een goed presterende en een minder goed presterende medewerker.
- Een goede gedragsafspraak sluit aan bij de resultaatafspraken en het 'DNA' van de medewerker, en is Concreet, Actief en Persoonlijk (CAP).
- Competenties gaan over gedrag en zijn een handig hulpmiddel om eenduidig op gedrag te sturen. Het totale aantal competenties om afspraken over te maken is niet meer dan acht, en is verdeeld over organisatie-, functie- en persoonlijke competenties.
- Gedrag observeren en hierop feedback geven is cruciaal voor sturing op gedrag. Feedback werkt als het de medewerker raakt en de medewerker in beweging komt.
- Gedrag is niet goed of fout; gedrag is effectief of ineffectief.

6 Sturen op ontwikkeling

Het ontwikkelen van medewerkers: we doen er een beetje panisch over. Carrière, status, iedereen moet hogerop. Onzin. Een medewerker kan zich ook heel goed ontwikkelen binnen zijn functie. En iedere medewerker ontwikkelt zich op zijn eigen manier. Het gaat erom dat je daar samen met je medewerker sturing aan geeft.

Waarom ontwikkeling?

Alle levende organismen groeien. Dus ieder mens groeit en ontwikkelt zich. Het tempo waarin en de manier waarop is per persoon verschillend. Het gesprek over ontwikkeling tussen jou en je medewerker is dus iets natuurlijks, waar jij én je medewerker allebei jullie voordeel mee kunnen doen.

Binnen bijvoorbeeld grote advocatenfirma's geldt: 'Je ontwikkelt je naar boven of je ligt eruit.' Dat is het up-or-out-principe. Je kunt daar van alles van vinden, maar het is wel duidelijk.

Hoe is het in jouw organisatie? Mag je je als medewerker ontwikkelen of moet je je ontwikkelen? Organisaties zijn daar vaak niet duidelijk over. Zijn jullie een zogenaamde lerende organisatie waarin iedereen zich moet ontwikkelen, waarin iedereen het gevoel heeft dat hij de ambitie moet hebben om carrière te maken? 'Waar sta je over vijf jaar?' is niet voor niets dé gevleugelde loopbaanvraag. Dat creëert bij veel medewerkers onrust.

Ook bij het sturen op ontwikkeling gaat het om de verbinding tussen de belangen van de organisatie en de belangen van de medewerker. Vaak worden die belangen niet duidelijk uitgesproken.

Functie versus loopbaan

Creëer duidelijkheid en maak onderscheid tussen:

- ontwikkeling binnen de functie
- ontwikkeling binnen de loopbaan

Jezelf ontwikkelen binnen je functie, dat mag je van iedere medewerker verwachten: een nieuwe werkwijze, een nieuw systeem. Je wilt immers dat de medewerker zijn huidige functie niet alleen vandaag succesvol uitvoert, maar ook morgen en over een halfjaar. Tenzij je organisatie het up-or-out-principe hanteert, verwacht je niet van iedere medewerker dat hij zich ontwikkelt binnen zijn loopbaan. Wanneer iedereen de ambitie heeft om hogerop te komen in een organisatie, wordt het erg onrustig en is het maar de vraag of de organisatiedoelstellingen gerealiseerd worden.

Het is goed om te beseffen dat de meeste medewerkers de ambitie en motivatie hebben om hun huidige werk goed te doen en dit te blijven doen. Zij ontwikkelen zich binnen hun functie en niet zozeer binnen hun loopbaan. Ik zou hier heel blij mee zijn. Deze medewerkers vormen de ruggengraat van je organisatie. Ze geven rust en continuïteit.

Een klein deel van de medewerkers wil dat alles in hun functie bij het oude blijft en wil vooral niets nieuws leren. Deze medewerkers lopen op termijn vast en zijn toe aan een echt gesprek met jou. 'Beste medewerker, omdat je niet meegroeit in je functie, realiseer je binnenkort niet de resultaten die we als organisatie van je verwachten. Dus wat ga je doen? Ga je je alsnog ontwikkelen binnen je functie of wordt het tijd voor een andere baan?' Is dat unfair? Nee, dat is zuiver.

Hetzelfde geldt voor de medewerkers die zich binnen hun loopbaan ontwikkelen. Wanneer loopbaanambities niet kunnen worden gerealiseerd binnen de organisatie, moet je daar tegenover je medewerker reëel in zijn. Ook al betekent dit misschien dat je binnenkort je medewerker kwijt bent omdat hij zijn geluk elders gaat beproeven.

Sturen op talenten

Veel organisaties 'doen' aan talentmanagement. Dat is heel mooi. Het woord 'talent' heeft echter iets onaantastbaars, iets verhevens, maar iedere medewerker heeft talenten – niet alleen de net aangenomen managementtrainee, ook de medewerker facilitaire zaken die tegen zijn pensioen aan zit. Vaak wordt gedacht dat je met een medewerker allerlei moeilijke toeren moet uithalen om uit te vinden wat zijn talenten zijn, maar dat is helemaal niet nodig.

Neem het gedrag van de medewerker als uitgangspunt en het herkennen van talent wordt ineens een stuk simpeler en *down to earth.* Zet in een grafiek op de verticale as het gedrag dat de medewerker in zijn werk wel en niet laat zien en op de horizontale as het gedrag dat wel en niet bij zijn DNA past. De grafiek heeft zo vier kwadranten waarmee je talent kunt identificeren.

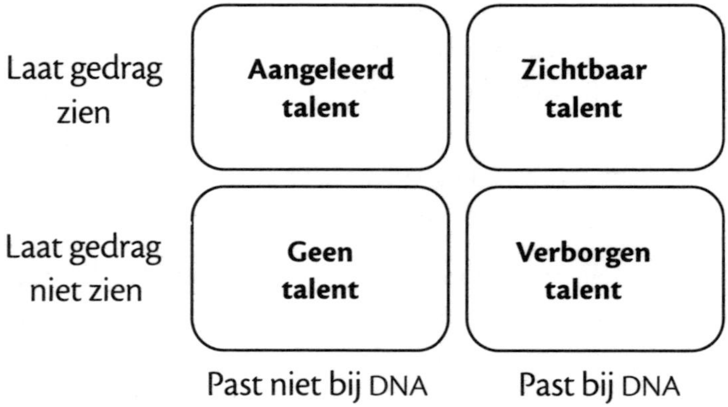

Welk gedrag zie je?

De verticale as – welk gedrag de medewerker in zijn werk wel en niet laat zien – kun je gewoon observeren. Eventueel kun je deze vraag duidelijker in kaart brengen met behulp van een 360-gradenfeedback-vragenlijst. De medewerker vraagt dan aan een aantal mensen met wie hij samenwerkt (jij als leidinggevende, collega's, klanten) welk gedrag zij wel en niet van hem zien.

Welk gedrag past bij het DNA?

Voor de horizontale as – welk gedrag wel en niet bij het DNA van de medewerker past – kun je bijvoorbeeld een persoonlijkheidsvragenlijst gebruiken. Maar het kan ook simpeler, want wat merk je aan jezelf als gedrag past bij je DNA? Je wordt er vrolijk van, je krijgt er energie van. En wat merk je aan jezelf als je gedrag vertoont dat niet bij je past? Daar word je chagrijnig van, het kost je veel energie. Ga maar eens na van welk gedrag je energie krijgt en van welk gedrag niet. Stimuleer je medewerkers dit ook te doen.

De 'gedrag bij DNA'-check

Ik check regelmatig aan het einde van een werkdag wat ik die dag allemaal heb gedaan. Bij welke activiteiten en welk gedrag kreeg ik energie en werd ik vrolijk? Welke activiteiten en welk gedrag kostten mij energie, vond ik niet leuk? Het gaat erom dat de balans doorslaat naar het positieve, dat ik meer dingen heb gedaan die bij mijn DNA passen, dat ik vooral congruent ben in mijn werk.

Gedrag wordt niet getoond en past niet

Het kwadrant linksonder in de grafiek toont het gedrag dat de medewerker niet laat zien en dat niet bij hem past. Dit zijn iemands geen-talenten. Als dit gedrag belangrijk is in het werk van de medewerker, kun je samen kijken of hij dit kan compenseren met ander gedrag dat hij wel laat zien of dat hij het gedrag kan delegeren aan een collega die dit gedrag wel laat zien en bij wie het ook past. Als dat niet mogelijk is, kan de medewerker dit gedrag, met veel energie, discipline en geduld, hooguit iets aanleren. Het gedrag schuift dan op naar boven en komt net in het kwadrant linksboven. De medewerker maakt van een vijf een zes.

Als er veel, voor het werk belangrijk gedrag in dit kwadrant staat, moet je je afvragen of de medewerker wel in de juiste functie zit.

Gedrag wordt wel getoond maar past niet
In het kwadrant linksboven staat het gedrag dat de medewerker wel laat zien, maar dat niet bij hem past. Dit zijn de aangeleerde talenten. Iedereen doet in zijn werk dingen die niet goed bij hem passen. Dat is op zich niet erg. Misschien is administratie een onderdeel van je functie en past het niet goed bij je. Toch doe je het.

Zorg samen met je medewerker dat dit kwadrant niet te vol wordt. Dat kan de medewerker doen door aangeleerd gedrag af te wisselen met gedrag dat wel bij hem past. Mensen die frequent gedrag vertonen dat niet bij hen past, lopen kans op een burn-out.

Gedrag wordt niet getoond maar past wel
In het kwadrant rechtsonder staat het gedrag dat de medewerker niet laat zien, maar dat wel bij hem past. Dat is een interessant kwadrant. Er zit dus iets in het DNA van de medewerker wat er in zijn werk niet uitkomt, bijvoorbeeld omdat dit gedrag niet van hem wordt gevraagd.

Dit zijn de verborgen talenten. Als je weet wat de verborgen talenten van een medewerker zijn en je maakt er een ontwikkelafspraak over, kan het hard gaan. Dat motiveert gigantisch. De grote vraag is natuurlijk: hoe kom je achter de verborgen talenten van je medewerkers? Daar zijn verschillende manieren voor.

Uit de comfortzone. Door medewerkers uit hun comfortzone te halen en hen te stimuleren eens iets anders te doen, laten ze nieuw gedrag zien. Dat kan heel goed uitpakken, maar het kan ook minder goed gaan. Dat is leerzaam en niet erg. Je moet niet je medewerker uit zijn comfortzone halen om hem daarna op zijn vingers te tikken als het niet goed gaat. *That's all in the game.* Geef hem vertrouwen en ondersteuning, want vaak heeft een medewerker een zetje nodig om uit zijn comfortzone te stappen.

Regelneef wordt coach

Een collega van mij werkt bij ons op het projectsecretariaat. Zij plant trainingen en afspraken en heeft daarover contact met onze klanten. Ze is een echte regelneef. Een tijdje geleden had ze een goede klant, een directeur, aan de telefoon. Hij wilde graag op korte termijn een coachinggesprek plannen met een van onze consultants voor zijn secretaresse. Dat is een legitieme klantvraag, maar al onze consultants waren bezet. Mijn collega merkte dat de klant hier niet blij mee was.

Ze vroeg mij of zij het coachinggesprek met deze secretaresse kon voeren. Ik schrok van haar vraag en dacht in eerste instantie: 'Idioot plan, dat is helemaal jouw werk niet.' Maar ik dacht even later: 'Waarom ook niet?' Ik heb haar geholpen bij de voorbereiding en zij heeft het coachinggesprek gevoerd. Toen ze terugkwam op kantoor was ze helemaal in de wolken. Het gesprek was fantastisch verlopen. Zowel de secretaresse als haar directeur was zeer tevreden.

Coaching was een verborgen talent van mijn collega. Ze had een zetje nodig om haar talent zichtbaar te maken. Zij krijgt nu de ruimte om naast haar werk op het projectsecretariaat tijd te besteden aan dit type werkzaamheden. Ze wordt hierin verder begeleid. Het is mooi om te zien wat het ontwikkelen van een verborgen talent met iemands motivatie doet.

In gesprek over vrije tijd. Een andere manier om achter verborgen talenten van je medewerkers te komen is door met hen in gesprek gaan over de dingen die ze naast hun werk doen. Als je daar echt voor openstaat, hoor je enthousiaste verhalen over hobby's en vrijwilligerswerk waarvan je denkt: 'Jeetje, dat wist ik helemaal niet, dat had ik nooit van jou verwacht.' Er komen talenten naar boven waarbij je je afvraagt: 'Waarom laat je die talenten thuis als je gaat werken?'

Hetzelfde gold in hoofdstuk 1 voor mijn vader en geldt ook voor de grijze muis die in zijn vrije tijd fanatiek voorzitter is van de plaatselijke voetbalvereniging. Fantastisch, maar tegelijkertijd zonde. Het kan natuurlijk een bewuste keuze zijn om werk en vrije tijd en de bijbehorende talenten te scheiden, maar vaak doen medewerkers dit onbewust.

Gedrag wordt getoond en past

In het kwadrant rechtsboven staat het gedrag dat de medewerker laat zien en dat past bij zijn DNA. Dit zijn de zichtbare talenten. Bij je medewerkers zie jij deze talenten elke dag. Ze zijn er 'moeiteloos briljant' in. Maak er ontwikkelafspraken over. Laat je medewerkers nog beter worden in hun zichtbare talenten, en laat hen van een zeven een acht of van een acht een negen maken, zoals Maartje Paumen deed met haar strafcorner (hoofdstuk 2).

Het is voor jou misschien vanzelfsprekend dat een medewerker zijn zichtbare talenten toont, maar als je medewerker het idee heeft dat zijn talenten niet worden gezien of gewaardeerd, ligt verwaarlozing op de loer en zakt de zeven naar een zes.

Is er een dokter in de zaal?
Een simpele manier om medewerkers te helpen uitvinden wat hun talenten zijn, is hun het volgende verhaal vertellen.
Stel, je bent in een theater met veel mensen. Op de derde rij zakt plotseling iemand in elkaar. Mensen rennen erheen en zien dat het helemaal niet goed gaat met deze meneer. 'Is er een dokter in de zaal?' roept iemand. En ja hoor, links achterin steekt iemand zijn vinger op en komt naar voren gerend en zegt: 'Laat mij maar even. Ik los dit wel op.' Zieke mensen helpen is zijn talent. Welke vraag moet er gesteld worden wil jij je vinger opsteken en naar voren rennen?

Ontwikkeling = gedragsverandering

De ontwikkeling van medewerkers zie je terug in hun gedrag. Wanneer je het dus hebt over de ontwikkeling van medewerkers, heb je het vooral over het ontwikkelen van hun gedrag, oftewel over gedragsverandering. Maar het veranderen van gedrag is niet zo simpel. Meer bewegen, een betere *work-life*-balans: we willen het allemaal, maar het lukt ons lang niet altijd. Waarom is gedragsverandering zo moeilijk?

Het gewoontedier mens

Mensen zijn gewoontedieren. We kunnen maar moeilijk loskomen van ons gewoontegedrag. Dit gewoontegedrag is gebaseerd op twee sterk sturende principes waar we mee te maken hebben als we ons gedrag willen veranderen:

1. **Automatisch gewoontegedrag wint van bewust gedrag.** 95 procent van ons gedrag is automatisch gewoontegedrag. Dit vertrouwde gedrag opgeven voor iets anders zien we meestal niet zitten. Daarom vallen we bijvoorbeeld bij het veranderen van ons eetgedrag vaak terug in onze oude eetgewoontes.

2. **Pijn wint van plezier.** Als we dan uiteindelijk besluiten ons gewoontegedrag aan te pakken, begint een stemmetje in ons te roepen: 'Ik wil wel, maar wat krijg ik ervoor terug?' Deze angst voor het onzekere is gebaseerd op het oerprincipe dat wij als mens harder lopen voor het vermijden van pijn dan voor het verkrijgen van plezier. Daarom houden we zoveel bij het oude.

Alweer te laat

Het grootste deel van ons gedrag bestaat dus uit het automatisch vermijden van pijn. Grote kans dat de medewerker die op vaste dagen 's ochtends te laat op zijn werk verschijnt, dat automatisch doet om pijn te vermijden, bijvoorbeeld omdat hij, als hij vroeger van huis vertrekt, de kinderen niet naar school kan brengen en daardoor ruzie krijgt met zijn vrouw.

Manieren om te sturen op ontwikkeling

Omdat 95 procent van het menselijk gedrag gewoontegedrag is, houdt het ontwikkelen van medewerkers vooral het veranderen van hun gewoontegedrag in.

Er zijn twee manieren om te sturen op ontwikkeling:

1. Sturen op bewuste ontwikkeling

2. Sturen op onbewuste ontwikkeling

Sturen op bewuste ontwikkeling

Bij bewuste ontwikkeling verandert een medewerker bewust zijn gewoontegedrag. Deze traditionele verandermanier verloopt van onbewust onbekwaam via bewust onbekwaam naar bewust bekwaam en ten slotte naar onbewust bekwaam.

Dat vraagt nogal wat energie, discipline en geduld, zeker als je bedenkt dat de twee oergedragsprincipes 'automatisch gewoontegedrag wint van bewust gedrag' en 'pijn wint van plezier' zich tijdens het ontwikkelproces zullen laten gelden. Dan is de vraag relevant: wanneer is een medewerker bereid zijn gewoontegedrag te veranderen? Of laat ik het aan jou vragen: wanneer ben jij bereid om je gewoontegedrag te veranderen?

- *'What's in it for me?'* Je gaat alleen energie steken in het veranderen van je gewoontegedrag als je zeker weet dat er veel te winnen valt. *What's in it for me?* is de belangrijkste trigger voor een succesvolle ontwikkelafspraak.

- *'Ja dit wil ik!'* Dat brengt mij tot het inzicht dat medewerkers best willen en kunnen veranderen, maar niet veranderd willen worden. Het gaat er niet om dat jíj vindt dat een medewerker zich moet ontwikkelen en zijn gedrag moet veranderen, maar dat de medewerker dat zélf vindt. Je kunt hem daar wel bij helpen. Laat hem zelf het gewenste gedrag bepalen. Dan wordt het zijn ontwikkelafspraak, niet de jouwe, en is er sprake van buy-in. Anders loop je het risico dat je medewerker het nieuwe gedrag alleen laat zien op het moment dat jij toevallig in de buurt bent.

- *'Ja dit kan ik!'* De medewerker moet niet alleen 'ja dit wil ik!' zeggen, maar ook 'ja dit kan ik!'.

- *Bouw verder op effectief gedrag dat er al is.* Door stil te staan bij effectief gedrag dat de medewerker al wel laat zien en daarop voort te bouwen, wordt gedragsontwikkeling minder lastig.

- *Houd het simpel en klein met snelle resultaten.* Door de ontwikkelstappen klein te houden en de medewerker te attenderen op de resultaten die deze kleine stappen hem opleveren, weet de medewerker dat hij het kan, en blijft hij gemotiveerd.

- *Zorg dat het te ontwikkelen gedrag niet botst met ander gewenst gedrag.* Dat is best een probleem binnen veel organisaties. Aan de ene kant worden medewerkers uitgedaagd om initiatief te tonen en ondernemend te zijn, aan de andere kant wordt hun verzocht zich vooral aan de regels en procedures te houden. Wat moet je dan? Wees duidelijk in wat je van medewerkers verwacht.

- *Besef dat ontwikkelen vooral een continu en actiegericht proces is.* Een effectief ontwikkelproces bestaat uit 70 procent informeel leren op de werkvloer, 20 procent ontvangen van feedback, vooral van jou, en slechts 10 procent formeel leren door training of opleiding.

De leerdeskundige Charles Jennings heeft het 70-20-10-model ontwikkeld. Bekijk zijn pleidooi voor meer informeel leren op YouTube *70:20:10 by Charles Jennings & Fuse.*

Hoe formuleer je een ontwikkelafspraak? Beantwoord samen met je medewerker de volgende vragen:

- Welk gedrag wil je ontwikkelen?
- Waarom wil je dit? *What's in it for you?*
- Wat ga je concreet anders doen? Beschrijf dit gedrag Concreet, Actief en Persoonlijk (CAP); zie hoofdstuk 5.
- Welke ondersteuning heb je (van mij) nodig?
- Wanneer heb je je het nieuwe gedrag eigengemaakt?

Als voorbeeld gebruik ik mijn twee ontwikkelafspraken:

1. **Van een zeven naar een acht.** Mijn 'ontwikkel mijn talent'-afspraak van een zeven naar een acht gaat over de competentie Klantgerichtheid. Deze afspraak nakomen geeft energie, omdat ik dit leuk vind en klantgerichtheid me makkelijk afgaat. Indirect helpt deze afspraak mij bovendien de energie te creëren om mijn 'repareer mijn zwakte'-afspraak te realiseren.

Klantgerichtheid van een zeven naar een acht
Welk gedrag wil ik ontwikkelen? Het stimuleren van collega's om klantgerichter te worden.

Waarom wil ik dit? What's in it for me? Het delen van mijn kennis en ervaring over klantgerichtheid in het kader van mijn mentorrol.

Wat ga ik concreet anders doen?
- Elke vier weken organiseer ik een intervisiesessie met collega's om klantgerichtheid te bespreken.
- Collega's neem ik mee naar klanten en klanten nodig ik uit op kantoor, zodat collega's in contact komen met klanten.
- Gedrag van collega's observeer ik en ik geef feedback op hun klantgerichtheid.

Welke ondersteuning heb ik nodig?
- De leidinggevende van de collega's checkt of de collega's vooruitgang boeken op het gebied van klantgerichtheid.
- De collega's geven mij feedback over het vervullen van mijn mentorrol.

Wanneer heb ik mij het nieuwe gedrag eigengemaakt? Dit gedrag moet binnen een halfjaar een gewoonte zijn.

2. **Van een vijf naar een zes.** Mijn 'repareer mijn zwakte'-afspraak van een vijf naar een zes gaat over de competentie Plannen en organiseren. Zoals ik ook al in hoofdstuk 3 aangaf, ben ik niet goed in het administreren van mijn uren en

klantgegevens. Dat leidt tot veel gedoe met mijn collega's van de administratie. In mijn beoordelingsgesprek zei mijn leidinggevende: 'Louis, alles leuk en aardig, maar jouw administratiegedrag laat te wensen over. We hebben binnen de organisatie de regel dat iedere trainer zijn eigen administratie voert, dus jij ook. Dus wat ga je doen? Ga je van deze vijf een zes maken? Of hebben wij een ander gesprek?' Duidelijke taal van mijn leidinggevende.

Plannen en organiseren van een vijf naar een zes

Welk gedrag wil ik ontwikkelen? Het elke twee weken invoeren van mijn urenbesteding en klantgegevens in het administratiesysteem.

Waarom wil ik dit? What's in it for me? Waarom wil ik dit? Niet omdat mijn leidinggevende het wil. Nee, ik wil dit omdat het me rust geeft. Als ik dit gedrag ontwikkel, heb ik geen stress en gedoe meer over mijn administratie, en kan ik me meer focussen op mijn andere en leukere werkzaamheden.

Wat ga ik concreet anders doen? Mijn leidinggevende wil dat ik elke twee weken mijn administratie bijwerk. Hoe en wanneer laat hij aan mij over. Ik heb ervoor gekozen mijn administratie elke twee weken op maandagochtend bij te werken.

Welke ondersteuning heb ik nodig? Mijn collega legt mij de handigheidjes van het administratiesysteem uit. En diezelfde collega en mijn leidinggevende geven mij feedback over het vertoonde administratiegedrag.

Wanneer heb ik mij het nieuwe gedrag eigengemaakt? Binnen een halfjaar moet dit gedrag een gewoonte zijn, en 'als vanzelf' gaan.

Sturen op onbewuste ontwikkeling

Sturen op bewuste gedragsontwikkeling heeft heel wat voeten in de aarde. Gelukkig is er een snellere en makkelijkere route. Daarbij stap je van onbewust onbekwaam direct over op onbewust bekwaam. Het lastige traject van bewust onbekwaam naar bewust bekwaam wordt hierbij overgeslagen.

De laatste jaren wordt veel onderzoek gedaan naar deze snellere manier van gedragsverandering. Het geheim van deze onbewuste gedragsverandering is de context, de omgeving. Onze context stuurt in belangrijke mate ons automatische gewoontegedrag.

Traplopen op een piano

Een leuk voorbeeld van de manier waarop de context ons automatische gewoontegedrag stuurt, is te zien in het YouTube-filmpje *Piano stairs – TheFunTheory.com.*

In het verkeer wordt dit principe al toegepast. Automobilisten langzamer laten rijden in een woonwijk lukt vaak niet met alleen de 30-kilometerbordjes. Wanneer je echter de context aanpast door een hinkelpad op de weg te schilderen en 'verkeersborden' met een afbeelding van Nijntje te plaatsen, gaan mensen onbewust langzamer rijden.

In hoofdstuk 2 gaf ik al aan dat de werkcontext een belangrijke motivator is voor medewerkers. Daarnaast kun je de werkcontext dus ook gebruiken om gedrag van medewerkers 'uit te lokken'. Dit principe is uitermate krachtig.

Komt er al een idee bij je op hoe je de werkcontext van je medewerkers kunt gebruiken om gewenst gedrag 'uit te lokken'? Doe je wekelijkse teamoverleg eens staand in plaats van zittend en kijk welk gedrag bij je medewerkers wordt 'uitgelokt'. Waarschijnlijk verloopt het overleg een stuk actiever. Of hang tijdens het teamoverleg foto's op van je belangrijkste klanten. Het 'toekijken' van je klanten bij het teamoverleg zorgt onbewust voor meer klantfocus.

Samenwerking tussen twee afdelingen

Binnen een organisatie wordt keer op keer afgesproken dat de medewerkers van twee afdelingen meer met elkaar moeten samenwerken. Dat is een bewuste ontwikkelafspraak. Echter, het gebeurt niet.

Totdat de organisatie verhuist naar een nieuw pand met flexplekken in één grote kantoortuin. Alle afdelingen zitten bij elkaar. En wat gebeurt er? Beide afdelingen werken ineens samen. Niet omdat ze dat bewust hebben afgesproken, maar omdat de werkcontext het gewenste samenwerkingsgedrag onbewust uitlokt.

Jij en de context

Jij bent een bepalend onderdeel van de werkcontext. Onderzoek je eigen gedrag en het gedrag dat je daarop terugkrijgt van je medewerkers. Kleine veranderingen in jouw gedrag kunnen een groot verschil maken.

Meer initiatief bij medewerkers

Een leidinggevende heeft zijn medewerkers verteld dat hij meer initiatief in hun werk wil zien. Na een aantal weken zegt hij tegen zijn collega-leidinggevende: 'Mijn medewerkers zullen toch echt meer eigen initiatief moeten tonen. Ik moet er nog steeds erg hard aan sleuren en hen steeds weer overtuigen.'

Het is interessant om te zien dat de leidinggevende het ongewenste reactieve gedrag bij zijn medewerkers juist stimuleert. Híj neemt het initiatief en híj sleurt eraan. De medewerkers wachten af waar hij mee komt.

De leidinggevende kan beter wat terughoudend zijn en de medewerkers uitnodigen om zelf met ideeën te komen, bijvoorbeeld door de vraag te stellen: 'Wat vind jíj dat we moeten doen?'

Samenvatting

- Ieder mens groeit en ontwikkelt zich. Het tempo waarin en de manier waarop is per persoon verschillend.
- Wees duidelijk over wat je verwacht van de ontwikkeling van medewerkers. Maak daarbij onderscheid tussen de ontwikkeling binnen de functie en de ontwikkeling binnen de loopbaan.
- Sturen op ontwikkeling is vooral een 'ontwikkel je talent'-instrument en minder een 'repareer je zwakte'-instrument.
- Het ontwikkelen van medewerkers is vooral het veranderen van hun gewoontegedrag. Een medewerker steekt alleen veel energie in het veranderen van zijn gewoontegedrag als hij zeker weet dat er veel te winnen valt.
- Sturen op bewuste ontwikkeling: medewerkers willen en kunnen best veranderen, maar willen niet veranderd worden. Ga op zoek naar de *what's in it for me.*
- Sturen op onbewuste ontwikkeling: gebruik de werkcontext om gedrag van medewerkers 'uit te lokken'.

Tot slot

Gaaf dat je dit boek hebt gelezen. Heb je zinnen onderstreept, ga je het boek morgen meenemen naar je werk en het er met je collega-leidinggevenden over hebben? Ik hoop van wel. Ga het gewoon doen!

Blijf trouw aan jezelf en laat je niet verleiden om vreemd te gaan met jezelf. Je medewerkers, je organisatie, je omgeving én jijzelf varen daar wel bij.

Ik heb dit boek met plezier geschreven en wil graag met je in contact komen. Hoe denk je over de onderwerpen in dit boek? Wat waren je gedachten terwijl je het las? Welke vragen heb je nog? Ik beloof je dat ik persoonlijk zal reageren op je reacties en vragen.

Veel plezier en succes.

Louis van Woerden

info@louisvanwoerden.nl
www.louisvanwoerden.nl

Inspiratie

Hier tref je een aantal boeken aan die mij inspireerden bij het schrijven van dit boek.

- Arend Ardon, *Doorbreek de cirkel!*
- Marcus Buckingham en Donald O. Clifton, *Ontdek je sterke punten*
- Marshall Goldsmith, *Tot hier en nu verder!*
- Daniel H. Pink, *Drive*
- Jan van Setten, *Hoe krijg ik ze zover?*
- Simon Sinek, *Begin met het waarom*
- Janka Stoker, *Leiderschap verandert*

Bij de productie van dit boek is gebruikgemaakt van papier dat het keurmerk Forest Stewardship Council® (FSC®) draagt. Bij dit papier is het zeker dat de productie niet tot bosvernietiging heeft geleid. Ook is het papier 100% chloor- en zwavelvrij gebleekt.

FSC
www.fsc.org
RECYCLED
Papier gemaakt van gerecycled materiaal
FSC® C004472

Leading Cultural Change

For Imogen and Annabel who make it all worthwhile.
James McCalman

For my father Eric, my mother Elizabeth, my sister Denise and the many scholars and managers who have informed my personal development. This book is a symbol of this learning journey.
David Potter

Leading Cultural Change

The theory and practice of successful organizational transformation

James McCalman
and David Potter

KoganPage

LONDON PHILADELPHIA NEW DELHI

First published in Great Britain and the United States in 2015 by Kogan Page Limited

2nd Floor, 45 Gee Street
London EC1V 3RS
United Kingdom
www.koganpage.com

1518 Walnut Street, Suite 1100
Philadelphia PA 19102
USA

4737/23 Ansari Road
Daryaganj
New Delhi 110002
India

ISBN 978 0 7494 7303 7
E-ISBN 978 0 7494 7304 4

British Library Cataloguing-in-Publication Data

A CIP record for this book is available from the British Library.

Library of Congress Cataloging-in-Publication Data

McCalman, James.
Leading cultural change : the theory and practice of successful organizational transformation / James McCalman, David Potter.
pages cm
ISBN 978-0-7494-7303-7 (paperback) — ISBN 978-0-7494-7304-4 (ebk) 1. Corporate culture. 2. Organizational change. 3. Organizational behavior. I. Title.
HD58.7.M386 2015
658.3008—dc23

2015008793

Typeset by Amnet
Print production managed by Jellyfish
Printed and bound by CPI Group (UK) Ltd, Croydon, CR0 4YY

CONTENTS

Introduction
Playing out of position in the wrong boots

In writing this book we are chiefly interested in how *dynamic processes can transform an organization*; in particular, how theory and practice intertwine to produce, maintain and protect organizational culture. By examining a 'lived experience', an example of cultural change, we are primarily concerned with trying to understand the role that management plays in attempting to intervene in what they see as dysfunctional aspects of organization to transform these. The core of our argument is that managers use tools – economic, material, structural, technological and systems – to change their organizations yet, in the main, they ignore knowledge competencies drawn from the behavioural sciences to improve cultural processes and enable the expressive capacity of the organization. Managers often emphasize change agendas that ignore the cultural dimension of change work. This book seeks to address this issue.

Organizations continuously face economic drivers for change. These are forceful beyond precedent. The argument advanced by politicians through the media is the unstoppable need for economic change. Austerity is the watchword in a world turned sour. The underlying theme seems always to be one of economic determinism. However, what seems to be ignored is the necessity for an associated change in the cultural dimension of the organizational experience. Bankrupt culture? Let's just change it! Overnight if possible. The paradigm that was sufficient to support the delivery of services provided by a questionable banking system needs to be deconstructed. If true change is desired, as opposed to the sticking plaster words of quasi-empathy we hear from politicians, chief executives and the 'traditional' media then a new cultural paradigm is required. The need to embrace a strong sense of responsibility and to operate an ideology akin to that of social capitalism is acute. The strategic priority facing leaders is one of significant change in their operating ideologies and cultural paradigms. This means that leading cultural change is a highly complex, time-consuming and problematized process. Five issues best illustrate how complex this process might be:

1. *Governance and accountability* – the financial crisis has confirmed an increasing focus on the transparency of organizations. The extent to which bonuses or pay for lack of performance become significant issues for the public at large fosters better informed, educated and vocal critics of organizational custodians: this is a key issue that leaders need to be seen to be addressing openly.
2. *Stakeholder relationships* – leaders of organizations need to establish a wider dialogue and greater engagement role with those involved in and with their organizations. Better standards and effective codes for reporting will shine a more definitive light on those who run organizations: this is a key issue that leaders need to be seen to be addressing openly.
3. *Social responsibility* – there is a groundswell of opinion that fairness and responsiveness on the part of organizations in the private and public sector have to be seen and proven to be believed. The extent to which 'we are all in this together' has to be espoused in explicit, meaningful and valuable corporate social responsibility behaviours is a key issue that leaders need to be seen to be addressing openly.
4. *Decision making* – there is now a greater level of involvement of a network of managers, regulators and consumers in the behaviour of organizations: this is a key issue that leaders need to be seen to be addressing openly.
5. *Leadership* – is more difficult and burdensome because of excessive data, public expectations and the media (and social media) gaze.

There is always, of course, a need to address the immediacy of austerity measures through economic reform but this is not the sole focus of strategic attention. As important is the 'way' internal stakeholders think and behave in relation to the organization. Organizational form, purpose and public perception need ongoing scrutiny and strategic planning for change. This process calls for cultural transformation. It is not simply a case of cutting costs. If the policy of forced austerity driven by an ideology of economic determinism is the only strategic approach that organizations are advancing, we will see more cases of high profile public and private sector failures such as the sad case of Mid Staffordshire NHS Trust and widespread closures of private enterprise. The idea that public service organizations can go bankrupt is now a real possibility. The thought that global financial institutions can also go bankrupt is a proven reality. There is no credible distinction between private and public sector stability: both sectors are undergoing considerable financial restructuring and this process cannot operate in isolation.

Executive managers spend a lot of time discussing the processes that improve productivity, eg new working patterns, relocating manufacturing to countries with more attractive labour markets or investing in technology or plant and equipment. This is first-order change, already a reality for private sector organizations. The days of stable and protected public services are disappearing: public sector service providers all over the world are rapidly evolving into something quite different. The public sector needs to reinvent itself so that it can maintain its legitimacy. This reinvention process is unquestionably 'second-order change' (Levy and Merry, 1986), which is concerned with cultural transformation. Second-order change aims to alter the structure of the underlying cultural paradigm that enables expression throughout the organization. This is achieved through planned interventions in design of cultural themes that drive and filter possible organizational expressions. All of these concepts will be fully explained in the next chapter.

Unprecedented economic, political, social and cultural changes have resulted in senior managers in many organizations debating staff engagement methods and how to connect with their workforce so that both leaders and workers can cooperate in a more effective and integrated way. They need such dialogue if they are to survive. Today's leaders are effectively talking about how to cultivate a work-based culture that encourages a positive identification among all employees with the organization and its aims. The struggle for the integration of values and assumptions that today's public and private sector organizations are engaged in is not a new phenomenon. The struggle intensifies when:

- the dominated become critically self-aware of social injustice and class difference within the organization; and
- their leaders recognize that cultural change is required to survive and prosper in the future.

Social media networks, texting technology and the internet provide mechanisms that can connect the critical awareness of literally millions in a common struggle, almost overnight. Twitter can unite followers behind social or environmental issues in a way that is historically unprecedented. Other examples are crowd-funding, a new and growing method of financing business ventures, and social media campaigns to support charitable organizations. (Would yesterday's politicians and A-list stars ever have dreamt of drenching themselves in ice bucket challenges for charities?) If we reflect this towards organizations it means that the ability to manage a societally responsible, globally aware, work-based culture is a strategic imperative and calls for a set of core competences that will provide sustainable competitive advantage to organizations in the present and in the future. How organizational leaders actually engage with their constituents really does matter (Seidman, 2007).

Culture matters

Culture enables or constrains expression and has the potential for learning at every level. It enables groups to adapt and benefit from their environment. Cultural change is not a passing fad: it has always been a significant challenge for managers because it is not an organizational variable; culture is the organization. Culture is a social construction. People make it and it is only through the determined, intelligent, cooperative action of people that culture can be changed. Senior managers can learn much from considering cultural change theory and methods located within the behavioural sciences. There are tremendous practical benefits from having an understanding of organizational cultures and their dynamic structures. People are walking, talking, thinking, expressive beings; they are not passive. To understand a culture is to understand its inhabitants. Alvesson (2002) sees culture as the central entity that people involved in developing or leading organizations need and should understand.

It is important to stress that culture in all of its amazing complexity both constrains and enables human expression regardless of the organizational context in which such expression takes place. To illustrate this we provide an insight into the complexity of managing cultural change using a case study of an organization moving from a public to a commercial paradigm. The case study is relevant to all organizations regardless of sector as it provides an example of the problematic nature of cultural change. We also address how to deconstruct the cultural paradigm, redesign and inculcate a new paradigm that provides members with a source of competitive advantage for the future. This new model is an infusion of cultural themes drawn from both the private and the public sector. Frameworks in organizations such as banks and utility companies have proven to be damaging to society in the extreme. Organizations need to adopt a culture that has a strong economic purpose but one that is welded to a powerful motivation of social good. Through a 'lived example' the book provides a rich body of work that surveys cultural change theory, methods and applications, and relates this knowledge through the reflective learning from leading such a cultural change project in a sizeable organization that is still immersed in a competitive struggle for its future.

The aims of the book

This book aims to help the reader understand the significance and importance of the socio/cultural context of organizations. This is important as the degree of change required in many organizations involves cultural transformation. There is a need for a greater understanding of second-order cultural change work within these organizations. We attempt to explain some of the fundamental issues that surround cultural change programmes. To appreciate the dynamics and the problems of leading cultural change in an organization, one needs to understand cultural theory and organizational development (OD) methods drawn from the behavioural sciences. Managers operating at every level need to be able to critically reflect on the underlying assumptions regarding their ability to influence change in an organization. Changing culture is ultimately concerned with leadership and power issues, and this book considers change management in these terms.

A dominant theme advanced by this book is the assertion that *culture controls organizational expression.* Thus culture is correlated with the idea of the learning organization in the sense that all change involves new learning at the level of the individual, the group and the intergroup. When Senge (2006) focused on the need for the learning organization he implicitly called for cultural change strategies. When McGregor (1960) advanced 'Theory Y' over 'Theory X' he advocated a cultural strategy. When Ouchi (1981) advanced his 'Theory Z' he was describing a theory rooted in the cultural hegemony of Japanese economic production. Alvesson's 'identity control' (2002) advances the argument that culture controls identity formation and expression. Thus cultural change is an accepted central element of management whether managers choose to acknowledge this or not. We seek to understand cultural change management in detail. Our aim is to build on the work of cultural scholars such as Alvesson (2002), Alvesson and Sveningsson (2008), Levy and Merry (1986), Ouchi (1981), Pettigrew (1985) and Watson (2001). These assert that we simply don't know enough about the processes of cultural change and call for more longitudinal studies that explain change in cultural and process terms.

Another aim of this book is to advance the idea that *organizational culture remains the most critical aspect of the managerial experience.* It is widely understood that when a change strategy is incompatible with the culture of the organization, the strategy fails (Johnson *et al*, 2011). Managers can find themselves trapped within their current market dynamics, unable to escape the clutches and influence of established cultural paradigms as they try to navigate serious strategic change. As a consequence they need to have some kind of developed conceptual and practical framework for both understanding organizational culture and for working with its dynamic processes. Culture controls expression, and how organizational members express themselves impacts the strategic potential of the organization.

Our main assertion is that *culture can be changed in a managed way.* Many popular management books are 'how to' sequential and commonsense approaches supported with heroic vignettes of chief executives who transformed 'weak' cultures into winning 'strong' cultures. Such populism lacks theoretical power and airbrushes over the harsh complexity and subsequent difficulties. As a result practitioners remain largely ignorant about the concept of culture, its dynamics and how one could set about trying to describe it and then change it. This book sets out to explain what culture is, how it forms, how one can analyse it, the difficulties associated with changing an organizational culture, and a broad review of the literature relevant to organizational cultural change.

There is little doubt that organizations, when they embark on change initiatives, should consider the cultural dimension. This is a problem for many senior managers who assume that they are change leaders by nature of their positions in the organization. They may talk of change and learn the vogue corporate change scripts, but they do not necessarily understand the social processes that produce or impede cultural change. In particular, managers generally lack the rich conceptual repertoire that is required to appreciate the cultural dimension of change management. Senior management do not tend to spend their time conceptualizing the social processes that produce, reproduce, reinforce, protect and enable the migration and colonization of corporate culture. Nor do they conceptualize or discuss how the culture that they themselves produce, protect and even nurture, acts as a constraining device on their efforts to change the things that they profess require changing. This book aims to make a contribution to expanding the change manager's knowledge of the cultural concept in relation to strategic organizational development.

Wrong shoes and wrong game?

'Hard' business logic is what managers do; it is what they talk about, and it defines them to both themselves and their stakeholders. For example, managers find intuitively attractive the idea of integrated software systems that will reduce administrative costs; this kind of technical change appeals. The change consultant estimates the costs of the proposed new system and compares them with those of the existing system. If the numbers make sense, eg savings are produced on paper, then change is considered as inherently logical and thus inevitable. This sort of decision-making process is often aided by 'change consultants' from technology or finance firms, or both. With promises of a technological panacea to the competitive problems that face all organizations they quickly seduce the management team and, more important, the managing director into quite literally 'buying' into their commercial change logic. Culture and its influence as a powerful enabler and potential constraint are rarely considered: after all, why make change complicated? This would be bad for business, but for whose business?

Why would you not 'modernize' business processes with the aid of new technology? The argument of this book is not that you should avoid doing these things but that to over-simplify the true complexity of such initiatives by ignoring the cultural dimension is negligence that is most likely to damage the organization in the present, most certainly in the future. Simply put, you're playing the wrong game with the wrong shoes – like playing baseball wearing ballet slippers. Organizational change is not only technologically focused. It can and often is culturally and socially focused. This is the main distinction between first- and second-order change work. For example, in the case of a customer care change initiative the organization may attempt to change the way in which staff interact with customers. The logic of change is compelling, the means seductively simple: after a few days training all staff will be enacting different behaviours and conversations with their customers. The common theme that dominates the change management literature and one of the few things that organizational theorists can agree on is that a failure to understand and manage the cultural dimension of change is the number one reason that the majority of programmes do not work. This book aims to provide knowledge to managers to reduce the high failure rates associated with cultural change programmes.

Soft logic involves the application of ideas rooted within the behavioural sciences and stands in sharp contrast to the hard logic of traditional, positivist, managerially inspired thinking. Soft logic requires both self and group reflection; the development of generative dialogue with both subordinates and with peers; openness to ideas from outside the organization; and an ability to conceptualize culture as a real factor to be both understood and managed as part of a change process. It also requires an open-minded approach to aspects of the behavioural sciences and organizational theory that can be of advantage to managers trying to achieve cultural change. This imbalance of focusing on the skills of applying hard logic as opposed to the skills required to apply soft logic has devastating effects on the ability of management teams to consider the advantages of the latter. This is because a change initiative that is technological is not culturally or socially neutral; nor is a change initiative that is primarily concerned with changing working patterns.

The book is divided into two parts. In Part 1 we review the relevant theories and literature and build a conceptual framework for considering cultural change work. In Part 2 we provide an account of a cultural change programme and relate this to the conceptual framework outlined in Part 1. We also consider success or failure in cultural terms and relate this to the lessons learnt from the case. The discursive themes of the closing discussion will be derived from an 'up close and personal' study of the subtle micro-political, socio and cultural processes that culture change work is built on.

Part 1

In Chapter 1 we discuss the concept of change management to differentiate between cultural reproduction and cultural change. We also introduce the idea of 'expressive change' that lies at the heart of the cultural concept. This chapter also clearly makes the distinction between first- and second-order change (Levy and Merry, 1986), which is crucial to our understanding of systems or technological change and significant attempts at altering culture. Throughout this chapter our aim is to make a clear distinction between traditional change work (first-order change) and cultural change work (second-order change).

Chapter 2 looks at the history of organizational development (OD). We contrast the technical approach to OD with the socio/cultural approach and advocate the view that managers should adopt an approach that has room for both schools of thought. Cultural change management is a planned intervention in the activities of an organization. Some kind of appreciation of the key ideas that inform the behavioural sciences and those of formal change management tactics is absolutely vital to any organization considering a cultural change intervention. We feel that it is important that cultural change managers have a basic appreciation of how the field of OD has matured since its early conception, who the pioneers were and what their contribution was to this exciting area of practice. Also it is important that practitioners grasp the relevance of the behavioural sciences as a rich bank of ideas and theories as well as practical research sources that can significantly inform their thinking on cultural change work.

In Chapter 3 we provide a very brief review of the cultural change literature since the early 1980s. This chapter will differentiate between three main schools of thought that have emerged through 45 years of theoretical debate and management practice relating to the cultural phenomenon in organizations: the purist school, the honest grapplers school and the cultural pragmatist school. Each school of thought offers the reader different perspectives associated with varying degrees of intellectual depth.

We then go on to look at the concept of culture itself in Chapter 4. At this point we provide a theory of the processes that produce culture and how culture can both enable and constrain organizational change efforts. We explore the following questions:

- What is organizational culture?
- How should we conceptualize culture?
- What does culture do?
- Why is an understanding of culture useful to managers?
- How does culture form?
- What does cultural change look and feel like?

This chapter is both theoretical and practical. We build a model of culture that is empirically based that can enable the practitioner or the student to conceptualize and to think about it in a very structural and practical way. This chapter will provide readers with a proper understanding of what culture is, what it does and how it expresses itself. This understanding will be invaluable to the cultural change manager. It is important to bear in mind that the roots of cultural studies are in anthropology and that many of the ideas relating to cultural change in organizations have been adapted from anthropological studies and to a lesser degree social psychology. We make every effort to present these ideas in ways that are accessible and enjoyable for the reader and, as important, useful.

Culture as a form of control is the area of discussion in Chapter 5. It is important that the reader appreciates the role that power games and processes play in shaping the outcome of cultural change projects. Often power is underplayed by writers who propose a rational take on change work in organizations. We do not do this: we acknowledge the reality of power struggles within organizations and consider organizations as sites of contested meaning through which power struggles manifest in a circle of conflict that never closes. Cultural change managers require a developed framework of ideas through which to understand the role that power relations play in cultural change work and to anticipate its emergence. Throughout this chapter we introduce power and in particular cultural hegemony as a form of power. By doing so, we attempt to unpack the central ideas of key authors who have contributed to our knowledge of power in cultural terms as a means of socio/ideological control. The main assertion of this chapter is that many of the problems of cultural management are closely related to the problem of hegemonic struggle. This chapter will also relate hegemony to the literature concerning cultural management. We see corporate hegemony as the accumulative impact of:

- *Knowledge hegemony* – involves targeting knowledge as a means of control.
- *Conceptual hegemony* – defining what concepts people may use in their talk to make sense of and try to influence the process of organization.
- *Linguistic hegemony* – the cultural cleansing and filtering of the kinds of everyday talk that constitute the conversations that take place throughout an organization.
- *Identity hegemony* – controlling an individual's ability to assume a particular identity in an organization, eg a leader or an expert in a particular field.
- *Performative hegemony* – how people present themselves, how they behave in certain contexts and in front of different audiences and the stages they are allowed to perform on.

The chapter concludes with a proposition that corporate hegemony is effective because the combined effect of its subsets becomes unrecognizable and operates as deeply held assumptions within the minds of managers.

In Chapter 6 we discuss the process and identities of 'leadership' and 'management' as discrete variables in relation to achieving successful cultural change. We contrast leadership and management and argue that they are very different processes and identities. The function of both leadership and management in relation to cultural change work is fully explained. Often managers assume that they are also leaders. Many adverts for middle or senior positions in organizations ask for effective managers who can demonstrate outstanding leadership and lead dynamic change processes. We feel that this kind of portrayal oversimplifies the contrast between leadership and management and in many cases exposes an implicit lack of informed appreciation of the differences involved. It is important to the integrity of cultural change work that practitioners can help their organization or clients appreciate the distinctions between management and leadership and to audit their own staff resource to assess the leadership and management capability they have at their disposal. This chapter will provide readers with the resources required to consider this issue in an informed and competent way as part of cultural change work.

Chapter 7 extends our understanding of leadership by framing it around how leaders attempt to manage meaning and by doing so attempt to manage culture. This chapter presents our practical appreciation of leadership and strongly relates it to cultural change work. We draw on theoretical ideas rooted in anthropology and social psychology concerning the social construction of identities. In particular, we emphasize the role that followers have in producing leaders. We argue that leaders only exist if they have followers and we make a critical distinction between institutionalized leadership and organic leadership, the former being formally appointed and the latter based on an inter-subjective relationship between followers and leaders. Our main idea is that leaders frame and offer their interpretation of social reality to their audience in an effort to build rapport and congruence of meaning. If successful, this meaning-building process creates followers who then agree to work with 'their' leader to effect successful cultural change. It is our premise that many cultural change projects fail because leadership is assumed, senior management have leadership expectancy built into their roles and this assumption is found wanting as the plural change process unfolds.

In Chapter 8 we focus on language as a key cultural process. The means of advancing a dialogical relationship between participants and leaders is arguably the most important aspect of leading an intervention. Throughout this chapter we make clear distinctions between the various forms of language use that dominate organizations, such as debate, conversation, presentations, argument, discussion and light talk, and we make clear what the purposes of these kinds of talk manifestations are. We then describe dialogue and in some detail explain its purpose in relation to cultural change work. We argue that in many cases management teams have lost their ability to undertake dialogue and also that it is often the case that they may not have an appreciation of what dialogue is and what it does, let alone how to practise it. We often see managers who are convinced that they actively encourage dialogue when in fact monologue is the norm. Dialogue is the most natural form of communication we have, and it is through dialogue that meaning flows and it is only through dialogue that cultural change can be manifest. Finally, we emphasize the role of the leader as a meaning maker in advancing dialogical relations throughout the change community.

Examining ethnography as a tool for cultural change draws Part 1 to a close. This method of enquiry is ideally suited to cultural change projects. We explain the concept and method in detail and show how it has a lot to offer organizational leaders involved in cultural change work. Ethnography can guide our understanding of the cultural process. In light of the extreme pressures to become more competitive, we argue that the art and practice of ethnography to make explicit established cultural themes has become ever more relevant. Ethnography is the main research technique that has served over a century of cultural research and yet it is not widely recognized as a significant tool in the OD kit. The main critique of ethnography is that it takes too long to carry out. We reject this view and argue that a partial corporate ethnography, which can reveal cultural themes that enable organizational development in a rich and compellingly descriptive way, can be done relatively quickly. Ethnography as we understand it is a two-part process that involves the gathering of data for analysis and the production of the written ethnography or the 'thick cultural description' of the cultural scene under study. The advantage of employing ethnographic techniques for change managers is that this process of learning and application will sensitize them to cultural language and really inform their understanding of the cultural concept.

Part 2

This part presents an in-depth case study of cultural change intervention for analysis and advances the idea of a closer union between the world of theory and of practice. Drawing on an 'action research' approach to cultural change, we examine an initiative involving the use of the organizational theorist acting as 'consultant', working with the managing director and the management team on an organizational problem deemed critical to change. We explore the analytical scheme advocated by Pettigrew (1985) that focuses and explores the 'why', 'what' and 'how' of cultural change.

In Chapter 10 we consider the 'why' of cultural change and explore the internal and external change context of the case study organization. The 'internal' is the structural and cultural context and the 'external' is the political, economic, social and technological drivers that force an organization to think of changing. The subject of the study is a former local authority department that is transferred out of the control of its parent organization and established as a Limited Liability Partnership. This chapter explains the environmental drivers that produced the need for cultural change work and introduces the concept of the external change partner and an intervention framework for consideration. The core cultural issues that are the focus of the change intervention are examined and the concept of cultural and strategic tensions explained.

In Chapter 11 the 'what' of cultural change work is the main focus. This chapter explains the diagnostic methods employed to identify the cultural forms that were selected for modification or transformation. This is defined during the diagnostic stage of a cultural change programme. We describe a strategy for diagnosing change issues that uses Opler's (1945) concept of 'cultural themes' supported by the diagnostic ability of Johnson's (2000) cultural web employed by an external change partner as an 'objective outsider'. We also introduce the concept of 'change technologies'. These are the devices and methods employed to deliver on the defined objectives of the case study organization. This section of the chapter considers the practical sets of managerial activities that are planned in a systematic way to tackle the issues identified during the diagnostic stage. The chapter then continues with the theme of the previous chapter, focusing on the change team process and its particular characteristics and reasoning.

The aim of this chapter is to provide the reader with a tried and tested model of cultural intervention. While we present a linear model of intervention we do so for presentation purposes. We hope that readers will gauge from the literature review in Part 1 that cultural change work is complex, often messy and follows an iterative process. This is a creative process so we encourage readers to use our framework as a thinking device and to create their own adaptation of the model for future interventions. Throughout this chapter the model we present is a mix of different cultural change intervention tactics and is not meant to be a 'best way' to carry out cultural change activities. The field of OD is vast and to a degree the structure and content of the cultural change programme is a creative process. We do not set out to circumscribe that creative process merely to present a portrait of a typical cultural change programme for reflection and discussion.

Chapter 12 discusses the precise definition of successful or failed cultural change through reflective learning and presents a model that can be used to consider the impact of cultural change work. This can be done at any point in its evolution and in relation to the change objectives. The practice of evaluating the success or failure is often ignored or understated in much of the change management literature. We present a research framework with descriptions of the kind of methodologies that can be employed to gauge impact. We argue for a mixed methods approach to the research project and we also assert the view that this is a professional research project that should not be underplayed or superficially engaged with. It is important that an experienced and able researcher conducts the research. We introduce the idea of 'secondary gain' that we define as unexpected outcomes from the intervention process that improve the culture of the organization. We also illuminate the impact that the cultural change project in the organization had on cultural themes that were identified by the ethnographic diagnostic intervention as problematic. Positive impacts we refer to as 'primary gains' or intended outcomes. We emphasize the incredibly gradual process that is characteristic of cultural change work and the robustness of established themes to protect and insulate themselves from change.

In Chapter 13 we discuss the lessons that were derived from the union between theory and practice and consider areas of practice which, in hindsight, could have been improved upon. We share our strengths and our weaknesses with readers in an effort to advance learning. Cultural change work is a very complex and challenging exercise and is not for the faint hearted. The unexpected will happen and in many cases what change subjects do may seem irrational and disruptive but it is important to appreciate that they will have their reasons. We draw attention to variables that worked very well and present a balanced and constructive review of the lessons learnt.

Finally, in Chapter 14 we discuss cultural incubation, which explains the way in which culture forms. We advance the premise that the first two years of a culture change project primarily involve cultivating the organization for the nurturing and progressive development of the new culture. We employ the cultural metaphor to its full potential in this chapter and in doing so we present a model of appreciation that will serve practitioners well in their cultural change work. This chapter presents a range of conceptual stages through which the cultivation of new themes may be processed. Our aim in this chapter is to bring to the reader's attention the fascinating and rewarding subject that culture is and relate this to the practicalities of cultural change interventions in organizations.

In summary, this book aims to:

1. Broaden our understanding of the dynamics of cultural change work.
2. Make a clear distinction between first- and second-order change while focusing attention on the latter category of change intervention.
3. Advance an understanding among managers of the importance of cultural change work and its relationship to strategic development.
4. Introduce the theories and methods rooted in the behavioural sciences that help us do this kind of work more effectively.
5. Dispel the myth that cultural change work is a rational and linear process that is time bound.
6. Employ a practical case study to illuminate the theories and methods detailed throughout the book.
7. Consider a framework for defining success and failure in cultural change terms.
8. Examine the lessons we can learn from both good and bad practice.
9. Contribute to public sector managers' understanding of the cultural concept, its dynamics and how one may intervene in those dynamics to change their composition.
10. Advance the case for soft logic in equal proportion to the hard logic traditionally associated with change projects within organizations.

PART 1
Leading cultural change. Theoretical perspectives

Cultural change management

01

It's not all recipes you know!

Introduction

Much like cooking *boeuf bourguignon*, successful organizational change requires that you use all of the ingredients, inject lots of care and passion, and don't take any shortcuts (Therese S Kinal, *Real Business,* May 2013.) As technology and social reform punctuate society with ever-increasing frequency managers have to be able to manage change effectively. This book is not concerned with everyday change: it is concerned with exceptional change; it is concerned with cultural change. The issue for managers is that in the main they lack a conceptual and practical framework of change that enables them to make a distinction between cultural and non-cultural change. Rather than focusing on the recipes and ideas that dominate the popular literature (Alvesson and Sveningsson, 2008) this chapter will take a different approach and seek to examine deeper concepts. In doing so, we will:

- Define what we mean by change and cultural change management.
- Describe the nature and utility of first- and second-order change and illustrate what we mean by these.
- Focus attention on the difference between cultural change that is reproductive or adaptive and that which is transformative.
- Define what we mean by cultural paradigm.

- Introduce the notion of cultural change as a wicked problem.
- Introduce change as a social process based on Lewin's three-stage model.

These are topics that the change manager needs to be familiar with. The chapter examines the ideas that we have found to be most relevant and it is our intention here to move the discussion of change away from recipe-driven perspectives towards a deeper analysis. By doing so we hope to provide both managers and students with a more fluent grasp of cultural change language and practices. The themes that we cover in this chapter will give readers a deeper appreciation of complexity and enable them to make a distinction between different kinds of change and to grasp cultural change as both a concept and a practice.

Organizational change is enormously complex. There are over 770 million references to it on the internet as people seek solutions to their change problems. However, complexity leads to shortcuts as managers attempt to reduce the core concepts into 'manageable agendas'. This over-simplification of the diversity of change work appears to revolve around 10 principles (Alvesson, 2002):

1. Communicate the case for change.
2. Push and pull are effective strategies.
3. Involve people in the change process.
4. Build a coalition.
5. Develop a change vision.
6. Break the change process down into discrete stages.
7. Design a pilot.
8. Post pilot evaluate outcomes.
9. Launch the change programme.
10. Celebrate group achievements.

Managers only have to apply these prescriptions and successful change will occur. The problem with this view is that rational and linear models imply a simplicity that doesn't exist (Alvesson, 2002, Beech and MackIntosh, 2012, Buchanan and McCalman, 1989). The sequential model does provide a framework to guide change management efforts; however, if the change manager has no underlying construct of theory then the likelihood is mediocre success or relative failure (Collins, 1998). The main problem facing those who are involved in cultural change work is a lack of relevant language and ideas that are specific to change projects. Cultural change is concerned with changing the symbolic nature of the meaning systems that managers employ to make sense of their environments. This is a very personal and introspective process for managers. It stands in sharp contrast to non-cultural change that managers can, in the main, stand apart from in a very calculating and overtly rational way. Therefore, the first obstacle for cultural change managers is to make a distinction between what constitutes cultural change and what does not.

Change management defined

Regardless of whether one is involved in cultural or non-cultural change work, the basic definition of the change process is the same for both activities. We define general change management as follows.

> The process through which an object of management attention is moved from one state to another in a planned and intentional manner.

This definition is helpful because it provides a heightened sense of focus concerning the object of change, both in its current form and in its desired future form. It is also helpful because it helps to maintain a discipline that is critically important, which is concerned with explaining what it is one is trying to change, what its current state is, and what state you wish to change it into. This can be problematic for cultural change work because sometimes it is more convenient to state that the idea is to change culture at work. This is not very helpful and we would be better off asking:

- What precisely is it in cultural terms that needs changing?
- What does the cultural change target look like in the present moment?
- What are the organizational implications of the current cultural variable?
- What changes in its form are required and why?
- How is one to set about changing its form to ensure it performs a different function?
- What will this cultural variable look like after it has been changed?

These are just some of the kind of critical change management questions that should dominant the thinking of cultural change managers. To be able to handle any of these questions competently one must start with developing a definition of cultural change. We define cultural change as follows.

> A fundamental change in the meanings that cultural members attribute to their values and assumptions, which leads to a shift in the nature of cultural themes in use and the expressive content of the cultural paradigm.

This definition is packed with significant concepts that will be discussed in some depth in Chapter 3, which is dedicated to building a model of culture. We must stress though that change work involves changing what Smircich (1983a) calls 'meaning systems'; what Johnson (2000) refers to as the 'cultural web' of the organization; Levy and Merry (1986) refer to as the 'cultural paradigm'; and what Opler (1945) and Spradley (1980) refer to as 'cultural themes'. When defining cultural change, Alvesson and Sveningsson (2008: 42) state that: 'A cultural change is not that management tries to impose new behaviours (or talk), but a change of the ideas, values and meanings of large groups of people.' Changing culture thus involves changing what people value and the assumptions they hold in relation to the nature of their experience. These assumptions provide a value framework that produces the cultural paradigm of the organization. Our notion of cultural change would involve diagnosing the assumptions, values, cultural themes and related paradigm that constrains and enables the expressive capacity of members for deconstruction and transformation.

It is important to differentiate between 'cultural change work' and 'non-cultural change work'. One way to do this is to make a distinction between three types of cultural change:

Cultural reproduction

Cultural adaptation

Cultural transformation

Cultural reproduction and cultural adaptation belong to the category of change work known as 'first-order change' (Levy and Merry, 1986). Cultural reproduction involves the repetition of established ways of doing things as business expands or if one is trying to solve problems using a particular methodology that worked before (Bourdieu, 1991). In these activities the organization would simply reproduce the architecture of the operating culture that they know and understand.

Cultural adaptation involves an existing activity being changed in terms of its form but not involving any change to the meaning attached to the change target. For example, if we take the standard operating process for purchasing in the catering industry, an electronic purchasing system (EPS) does away with traditional paper work. This process does not involve cultural transformation, nor can it be called cultural reproduction; it is best considered as a good example of adaptation. The industry has adapted cultural practices to keep up with trends; this involves new technology and slight changes to process but does not fundamentally change cultural problem-solving methods related to procurement issues.

Cultural transformation is the main focus of this book. It involves the identification of elements of the organizational culture that are deemed redundant and the changing of organizational form. We would describe cultural transformation as a process that would change the meanings that members attach to a phenomenon to subsequently invoke a change in their attitudes. This change process would involve generative dialogue between members to explore the assumptions and values that were formed as a result of the interpretive process that produced the established meaning systems. The attitudes that are formed will drive social strategies and behaviours towards the phenomenon of interest. This is complex and difficult to manage.

For example, in the case study organization in Part 2 of this book, there was a cultural problem that involved managers defining staff absence as a health issue and not as a conduct issue. If absence is defined as a health issue then the process centres on caring for staff members and affording them every opportunity to return to work only when they are properly fit to do so. This cultural theme may also produce other cultural themes such as an inability to apply management controls to absence cultures and apply stricter conduct standards that aim to target habitual absence cases. The change problem may involve literally thousands of staff and hundreds of managers and supervisors. The problem for the organization was how to change the meaning attributed by managers to absence from a health perspective to one that also considered repeated absence as a conduct issue. This change process can only happen through generative dialogue about underlying assumptions, ie we are a caring organization. The strategies may involve absence-counselling sessions that almost entirely focus on empathetic models of behaviour. Cultural transformation involves changing the symbolic meanings that managers and staff place on absence, the assumptions and values that emerge and the attitudes and social strategies that are the final output of this meaning-making process.

First- and second-order change

It would be helpful for cultural change managers if they could access a model or a framework that assisted them in making a distinction between non-cultural and cultural change work. Levy and Merry (1986) consider both cultural reproduction and adaptation as 'first-order' changes concerned with operating within the established cultural system. In contrast, they consider cultural transformation as 'second-order' change. It is important that the change leader can make a distinction between these categories of change work.

First-order change

First-order change is fairly unreflective and spontaneous. It emerges from established cultural norms and thus is a product of previous thinking and does not need new thinking or cultural sense making to occur. Cultural change involves the creation of new thoughts; it involves dialogue with enough people to support the acceptance of the proposal to change aspects of established cultural themes in use (Dixon, 1998; Isaacs, 1999; Yankelovich, 1999).

With first-order change:

- Adjustments are made within the current organization structure.
- Focus on repeating the same processes or slight adaptation.
- Restoring balance (homeostasis).
- Non-transformational.
- New learning is not required.

By way of contrast, second-order change:

- New way of seeing things.
- Irreversible.
- Often begins through the informal system.
- Transformation to something quite different.
- Requires new learning.

Levy and Merry (1986: 5) define first-order change as 'minor improvements and adjustments that do not change the system's core, and occur as the system naturally grows and develops'. In a similar vein, Smith (1982: 318) differentiates between cultural reproduction and cultural adaptation as discreet subsets of first-order change:

> Morphostasis [first-order change] encompasses two types of changes. First there are those that enable things to look different while remaining basically as they have always been [cultural adaptation]. The second kind of morphostatic change [cultural reproduction] occurs as a natural expression of the developmental sequence... the natural maturation process.

These are practices that extend into other domains. For example, an organization that re-brands but leaves the underlying culture of the organization intact is first-order change. Table 1.1 illustrates first-order change for each of six key change variables.

Second-order change

For Levy and Merry (1986), second-order change refers to changes in the cultural DNA of the organization; changes in the nature of its paradigm structure. They define second-order change as 'a multidimensional, multilevel, qualitative, discontinuous, radical organizational change involving a paradigmatic shift' (1986: 5).

Smith (1982: 318) defines second-order change as:

> A form that penetrates so deeply into the genetic code that all future generations acquire and reflect those changes. In morphogenesis [second-order change] the change has occurred in the very essence, in the core.

TABLE 1.1 First-order change

Change variable	Change target	Nature of first-order change
Financial	Reduce overtime rates	Reducing financial cost of delivering on operations
Technological	Replace a software system	Introduce a new payroll data management system
Structural	Remove a layer of management	Expand the width of management command
Material	Change the layout of an office to open plan	Remove modular self-contained offices and adopt an open desk policy for all
Processual	Change a payroll process	Move from a paper trail process to a computerized data input and transmission system
Behavioural	Change telephone-answering scripts	Impose on all employees a standard script for answering all external incoming calls

This is a completely different form of change and requires different change management strategies and knowledge. 'Second-order' is the term we use when we talk about cultural change work and involves any change in compositional structure of cultural themes in use (cultural themes are defined in more detail in Chapter 3). A cultural theme can be considered as an attitude that is advocated as proper and correct within a cultural group, which constrains or enables the expressive capacity of the group attitude. The concept of a cultural theme enables change managers to go beyond surface manifestations to understand what in cultural terms is really at the root of the alleged problem.

Second-order change involves a process of generative dialogue with those whom the change leaders are asking to support a change in relation to cultural themes. This is a very personal change process that cannot be treated as an imposition on the part of management. Cultural change is a slow process. A change in the cultural theme on the part of a critical mass of managers within a substantial organization can take a few years to achieve. Any of the six examples offered within the category of first-order change can take three to six months.

The cultural paradigm

With second-order change we are dealing with change that occurs at various levels and dimensions and will no doubt be discontinuous and involve radical organizational and paradigmatic shifts. The cultural paradigm of the organization will be described in detail in Chapter 3; for the moment a brief description of the concept would be useful.

The cultural paradigm is an essential concept for change managers engaging in second-order change work. Levy and Merry (1986: 10–14) describe the cultural paradigm relative to a specific group (a management team for example) as constituting:

> the organizational world view, belief system, and presuppositions underlying its operation... the organizational paradigm is, first of all, the metarules, or the conceptual framework and precepts, or the unquestioned assumptions that shape the organization's beliefs, values and operations, and provide meaning and direction for members' actions.

Thus the cultural paradigm is the sum of the core assumptions that are common to a management team and drive their normal daily cultural expressions. These assumptions create the value system that produces the cultural themes that establish the attitudes that guide all forms of organizational learning and expressions.

The cultural paradigm is the expressive engine – the collective mind of the organizational management team. It can be described as a cultural web at the centre of which is one core idea supported by a set of interconnected assumptions that reinforce and protect the core idea. Johnson *et al* (2011: 176) define the paradigm as 'a set of assumptions held in common and taken for granted in an organization'. The paradigm reflects the distilled collective experience of a management team that influences their expressive strategies. This is important because the paradigm controls the choices managers or staff can make. The other substantial point that Johnson *et al* make is that the strategy of choice must be compatible with the underlying cultural paradigm otherwise the likelihood of success in strategic terms is very slight.

The social construction of the change problem

The premise that we adopt regards organizational change is that it is first and foremost a social construction. It is always an interpretation of events that leads to action and both the interpretation and action processes are creative accomplishments made from the symbolic materials available to a change group. The conceptual building blocks that constitute social construction theory are that:

- our perception and knowledge of the social and natural world are social constructions;
- we make sense of our experiences through a process of meaning making;
- we construct through our sense-making process a system of signs and symbols;
- these meaning systems are inherently subjective and have no substantive truth;
- we express our understanding of reality through language, which is our principal sign system;
- we teach our social constructions to others through inculcation processes;
- culture is the ultimate product of our symbolic sense making.

If we accept the idea of social construction processes within organizational settings then our understanding of change management is altered. In a management setting change is often defined as a management problem that can be rationally solved using management resources and applied intellect. The senior manager identifies a change problem, makes sense of it and frames meaning for general consumption throughout the management team. The manager will then prescribe the resources required to solve the change problem and the methodology to be followed, usually scripted within a change management plan. This approach has been described by Grint (2005) as managing a 'tame problem'.

A tame problem

A tame problem is a problem that is interpreted and framed by management as one that is possibly 'complicated' but resolvable using tried and tested methods and drawing upon established knowledge resources. This process is made possible because management assume that the problem as they construct it has occurred before, or a similar problem has occurred before, so its solution is at hand. Managers therefore need only to apply their rational logic and established knowledge to the perceived problem and it will naturally follow that it will be solved.

A critical problem

When the organization faces what could be defined as an abnormal change event, Grint (2005) argues that senior managers socially construct the situation at hand as 'a crisis' or more specifically as 'a critical problem' to be solved. In this sense, managers mobilize hegemonic discourse – the emphasis of attention is on the senior manager who advocates immediate action to solve the crises and must be obeyed. The manager is assumed to be competent because he or she appears to be competent, highly confident and determined to attack and solve the critical problem. This tactic, while maintaining senior management control over the perceived problem, reduces the anxiety levels within the group and is readily accepted. It also ensures the absence of any form of inquiry through dialogue with the collective intelligence of the group.

Within organizations there may be a tendency on the part of senior managers to socially construct a view of a problem as critical so that they may advocate action over thought, impulse over caution, the right to manage over organizational democracy. One possible fallout from this lack of dialogue is that the problem is wrongly constructed and thus remains untreated.

A wicked problem

Wicked problems are complex and complicated and have no ready-made solution. Wicked problems cannot be solved by a commander-in-chief or an elite, self-appointed management cabal but only through leadership. Wicked problems require leaders not to prescribe solutions and actions but to ask questions and encourage appreciative inquiry through dialogue. They are solved through the process of what Isaacs (1999) calls 'thinking together'. Leaders, when trying to solve wicked problems, make an effort to ask the right kind of questions, rather than try to provide answers to questions they have not presented to their teams.

If managers working from a hegemonic base employ monologue and institutionalized assumptions to define situations within narrow parameters, problems are not diagnosed for what they truly are. This process means that the possibility for creative action and team collaboration is disabled. It also means that the senior manager enjoys the expressive opportunity to exercise power to achieve self-recognition, retain influence and silence the expressive capacities of others. This means that the wrong methods to solve the underlying problem will be applied.

Cultural change problems are wicked problems

This brings us to cultural change, which we would define as a wicked problem. Cultural change problems require leaders who ask the right kind of questions, encourage critical group reflection on the taken-for-granted assumptions and values that constrain or enable group expression, and encourage 'organizational learning' (Senge, 2006). They cannot be solved through monologue or through linear rational processes. Cultural change, like wicked problems, requires imaginative, collaborative, iterative approaches mediated through dialogical exchanges enabled by leadership. This brings us to what Grint (2005) terms the irony of leadership –

that it is often far easier for managers to adopt the definitional strategy of a tame problem and retreat into a tried and trusted change management process.

Change management as a social process pioneered by Kurt Lewin

Alvesson and Sveningsson (2008) see 'n-step' programmes such as Kotter's (2002) eight-step change model as characteristic of grand technocratic cultural change projects. As stated at the start of this chapter, this process involves a neat sequence of planned activities that will take the organization on a predictable journey via a series of logical steps that will result in the achievement of the change objectives. Of course in practice this does not happen, as change management work regardless of whether it is of the first- or second-order is both messy and unpredictable. Change management models may appear on paper as technical and rational but when it comes to their implementation the process inevitably deconstructs into a highly political and social process that is inherently iterative in nature and sometimes far from predicable. What we need is a model to help us conceptualize this process at a conceptual level (linear and rational) and at another (wicked and messy). For this we turn to Kurt Lewin.

Lewin's change management model

This formal and overtly rational approach to change management is rooted in administrative management theory and draws its legitimacy from a general misunderstanding of Kurt Lewin's idea of a three-step change management process. He proposed a three-stage theory of change commonly referred to as 'unfreeze, change and refreeze' to help understand at a conceptual level how to intervene in the culture of a group or of inter-groups. While our understanding of the processes involved in cultural change work has developed since he presented his theory in 1951, 'The Kurt Lewin Model' is still extremely relevant and many more recent change models are based on it.

Lewin was not suggesting that second-order change, or indeed first-order change, was a straightforward and overtly rational process; he proposed a processual and very complicated view of change management. He was also not suggesting that the change process could involve humans stopping cultural expressions and suspending their state in time for redesign; in contrast he was employing his unfreeze, change, refreeze model as a thinking device, to help change managers conceptualize critical stages of the change management process. Each conceptual stage of Lewin's process model, shown in Table 1.2, is described below.

TABLE 1.2 Lewin's process model

Stage 1. Unfreezing	Creating the motivation and readiness to change
Stage 2. Changing	Helping the client to see, judge, feel and react to things differently, based on a new point of view
Stage 3. Refreezing	Helping the client to integrate the new point of view into the organization as well as the individual personality

SOURCE Adapted from Schein (1987)

Stage 1. Unfreezing

This stage involves mobilizing attitudes to a point of understanding that change is necessary, thus allowing respondents to prepare themselves to move away from their established comfort zones. This process involves building the case for change. The more that change respondents feel that change is necessary the more they accept its legitimacy and thus the more motivated they will be to support the change agenda. This first 'unfreezing' stage involves moving the change population towards a highly developed motivation for first- or second-order change work. Unfreezing basically involves sense making so that people may reflect on deeply held assumptions and, through dialogue with significant others, rearrange their assumptions. Levy and Merry (1986) refer to this process as preparing the climate for a paradigm shift. They advocate 'paradigm reframing' as a device to enable a transition from one paradigm structure to another. In cultural terms members would reflect on assumptions and values that have served them well in the past and, through dialogical exchanges, consider their present and future utility.

Stage 2. Change or transition

Lewin was aware that change is not an event but a process. This type of thinking was ahead of its time in the 1950s. More recently, Tsoukas and Chia (2002: 3) advanced the process view, which implies that change is never conclusive and that:

> rational approaches to organizational change have been dominated by assumptions privileging stability, routine and order. As a result, organizational change has been reified and treated as exceptional rather than natural.

Culture may not appear to change but it does: it continually adapts to local circumstances and evolves. This does not mean that we cannot intervene in this process, sharpen the reflective awareness of change leaders and encourage or cultivate cultural change. In this sense, cultural change is a continuous process and one that Lewin called a symbolic transition that involved sense making. Tsoukas and Chia (2002: 1) refer to this as:

> the reweaving of actors' webs of beliefs and habits of action to accommodate new experiences obtained through interactions. Insofar as this is an ongoing process, that is to the extent actors try to make sense of and act coherently in the world.

Cultural change is a slow process that must be considered as a form of organizational becoming. In particular, second-order change is not a linear event that responds to instruction from others. It is a messy and unpredictable process that requires time and careful if not sensitive management and is based on dialogue. This conceptualization is at odds with the simple rational power view of change adopted by some.

Stage 3. Freezing (or refreezing)

The third stage, freezing, suggests stability once changes have been made. Alvesson and Sveningsson (2008) refer to this process as 'everyday reframing', which involves 'meaning management' at the micro level of organization. Team leaders habitually demonstrate attitudes and behavioural strategies that are congruent with new norms that have been introduced within the change population. The idea implicit in the metaphor of 'freezing' is that changes are accepted and they become the norm. This process can take a long time:

> A change towards a higher level of group performance is frequently short-lived, after a 'shot in the arm' group life soon returns to the previous level. This indicates that it does not suffice to define the objective of planned change in group performance as the reaching of a different level. Permanency of the new level, or permanency for a desired period, should be included in the objective. (Lewin, 1951)

Lewin's concern was about reinforcement, ensuring that the desired change was accepted and maintained into the future. The overarching cultural changes can be driven through a planned model of intervention but unless local managers and team leaders encourage the enactment of the new norms through their own actions with their teams, the freezing or reframing process will come to a stuttering halt.

This is an important aspect of cultural change work that requires sustainable leadership and monitoring of cultural change dynamics by a management team on a daily basis. Without this change participants will tend to revert to doing what they are used to doing and thus the old culture bounces back and envelops its prisoners in an interlocking web of comforting established norms. This is why the concept advanced by Alvesson and Sveningsson (2008) of localized reframing is important. If change leaders advance this strategy with committed intent beyond the closed incubator of grand cultural change then there is a real possibility that transformation in line with the objectives of the project will take hold throughout the management community. This is probably what Kurt Lewin meant by freezing – supporting the desired change to make sure that the new established cultural themes continue to flourish. Others have tended to try and close the circle of change by terming Lewin's freezing stage as a refreezing on organizational terms. However, as 20 or more years of research have suggested, the continuity of change is what is significant (Tsoukas and Chia, 2002).

Conclusion

This chapter has introduced the six main ideas that will help the change manager address cultural change work:

1. *First-order change* – involves change through extending or adapting to new context.
2. *Second-order change* – involves changing values, assumptions, themes and the underlying structure of the cultural paradigm.
3. *The organizational paradigm* – this is the interconnected themes that constrain or enable organizational expression. It is the expressive engine of the culture in use.
4. *Social construction of the change problem* – this involves the meaning actors attribute to an object of interest that is considered a problem that defines it as tame, wicked or critical.
5. *Cultural change as a symbolic interactive process* – this involves appreciating cultural change as the reweaving and alteration of meaning systems through a process of sense making between the self, the significant other and the general community of others.
6. *Everyday reframing* – this involves managers and employees institutionalizing new cultural norms rooted through the daily performance of behaviours and attitudes at the micro level of organizing.

We have not attempted to offer a review of the general change management literature because there are plenty of books that do this. Cultural change is a sociological task that relies on theories and bodies of knowledge from multiple scientific disciplines such as anthropology, social science, political science, philosophy, psychology and the arts. Managers, if they are to work with wicked problems, must be able to relate to ideas that do not sit within the domain of management. They have to be able to enrich their conceptual frameworks and welcome the rich and specialized nature of cultural change as a body of knowledge and practice. In Chapter 2 we seek to extend this by examining the concept and history of organization development.

Organization development
Bringing a human side to enterprise

02

Introduction

The most significant impact on cultural change work over the last 70 years has been the organizational development (OD) movement. This chapter looks at how the movement has developed, its key models and processes and how these contrast with other perspectives of managing culture in organizations. The chapter is divided into three main areas:

1. A history of unitarism and pluralism as management dogmas and the rise of the OD movement after World War II.
2. A working definition of OD.
3. An analysis of the OD process through the relationship between the consultant and the client organization.

Management needs to be considered as a dynamic art form (Hatch and Schultz, 2002). At its best, it has the potential to be a highly creative but inherently subjective cultural process. This view may be unfamiliar to some and many will scoff at the idea of management as both a craft and a creative process that can privilege humanistic over economic values. Certainly, there is a widely held view that the purpose of management is to control expression, maintain order, render the environment predictable, and treat people as passive resources. This philosophy was made explicit when McGregor (1960) described Theory X and theory Y. This chapter begins by examining two perspectives of organization – a choice between two cultural types: on one hand, a primary concern for production (a unitarist perspective), on the other a state of equilibrium between an acute concern for production and for people (a pluralist perspective). In this chapter we will trace the development of both unitarist and pluralist perspectives of organization and lay the framework for the idea of organization development that fundamentally impinges on our notions of organization culture and how this can be led both in theory and in practice.

The unitarist perspective and the rise of Taylorism

This is an approach that derives much, if not all, of its legitimacy from the principle of economic gain. If an initiative makes or saves money then it is defined as a credible strategy for management action. This kind of determinism produces cultural themes that advance economics over self-actualization (Maslow, 1954). Managers often demonstrate this when they claim that they are 'in the results business'. It is also characterized by strategies that aim to provide economies of scale through acquisitions; productivity gains through the introduction of new technology; restructuring of departments or divisions supported by new work methods; and aggressive sales and marketing campaigns geared towards increased sales and share. Caught up within this melting pot of economically inspired management strategies are human beings – lots of them.

At the beginning of the last century countries such as the United Kingdom, the United States, Germany and France were experiencing technological leaps and developing large-scale production models. The core principles of this industrialism were:

- The stimulation of new markets by creating wealth to be distributed through the segmentation of a new labour market.
- To sell mass manufactured products to an emerging working and middle-class market.
- To advance large-scale capitalism throughout the globe.
- To disempower craft guilds through intensive technologies and work processes that supported mass production and affordable unit selling prices.
- To improve and protect the economic dominance of the establishment.

A system of structuring resources by specialism emerged as a general operating model. Thus the classic organizational model that we now commonly refer to as 'bureaucracy' emerged as the general solution to organizing the affairs of industry. This model involved dividing the process of production into discrete specialized parts. Each part ensured that the overall objective of the organization was met in the most efficient of ways. These included accounts, administration, purchasing, sales, production, sales and dispatch.

The development of the bureaucratic model required a system of management control that was economically inspired. Frederick Winslow Taylor, a US mechanical engineer, brought a pervasive ideology of efficiency to the organizing of production systems; his ideas had an enormous impact on managers throughout the United States and Europe. Taylor's ideology was based on economic logic and included a highly quantifiable and overtly logical system of measuring, controlling and increasing the productive capacity of workers. Taylor documented his ideas in a book called *The Principles of Scientific Management,* published in 1911. Taylor has been charged with bringing an inhuman and an overly rational approach to organizing the affairs of organizations. This charge is partially correct and his legacy of 'time and motion study' still dominates many organizations today.

Taylor planned to achieve his goals through a cultural change strategy. As one of the first 'cultural engineers' Taylor understood the power and influence of group norms and values as devices that helped establish a work culture characterized by employee solidarity and collectiveness. To undermine this form Taylor introduced a competing ideology based on individualism and intellectual control of the planning and organizing work processes. Taylor argued that by careful selection of workers with the 'correct' work ethic and attitudes, managers could instil a culture of 'individualism' that advocated workers striving towards personal financial gain that did not rely

FIGURE 2.1 The Bethlehem Steelworks where Taylor pioneered scientific management

SOURCE http://www.epodunk.com/cgi-bin/genInfo.php?locIndex=13594

upon the collective effort of co-workers. The basic idea was very simple. All managers had to do was:

1. Select workers who were inherently selfish and driven by personal financial gain.
2. Establish through management observation the maximum productivity level for a work task to be completed by a worker.
3. Observe the work process and provide the best technology to assist the worker in achieving maximum productivity goals.
4. Delete unproductive activities from the workers' process of doing the work.
5. Pay the worker on the basis of output, eg link wages to productivity gains.
6. Agree with the workers that the manager has the right to plan and organize their work for them.

These six principles are a significant reduction of Taylor's ideas but represent the broad architecture of his philosophy of management. They also represent an ideology and a set of practices that were very attractive to both managers and their employers.

The iron grip of scientific management and bureaucracy

It was inevitable that the bureaucratic structure based on the division of labour would be welded to Taylor's scientific principles of management. This fusion produced what was seen throughout the world as the appropriate organizational model for industry and civic management within the state sector. This model is attractive to managers for a number of reasons:

- It privileges their identity over that of the worker.
- It simplifies and rationalizes work.
- It actively aims to subvert workers' power.
- It provides a system of management dominance that vastly reduces the opportunity for collective worker consciousness.
- It represented a source of management hegemony that could control workers' sense of self and agency.
- It created a management industry on a global scale.
- It assumes intellectual superiority on the part of management in relation to workers competencies.
- It has a proven track record as an efficient system for organizing the affairs of organizations.

- It emphasizes routine and stable dynamics.
- It reduces the negotiating powers of workers.

Bureaucracy has produced a hegemony that Collins (1998) refers to as a 'unitary culture', which argues for the rejection of a version of reality based on conflict of interests and in doing so subsumes the worker and manager within a state of false harmony. Managers who operate from this cultural base that Collins refers to as a 'unitarist framework', perceive change as a straightforward exercise in planning, implementation and maintenance that is free from conflict. Managers are portrayed as benevolent and paternal figures who work in harmony with workers and they both follow integrated interests and goals. The logic of the market is a dominant narrative to support the development and maintenance of a unitary culture in organizations (Willmott, 1993). The role of management in Taylor's framework was to lead, plan and administrate. Workers were expected to willingly comply with the logic of the market and support all change efforts on the part of management.

Today, many workers are 'knowledge workers' with specialist skills that are difficult to manage using Taylor's principles. The growth of service industries has produced a greater need for attention to the subjectivities and inter-subjectivities of workers (Alvesson 2002). How employees feel about their work matters considerably as their attitudes affect their capacity for identifying positively with their employer.

The pluralist perspective

Pluralism advances the idea that organizations are social constructs and that only by integrating the goals and aspirations of all members and stakeholders can they be effective. The process of building progressive dialogue between industrialists and academics had its seeds sown in the 1930s through the work of Mary Parker Follett, Elton Mayo and Chester Barnard. All of these contributors to what we now call OD (organizational development) held a counterpoint position to the economically inspired and overly mechanistic aspects of Taylor's principles of scientific management. These early human relations thinkers emphasized the importance of the human dimension of enterprise and that there was a more complex understanding of industrial relations and economics. They advocated the idea that workers had social and cultural needs within an organization.

The post-World War II OD movement

In 1946 Kurt Lewin and Douglas McGregor were asked by Connecticut Interracial Commission and The Research Center for Group Dynamics at the Massachusetts Institute of Technology (MIT) to conduct a study of the social and cultural dynamics between contrasting ethnic groups that impaired progressive effective relationships. The strategy that Lewin *et al* subsequently adopted was dialogue workshops involving their client group, enabled by facilitators trained in the behavioural sciences. This approach, novel for its time, provided the template for a network that eventually permeated industrial settings all over the United States that became known as 'training groups' or 'T-groups'. Around the same time, the academic Rensis Likert was developing the 'research survey method' that involved surveying the attitudes and beliefs of workers with the aim of diagnosing faults in the social and cultural system of an organization and then preparing an intervention to repair such fault lines. Likert developed the 'Likert scale', which was a continuum of reference points, eg 1 through to 5, which were used by the worker to subjectively categorize a variable on a scale of possible meaning.

French and Bell (1999: 221) argue that a socio-technical system (STS) emphasizes the optimization of the relationship between the social and technical parts of the organization. The authors state that 'STS is seen as 'highly participative" involving all of the relevant stakeholders, including employees, engineers, staff experts, and managers.' The socio-technical process emphasized group relations and self-management of team behaviours and productivity standards. The theoretical premise was that of empowerment. This changed the status of the manager from one of planner and supervisor to one of coach, mentor and enabler. Trist and Emery were founders of what became known as 'The Tavistock School of Management' thinking. The Tavistock Institute was dedicated to solving mental health problems in soldiers resulting from wartime experiences. During World War II it also helped develop solutions to organizational problems and pioneered leadership selection and motivational programmes aimed at improving the morale of regiments going to war. The institute pioneered the idea of the 'socio/technical system' that argued for an equitable approach to both the management of the economic and technical side of managing organizations and the softer people side.

What the early pioneers of the OD school were advancing was the idea of the 'pluralist' organizational culture. This idea was not based on a radical or a Marxist perspective but aimed to create a more humanistic approach to organization that offered opportunities for micro emancipation for both workers and managers, an operating culture that reflected the motivational theory of Maslow (1954) and Herzberg *et al* (1959) and the cooperative approach advanced by Mayo (1933), Follett (1926) and Barnard (1938). The theory underpinning this was that by using conflict as a positive force for change and by mediating the change agenda through active dialogue, there was a greater opportunity for developing a culture of engagement, cooperation and collaboration between all key stakeholders. This form of organizational dynamic does not exclude the pragmatic project of managing finances. The early pioneers of the OD movement did not forget the productive capacity of the organization.

Douglas McGregor and Richard Beckhard took the emerging ideas and practices that are now defined as 'Organizational Development' and applied these in an industrial setting at Union Carbide. They employed survey method feedback, participative observation and focus group enquiry to identify cultural themes that were disabling the progress of the company. As part of this 'action research' process the organizational behaviouralist consultants McGregor and Beckhard developed an OD intervention into the culture at work. This was essentially a cultural change project within an industrial setting. McGregor and Beckhard worked in partnership with senior managers at Union Carbide to change the operating culture from a unitarist ideology to a pluralist ideology with the aim of improving overall effectiveness in the socio/cultural/technical system that bounds organizational activities. The emancipatory impact of OD can, and does, sit comfortably with economic management efforts, as a motivated and energized work force is simply good for business.

McGregor's Theory X and Y

In 1960 Douglas McGregor published his landmark book *The Human Side of Enterprise,* which pulled the ideas of the scholars and industrial thinkers reviewed thus far into a comprehensive set of propositions regarding the nature of humans at work and the choices faced by managers in terms of the culture of control they selected. McGregor's central proposition was that managers selected their control strategies based upon their own tacit theory of human nature. McGregor developed a model of assumptions regarding human nature he called 'Theory Y', which advocated a pluralist approach to management, and 'Theory X', which advocated a unitarist approach. In this way McGregor was very influential in shaping the thinking that has emerged over the last 50 years on management thought and cultural change work within the OD movement. Schein (1985/2004) was clearly influenced by the work of McGregor, as was much of the material developed by Peters and Waterman (1982) and the 'excellent company' movement.

The OD movement, or rather industry as it has evolved, still operates with clients who have organizational problems embedded in a set of Theory X assumptions. Many management cultural change problems at some level are principally concerned with changing the operating assumptions of managers and staff as well as other relevant stakeholders. The reality of course is that McGregor's model is a bit too simple for today's complex intermeshing of organizational cultural forms. Many organizations are a mix of Theory X and Theory Y cultural themes. The challenge for today's leaders is achieving an equilibrium that works. This is the essence of the cultural change problem.

Blake and Mouton

The emergent OD perspective took a concern for the production of capital and a concern for the development of people and integrated these two apparently contrasting issues. This new model became associated with the ground-breaking work of Blake and Mouton (1964) and their concept of 'the new management grid'. Using survey feedback methods and T-group sessions they developed a research survey design that solicited information on the dominant culture of a given organization. When analysed this data enabled them to establish a scoring ratio for the organization between the two contrasting variables – 'a concern for people' and 'a concern for production'. They developed five contrasting cultural types, shown in Figure 2.2.

Blake and Mouton understood that managers had a legitimate concern for production issues. However, they also felt that if managers considered workers in purely economic terms this would produce an unhealthy mechanical and distorted view of organizational experience. It would inhibit self-actualization processes, undermine the potential for management and staff collaboration and dilute the motivational capacity of the employee. Such a culture would also constrain organizational learning, discourage leadership and encourage administrative managerial/staff relations. To counter this Blake and Mouton argued that what was required was an organizational culture that emphasized to all employees in equal proportion the importance of cultivating and continuously developing both the economic and the socio/cultural dimensions of the organization. This organizational model was called 'high performance', and was described as one that invested time in both economic and people-orientated activities. To help managers understand their new thinking, Blake and Mouton developed for general consumption 'The new management grid', shown in Figure 2.2, which was a visual device that enabled management teams to locate their culture on a grid point.

The management grid is useful to cultural change managers because a visual device enables organizations to understand at a very conceptual level the type of culture they are responsible for reproducing each day. Through

FIGURE 2.2 Blake and Mouton's managerial grid

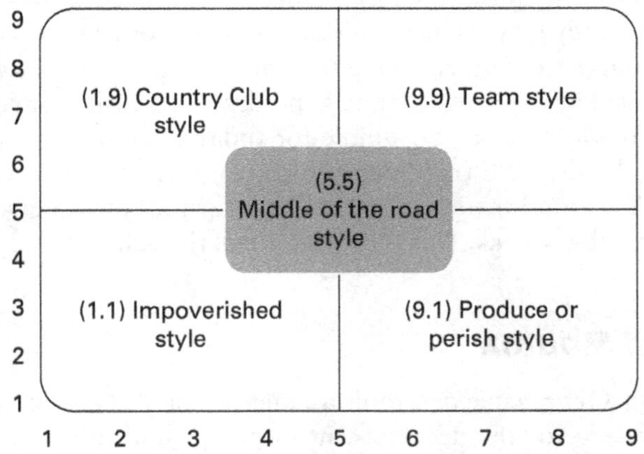

Adapted from Blake and Adams McCanse (1991) © Grid International, Inc

the use of survey feedback and ethnographic interviews the change manager can evaluate the density of cultural themes that advocate either a concern for people or a concern for production.

What do we mean by organization development?

There are a number of broad definitions of the term 'organization development'. For us OD is to be considered as a process by which the members of an organization can influence change and help the organization achieve its goals. The ultimate aim is to achieve greater organizational effectiveness and this is accomplished by use of a number of different approaches. These set out to unlock issues that are currently hampering performance. The process of facilitation involves a change agent or agents who help members of the organization move forward to an agreed set of goals and objectives that can then be implemented. This occurs at three levels – individual, group or organization.

The first level is that of the individual and what motivates individuals to higher standards of performance. This emphasizes two areas of thought: need theory and expectancy theory. Need theory concentrates analysis on issues associated with how jobs are designed for best effect, career development, and human relations training. Expectancy theory concerns itself with rewards systems. The second level is that of the group and inter-group perspective. This emphasizes the importance of group behaviour, group belonging and its effect on the motivation of the individual. The group acts as the major leverage point for change. The third level is organizational. Emphasis is placed on management style and approach, organization structure, and the environment.

OD is about changing the organization from one situation that is regarded as unsatisfactory to another by means of social science techniques for change. In terms of organizational change, it is important to remember the concept of anticipation. The manager has to be always thinking ahead. Pugh (1978) argued that the effective manager anticipates change, diagnoses the nature of the change, and then manages the change process, but the manager is often too near to the problem to be able to do so alone. What is needed is the assistance of an outside agent, either internal to the organization, or brought in specifically for that task.

In terms of managing change, the organization has to follow a five-step process of planned change that moves it through specific phases:

1. *Recognition* by senior management that there is a need for change in the organization.
2. Establishment of a change *relationship*.

3 *Movement* towards the desired change by the organization and its members.
4 *Stabilizing* the changes within the organization.
5 *Allowing* the change agent to *move on*.

When we look at change in organizations it is important to be able to understand why it is taking place. Pugh (1978) argues that there are four principal issues associated with the use of OD, and that to understand the basis of OD one has to place it within the context of the organization itself:

1. *Organizations as organisms* – the organization is not a machine and change must be approached carefully and rationally. Do not make changes too frequently because they become dysfunctional or cosmetic.
2. *Organizations are occupational and political systems* – the reaction to change relates to what is best for the firm, how it affects individuals and groups, and how it affects the power, prestige and status of individuals and groups.
3. *Members of an organization operate in occupational, political and rational systems at the same time* – arguments for and against change will be presented using rational argument as well as occupational and political considerations.
4. *Change occurs most effectively where success and tension combine* – two factors are important here: confidence and motivation to change. Successful individuals or groups will have the confidence to change those aspects of their work that are creating problems. Unsuccessful members of the organization are difficult to change because to protect themselves they will use their rigidity.

Margulies and Raia (1978) identify 13 characteristics common to OD:

1. It is a total organizational system approach.
2. It adopts a systems approach to the organization.
3. It is positively supported by top management.
4. It uses third-party change agents to develop the change process.
5. It involves a planned change effort.
6. It uses behavioural science knowledge to instigate change.
7. It sets out to increase organizational competence.
8. It is a long-term change process.
9. It is an ongoing process.
10. It relies on experiential learning techniques.
11. It uses action research as an intervention model.
12. It emphasizes goal setting and action planning.
13. It focuses on changing attitudes, behaviours and performance of groups or teams in the organization rather than individuals.

> **Organization development is an ongoing process of change aimed at resolving issues through the effective diagnosis and management of the organization's culture. This development process uses behavioural and social science techniques and methodologies through a consultant facilitator and employs action research as one of the main mechanisms for instigating change in organizational groups.**

Chris Argyris

In 1970 Chris Argyris published a seminal work, *Intervention Theory and Method: A behavioral science view.* This offered a concise account of a new species – the OD consultant. His book examines:

- The consultant as an agent of organizational change.
- The nature of the relationship between the consultant and the client.
- The research framework used to guide activities.
- Process-oriented accounts of the journey into the culture of the client organization.
- Methods of intervention.
- The behavioural science theories that underpin intervention.

Argyris was presenting the fusion of 50 years of study of OD activities in a serious textbook that is as relevant today as it was when first published. His model of intervention has been used as a standard approach within all of the main international change management consultancy firms. However, cultural change methods are contingent on the type, scale and complexity required within the client organization. Argyris advocated an action research approach to change intervention, the strategy pioneered by Lewin *et al,* which involved the external consultant who would be trained in OD methods and schooled in the behavioural sciences working with the client's 'internal consultant' on a problem unique to the client with the aim of considering intervention strategies.

A model for intervention

Cultural change work is based upon the ideas of scholars and practitioners over the last 70 years. It is relatively speaking a new social technology. There are no absolute winning recipes. The way in which the change leader brings change technologies together is a creative process and no outcome will be the same even if the same approach is employed. We have detailed below a change management recipe that we think includes the main themes one would consider as essential ingredients to prepare for successful cultural change work. This recipe will be demonstrated in more detail throughout Part 2 of this book when we discuss a practical example of cultural change work through a case study.

CASE STUDY A change management recipe

The client organization

The term 'the client organization' provides a universal appendage that can be understood with no ambiguity among consultants, clients and within business schools.

The client

The client is the nominated person within the client organization who has the authority to contract with the external consultant and to agree the scope of their engagement within the client's system.

The internal consultant

The internal consultant is the person who the client appoints to partner the external consultant in the operational delivery of the scope of works agreed with the client.

The external consultant

The external consultant would ideally be someone with a substantial knowledge of the behavioural sciences, OD methods and an appreciation of the processes and activities of managing organizations.

The problem from the client's perspective

The client may have some kind of prior construction regarding a problem that the organization is facing. This problem may be immediate or it may be one that is in the future. The consultant needs to understand the nature of the problem from the client's perspective and then start to develop his or her own framing of the problem using knowledge of the behavioural sciences and practical experience of industry.

The research proposal

The client may at this stage request that further investigation is carried out into the nature of the problem. The consultant would suggest drafting a research proposal for the client's consideration. It is then up to the client to decide whether to commission the research project. Argyris calls this the exercise of 'free will' on the part of the client.

The diagnostic stage

This is the process of applied research into the socio/cultural system of the client organization. The purpose of the research is to diagnose with greater certainty the problem that is plaguing the client and to assess how this problem is affecting the expressive capacity of the client organization. The diagnostic stage is exploratory, where the consultant penetrates the client's culture and reviews aspects of its culture through a behavioural scientist's lens.

The diagnostic assessment

Once the research data has been gathered it has to be analysed. As the consultant approached the research process with a prior hypothesis, he or she will be looking for evidence that supports or refutes the basis of the hypothesis. He or she will then try to determine the scale of the problem and the ways in which the problem affects the organization's problem-solving capacities.

Gaining commitment

The next stage of the consultant/client process involves presenting the findings to the client. This is a delicate process: even though the findings may have serious consequences, the client may not be ready to 'hear' the details as they are presented. The process of gaining commitment to change or not to change lies within the collective will of the client organization. If the internal commitment to consider changing does not exist it is not the role of the consultant to plea for it; rather the role is to bring to the attention of the client the nature and scale of the problem within the organization and explain its impact on organizational effectiveness.

The exercise of free will

At this stage the client would invite a range of key stakeholders to a workshop to consider the findings of the research and their implications for the organization going forwards. Ideally the consultant would facilitate the workshop. An interactive workshop is better than the traditional method of a management team meeting around a conference table. The consultant must create the conditions where dialogue may flourish between the participants or at least some kind of sense-making process that leads towards dialogue.

During the research findings workshop the consultant would reveal the nature of the findings and invite comments and discussion from the group. This stage may throw up some surprises such as senior and influential members denying the findings and rubbishing them as exaggerations. This is to be expected, as managers don't appreciate unflattering accounts of the culture they themselves have largely been responsible for over the years. However, the consultant and the client must persevere with the workshop and even extend it over time and host a number of such workshops. Once a degree of free will to attempt an intervention as a team has been achieved, the next stage would be to repeat the sense-making process leading to the exercise of free will with other stakeholder groups as deemed appropriate by the client.

The intervention design

This stage would involve both the external and internal consultants, along with other identified members of the client organization, designing the intervention to be used in an attempt to solve the client's problem identified at this stage in the change process. As the intervention design starts to emerge its features can be analysed and discussed in depth by the change team; this process of enquiry helps the flow of ideas and theories as well as practical applications. As the change team becomes more confident with the theoretical ideas and related change methods the learning will really start to ferment. This is why Argyris calls this process 'action learning'.

The pilot intervention implementation period

The next stage in the action learning process would be to build into the overarching intervention design a pilot phase of the change intervention. This stage basically involves taking a vastly reduced sample of the change population and inviting them to participate in a pilot stage to gauge the appropriateness of the design in an empirical setting and also its effectiveness with regards to achieving the change objectives.

The pilot review stage

The change team, including the client and its main representatives, would meet to review the findings of the pilot stage and to review the status of the perceived client problem.

The implementation stage

The implementation stage in a way does not really exist as a discrete stage in the intervention process as all elements of the change technology that constitute the change intervention are part of the implementation processes.

The review stages

During the implementation stage there will be a series of review moments built into the intervention design. These moments are essentially research interventions intent on gauging the sense of vitality in the change process; the kind of reactions the change intervention and its champions are getting from the change subjects; and whether or not the client is maintaining a wind behind the sails of the change programme; and finally, the most important: to what extent the change technology is helping achieve the change objectives.

The exit stage

There comes a point when the external consultant leaves the client's employ. The partnership naturally comes to an end. It can be defined as the stage when the client feels that new skills with regards to change intervention have been learnt and can be applied to its own socio/cultural system in the future without the direct involvement of the external consultant.

Pettigrew and ICI

In 1985, Andrew Pettigrew published *The Awakening Giant,* which was a combination of textbook, partial corporate ethnography, research publication and account of a comparative study into the development and effectiveness of five OD streams within the five main operating divisions of ICI. Pettigrew provides an insight into the challenges associated with large-scale and continuous OD interventions in a public sector organization morphing into a global private sector enterprise. This work is regarded as a seminal piece in that it considers the 'what', the 'how' and the 'why' of change. Pettigrew provides a detailed account of the contrasting fortunes of five OD sub-units within the discrete operating divisions that formed the commercial structure of ICI.

Post-Pettigrew, the OD movement has proliferated and splintered into many different camps. Many business scholars now focus on specific aspects of organizational theory such as identity, strategy, power, organizational learning, collaboration, decision making, leadership or marketing, to name but a few. Many large technology and accounting firms have claimed the bragging rights as experts in OD and cultural change as they dominate the market through their presence as financial information brokers and the purveyors of technology-led management information systems.

In a way the technical side of change dominates most management change activities. This is largely due to the fact that the ghost of Taylor as interpreted by technocrats still dominates much of management thinking. Business process re-engineering (BPR) was advocated by thought leaders such as Hammer and Champy (2001) as the preferred OD strategy for organizations. BPR was essentially a technocratic project that did not involve the re-engineering of organizational culture. The organization was to be understood as a network of technologies, processes, finances, structures and material designs that were readily accessible to managers to change as they wished, without any complications of the cultural kind. The idea that culture provided the expressive context of organizational change was simply ignored. This was a move away from the humanistic or socio/technical approach advocated by the OD pioneers surveyed in this chapter. The balanced approach as advocated by Blake and Mouton was side-lined and the conceptually rich and holistic approach to OD as advocated by the likes of Argyris and Pettigrew, which emphasized context, were pretty much ignored and forgotten. The engineer dominated this era along with the accountant, who saw organizations as technological or economic entities held together by an interlocking system of technologies and processes. This paradigm interprets the organization as a passive technology open to change by management. People were simply perceived to be issues that got in the way of rational change. The emphasis was placed on managing resistance to change as it was assumed that people would resist and block change efforts.

Conclusion

Throughout this chapter we have set out a framework for considering the broader context of cultural change work in ideological, historical and pragmatic terms. At the heart of the social and cultural systems lies the cultural paradigm that may be considered as the expressive engine of the organization. The cultural paradigm is bound together by an operating ideology. In this chapter we have presented two contrasting ideologies – the unitarist and pluralist perspectives; the former characterizes the ideas of Taylorism and the latter the ideas of McGregor. Both ideologies have considerable influence on the way in which organizational experience is constructed and the strategies chosen to leverage the power of human enterprise. We have tried to reintroduce these powerful ideas into the field of cultural change work as sensitizing theories that can help cultural change managers in their task.

We presented a review of the development of the OD school to provide a historical context to the current fragmented OD industry. We feel that it is important for cultural change professionals to have a strong understanding of the history of the ideas that they work with; it is a useful sense-making and identity-building device. It gives the ideas and techniques that the cultural change manager will work with theoretical and pragmatic roots. Integral to the historical review is defining the real practice that cultural change work should be related to. We have offered a definition of OD and related this again to its historical trajectory and its original purpose as a depository of ideas and practices that aim to improve upon the health of the social and cultural system within an organization.

To link theory with practice we examined the work of Chris Argyris (1970) and his classic model of cultural change intervention that formed the basis of the action research school that followed. The model of intervention pioneered by Argyris is still highly relevant today and is an innovative and effective cultural change process strategy that change managers may choose to employ. The view we take is based on the idea of a balanced approach to organizational development that can be understood as a cultural/technical approach. The human dimension of enterprise does matter and if understood and approached with the same degree of commitment as many managers approach the technical side of change, it would be to the benefit of all key stakeholders.

Throughout the last 30 years there has been an effort to raise the issue of cultural change among the global management community, with mixed results. This is looked at in the next chapter.

Cultural change literature

A brief review

03

Introduction

This chapter reviews the literature that has built up on the subject of managing cultural change in organizations. As with the previous chapter we adopt a historical approach to tracing the development of ideas and practices that have informed cultural change work over the last 45 years; we believe that to appreciate current developments a working knowledge of the history of relevant ideas is important. The environmental dynamics that provided the change drivers that brought culture to the attention of managers are explained. We also explain the different approaches to writing about and considering organizational culture in organizations and identify the key thinkers and their work.

Origins

Andrew Pettigrew (1979) was arguably the first organizational theorist to import the concept of culture from the field of anthropology into the discipline of organizational theory. Pettigrew drew his theoretical inspiration from scholars of anthropology who developed cultural studies as a science. Social psychology has also had an impact on the development of cultural theory within organizations. Recently, the cultural debate has diverged, or rather focused on issues surrounding identity both at the level of the individual and of the organization. These recent developments have their roots in the work of social psychologists such as George Herbert Mead (1934).

The cultural debate around and within organizations has obtained much of its theoretical ideas and concepts from both the sciences of anthropology and social psychology. Such theoretical crossover from divergent fields enabled the fledgling discourse of cultural theory within organizations to take wing. The symbolic battle was and remains over control of the subjectivity of the employee mediated through expressive control embedded in cultural systems (Ouchi, 1981). Chan and Clegg (2002: 265) argue that 'organizational culture is a concept whose practice has increasingly been concerned with the creation of a new subjectivity and person-hood'. This places the theoretical and practical emphasis of corporate control on the management of subjectivity of the employee. It also emphasizes the salience of crafting organizational identities for the employees as an underlying assumption of cultural theory. However, employing the cultural concept as means of organizational control to improve on organizational effectiveness may be regarded as an old wine in a new bottle.

The explosion of media interest in cultural management within organizations can be traced back to the beginning of the 1980s and the rise of Japan as an industrial powerhouse. This was the catalyst for interest in cultural management techniques (Bate, 1994; Brown, 1998; Ouchi, 1981; Parker, 2000). In the early 1980s US and Anglo/European industrial companies were struggling to maintain their respective competitive positions, while Japanese manufacturing was enjoying significant competitive advantage in the global marketplace. Previously, Japan had been economically dominated by the West and had lost a world war only 35 years earlier that had left it economically devastated. The change in competitive dynamics was explained by Western business gurus such as Deal and Kennedy (1992) and Peters and Waterman (1982) as being down to Japan's differentiated culture. Japan had a culture that was steeped in the Samurai tradition. In this tradition the community worked together with complete deference and subordination being afforded to the lord of the village who in turn saw it as his duty to serve the community. This culture was based upon a powerful respect towards craftsmanship, teamwork and authority. Japanese culture was steeped in a cultural history spanning over 2,000 years.

Ironically, it was US scholars who exploited the cultural themes that characterized the national culture of Japan in order to significantly improve its competitive position as a global industrial power. William Edwards Deming and Joseph Duran are credited with instilling the quality philosophy into post-war Japanese industry. Deming and Duran were the founding fathers of the quality movement in the United States that was, at its core, concerned with cultural change. In the case of Japan it was not so much cultural change but the 'cultural reproduction' of powerful themes from general society into large-scale industrial settings. The cultural themes of loyalty, community spirit, craft pride and the pursuit of perfection (which we understand as continuous improvement) were harnessed with a business process model that manifested in the emergence of Statistical Process Control and Total Quality

Management. This cultural system was described in great detail by William Ouchi (1981) in his classic book, *Theory Z*. Following World War II, Japan enjoyed an economic renaissance through which it reinvented itself as a global industrial and commercial power. Aided by Deming's and Duran's cultural efficiency models, Japan transferred the logic of loyalty to lord and the village farming and craft making community to that of the industrial plant.

Unlike Western firms, throughout Japan both young and old alike had no sense of individualism. In Japan both the employee and the manager identified strongly with the organization and saw employment as a duty and loyalty to the firm as a mark of pride. The craft culture throughout Japan exemplified by the master swordsman who produced the Samurai and the ethic of striving for perfection migrated into the process of industrial manufacturing. Quality and love of both product and service exemplified the Japanese business culture. This phenomenon became the template for the Quality Movement in the 1980s, which was branded as TQM or Total Quality Management; fundamentally a cultural change programme of immense proportions. This interest in quality management systems coincided with a wave of interest in the subject of competitive advantage as pioneered by Michael Porter (1985). Porter argued that competitive advantage was something that a business had that gave it advantage over the competition that could not be 'bought', 'transferred' or 'imitated': he was advancing the idea that it was the culture of the organization that provided the source of competitive advantage.

Ouchi's *Theory Z* (1981) was a comparative study of Japanese and US business culture. Ouchi describes in detail the cultural differences between the ways in which both nations approached business and in doing so provides a detailed account of the socialization and inculcation processes that were dominant in Japanese industry. Ouchi describes the way in which cultural processes are used to establish a form of cultural hegemony that locks all staff and management into a cooperative relationship that aims to ensure the successful longevity of the firm. The hegemony is potent because it starts with the initial appointment of trainee managers or general staff members that involves a ritualistic enrolment process where the family of staff members commit loyalty to the firm before family, the staff members commit their personal loyalty to the firm and then a senior manager commits his or her personal and the firm's commitment to the development and financial success of the trainees. Thereafter, the staff members undertake a painfully long process of inculcation into the ways of the firm.

Culture became identified as a potential source of competitive advantage as Western industries failed to compete with Japanese products on both price and on quality. This process of sense making resulted in the explosion throughout the West of cultural change programmes such as Six Sigma, Kaizen Management and Total Quality Management, along with a plethora of bespoke corporate cultural change programmes. For example, Jack Welch launched his now famous (or infamous, depending on your perspective),

'Work out' programme that was accredited with transforming the General Electric culture worldwide and of dramatically improving shareholder value.

Of course cultural change was not a new phenomenon. The work of Pettigrew (1985) chronicles the cultural change efforts of ICI in its head office and its four main trading divisions from 1960 through to 1984. Business consultants/academics and high profile captains of industry such as Sir John Harvey Jones of ICI stimulated a market demand for popular management theory in relation to cultural change throughout the 1980s that still resonates today. In 1982, Peters and Waterman published their classic international best-seller *In Search of Excellence*, which mixed racy tabloid journalism with organizational and anthropological theory and basically argued for a move away from a theory 'X' ideology to theory 'Y' ideology. Cultural management and the manager was now a global phenomenon.

Fashions, fads and the honest grapplers

In the 1980s cultural change became highly fashionable in private industry when authors such as Kilman (1984) and Peters and Waterman (1982) advanced the case of the management guru functioning as a high corporate priest with organizational culture as the main focus of their evangelistic change rhetoric. The ideas presented by these authors were built on a rich history of literature rooted in the catalogue of thoughts represented in fields of enquiry such as behavioural science, human relations, social psychology and anthropology. What these early corporate gurus did was to present highly sophisticated ideas in a light, breezy and journalistic style that was attractive to management communities. This style was, however, scorned by what we could refer to as the 'purist' business academics (Parker, 2000).

During this decade there were some exceptions to the journalistic mode, presented by the 'honest grapplers'. These were works that were rooted in a scholarly framework but that tried to bridge practice with theory. These works were exemplified by the likes of Ouchi (1981) and his study of Japanese industrial cultural hegemony and the study into cultural change at ICI by Pettigrew (1985). In the mid-1980s there was also a developmental strand of research into the concept of the cultural paradigm and its relationship with organizational performance and strategic change (Burns and Nelson, 1983; Nicol, 1980). In 1986, Levy and Merry published *Organizational Transformation: Approaches, strategies, theories,* which explored in detail the idea of cultural change management linking practice with theory.

During the 1990s the honest grapplers persisted in their studies and the cultural debate took a more highly defined scholarly turn as represented by the work of authors such as Brown (1995), Frost *et al* (1991), Schultz

(1994) and Trice and Beyer (1993). This more academic approach to serious questions concerning the conceptual nature of culture was mainly debated within the academic community and journals. This purist, academic focus has in the main alienated the management community and turned managers away from the cultural debate in organizations. Similarly, many academics, who follow their own fads, have also became disillusioned with the cultural debate and are now specializing in related aspects of the cultural theme such as identity, power and the function of language in organizations.

Despite fashions emerging and fading in both management practice and scholarly pursuit, the cultural debate persists. Authors such as Alvesson (2002) and Parker (2000) have continued to advance the debate. Every edition of *Exploring Corporate Strategy* by Johnson *et al* includes a section dedicated to the relationship between culture and strategic change. Authors such as Alvesson and Svenigsson (2008) have reignited the discussion. This extends the works of Dawson (1994), Pettigrew (1985), Pettigrew and Whipp (1993) and Watson (2001) who have all argued for an historical, processual, longitudinal study of strategy and change that considers the culture of the organization in detailed and serious terms. These scholars tried to grasp the practical reality of cultural change and strategy work in organizations while retaining a credible theoretical position in relation to the cultural concept. They did not adopt either a guru or a purist theoretical orthodox position. As with Alvesson and Svenigsson (2008) they offered an ethnographic account of real organizations attempting cultural change interventions and situated these accounts with theoretical explanations of what is going on within the cultural context of the organization. These works are written in a clear and concise way that does not avoid the complexity of the subject matter. The authors assume that while practitioner-oriented managers may not have the conceptual framework required to engage in academic discourse, they can relate to cultural change and the influence of organizational culture on managerial activities. Managers need well-developed conceptual frameworks that help them in making sense of the cultural phenomenon and working with it, either to change aspects of organizational culture or to harness the forces that underpin culture to support the attainment of organizational goals.

The academic, the manager and the consultant

Many management gurus have peddled organizational culture as a panacea for all organizational ailments and as the golden recipe for achieving sustainable competitive advantage. This field of interest was driven by a willingness to believe that there existed a clear correlation between culture and organizational performance. Managers in organizations thought that they could use culture to achieve strategic fit with their business environment through its management. This has become known as the 'culture as a variable' stance. The problem with this perspective is that it oversimplifies the cultural phenomenon. Culture constrains and enables all forms of expression and therefore, as the organization's success and continued existence are defined by how well it expresses itself in relation to stakeholder expectations, culture cannot be considered as an independent variable: it *must* be considered as the context of the organization, the essence of the organization. For us culture *is* the organization.

The market demand for recipe-driven solutions to attaining competitive advantage from the concept of organizational culture directed some in the global academic community towards studying this new sociological line of enquiry. Thus in the 1980s, in parallel with an explosion in practitioner interest in cultural management techniques, the era of corporate cultural studies within the context of organizational behaviour was established. There were two distinct camps that emerged in the academic world with regards to the issue of cultural management. The first was 'the functionalist school'. Members of this school advanced a theory of cultural integration that was exemplified in the work of scholars such as Kanter (1984), Kotter and Heskett (1992), Ouchi (1981), Peters and Waterman (1982) and Trice and Beyer (1984). These theorists became known as 'corporate cultural theorists' who believed that competitive advantage could be attained by managing the organizational culture just like any other resource variable (Willmott, 1993).

The corporate cultural theorists provided the intellectual material for scholars such as Meek (1988), Rosen (1985) and Smircich (1983a, 1983b), who sought to understand organizational behaviour through a cultural perspective. This community of scholars rejected the 'culture as a variable' theory and instead adopted the strategy of taking a cultural perspective towards the study of organizations. This perspective was predicated on the idea that an organization *is* a culture, as opposed to *possessing* a culture. These scholars became associated with the 'the purist school' of thought. The functionalist school was represented by those who advanced the idea of culture as a variable to be manipulated by management to secure the interests of the organization. These two schools have broadly remained separate, with the functionalists developing recipe-driven models aimed at securing successful cultural change. Some functionalist theorists have developed global celebratory status, eg Deal and Kennedy (1992), Kilman (1984), Peters and Waterman (1982), Pfeffer (1992) and Schein (1985/2004). The purists have focused on developing a rigorous body of cultural theory through which to explain the dynamics of organizations; eg Frost (1985), Kondo (1990), Meek (1988), Meyerson and Martin (1987) and Smircich (1983a).

The third way

The third way is concerned with explaining organizational issues through cultural theory. It is a way to think about intervening in aspects of organizational culture that may be inhibiting organizational expression to the competitive detriment of the organization. In the 1990s and throughout much of the last decade there has emerged a group of global scholars who have continued to study organizations through the cultural metaphor, eg Alvesson (2002), Alvesson and Svenigsson (2008), Bate (1994), Hatch and Schultz (2002), Martin (2002) and Pettigrew and Whipp (1993). These scholars, or cultural theorists, have also promoted themselves as consultants or as knowledge brokers to corporations that have a functional interest in organizational culture in that they recognize its influence on the competitive position of the organization. Collaboration between business academics and industry is only possible if the academics have a dual identity: that of scholar and of change consultant specializing in the cultural domain. This collaboration is best described as 'action research', a mode of collaboration whereby the consultant and the client work together to solve a cultural change problem using OD techniques informed by cultural theory. This is the established 'third way', the triangulation between the functionalist school, the purist school and the practitioner school of thought.

The emergence of culturally-oriented action research as a third way has responded to the argument of Alvesson (2002) that the functionalist/rationalist approach to organizational studies has failed to provide rich, deep and empirically grounded understandings of organizational life. The functional/rationalist view was based on the idea that organizations were inherently rational and that if management wished things to happen, they simply happened. This view of change management was savaged by Pettigrew (1985), who argued that cultural change was a deeply messy and political process that was enormously complex. Pettigrew argued for a longitudinal approach to cultural change work that considers, 1) 'context', the local culture of the organization; 2) 'process', the ways in which change is to be attempted; and 3) 'content', the techniques to be employed as part of the change process. Pettigrew deemed building a receptive context to be critical to the chances of a cultural change intervention being successful. Defining exactly what it is the organizational leaders aim to change, ie 'the diagnostic stage', is given equal importance by Pettigrew as is the 'process' that involves how the change exercise is facilitated, by whom and how they are to be involved. Cultural change, argued Pettigrew, is far from a neat and tidy sequential process: it is messy, highly complex and fraught with tensions and surprises.

Conclusion

The increasingly competitive marketplace of the 1980s, with businesses competing for labour as a key resource and with customers becoming more and more discerning, is still dominant today. The cultural dimension is becoming more important to management thinking. Organizational leaders are increasingly being tasked with the challenge of transforming the culture of an organization. As markets intensify, culture presents itself as a potential source of advantage but it can also be the main source of competitive disadvantage.

Current managers simply cannot ignore the cultural dimension of operating a business. Culture really can eat strategy for breakfast. The ideas that were surveyed in this chapter and the authors cited can provide you with a rich intellectual resource that can help develop your thinking as a cultural change leader.

It should now be clear to industry leaders and to academics that managing a contemporary organization requires advanced knowledge of how to galvanize the support of employees behind the goals and aspirations of the business. This advanced knowledge can only come from up close and detailed research of what actually happens in organizations and why people do what they do, informed by ideas rooted in organizational theory. Such an approach to studying organizations requires an action-oriented qualitative approach that takes the lived experiences and interpretative frames of references of employees and managers as its unit of study. The cultural concept, with its emphasis on meanings, values and interpretations, suits this project. An action-oriented yet theoretically informed approach to changing organizational culture contrasts with that of cultural managers from the functional/rational school in that it treats culture as a root metaphor for the organization, which means that we assume that the culture of the organization *is* the organization and not simply a resource variable that management can exploit at will. The cultural paradigm trades in the lived experience of people as well as offering an analytical bridge between the micro and macro study of human conduct within organizations and strategic management (Johnson, 2000). The cultural context of the organization is the foundation on which all forms of technological, material, economic and structural change are built. It is this area of change work that is often not seen as a legitimate change target by management teams.

A theory of culture

04

Introduction

This chapter explores a theory of culture and builds a working model that can be used to guide change efforts. Our first task is to define and then review three perspectives of culture – integrated, differentiated and fragmented – before introducing a 'multi-perspective stance'. Culture is very much seen as a sense-making device and this enables us to build a conceptual model. Our model is one that is generally recognized as legitimate within the field of anthropology, the traditional domain of cultural study, and in this chapter we translate that understanding and awareness to an organizational setting. The building blocks of our model are:

- assumptions;
- values;
- artefacts;
- cultural themes; and
- the organizing domain.

One of the significant weaknesses in many cultural change programmes is the lack of conceptual knowledge of the structure of culture. We provide the cultural change manager with a solid base from which to guide his or her change efforts that will enhance the probability of successful change work. To add depth to our model we also explore the ways in which culture expresses itself and we draw attention to a particularly toxic form of cultural expression, cultural hegemony, which is often a significant barrier to successful change. Finally, we explore the cultural paradigm and explain its dynamic structure.

Defining culture

Culture constitutes society. Culture is the symbolic thread that allows us to making sense of our society and defines human nature. Park (1950: 3) notes that: 'We may say that culture consists of those habits in individuals that have become customary, conventionalized, and accepted in the community.' Culture is the sum total of a society's expressive content. Schein (2004: 17) defines culture as:

> A pattern of shared basic assumptions that was learned by a group as it solved its problems of external adaptation and internal integration, that has worked well enough to be considered valid, and, therefore, to be taught to new members as the correct way to perceive, think and feel in relation to those problems.

In this sense, culture teaches people what kinds of expressions are valued and controls individual and group expression. In our definition we see culture as follows.

> The process of symbolic sense-making that produces the expressive content of a social group. Culture can be conceptualized as the expressive content of humanity and as the symbolic interactive process that generates expression. In this sense culture is a performative activity.

In this sense, we are conceptualizing culture as both a process and an outcome of that process. The cultural process can be described as both, 'culture in production and reproduction' (Parker, 2000).

A three-dimensional view of culture

One of the central debates relates to the most productive way to conceptualize organizational culture (Hatch, 1993). The key issue is whether culture is a resource that management can manipulate, or the organization is the culture. The resource perspective may be described as 'the resource/variable paradigm' that situates culture alongside other corporate resources such as finance, materials and technology. This assumes that it can be leveraged at will by management to comply with their wishes. However, if we view the organization as the culture then it provides the expressive capacity and symbolic content of its members (Meyerson and Martin, 1987). This views culture as a highly complex phenomenon that is constituted by a web of symbolic meaning that both enables and constrains organizational expression. Questions such as to what extent culture may be changed, how it may be changed and what aspects should be changed and for what reasons dominate. Meyerson and Martin (1987: 44) argue that culture can be explored from three perspectives:

1. *Integrated:* a homogeneous understanding of culture within organizations. Integrated culture can be defined as an organization having a fully integrated unequivocal meaning system. It is this perspective that underpins the early functionalist literature on cultural change management. This perspective argues that a limited range of succinct meanings can constitute culture, values and assumptions. These are both commonly understood and adhered to by the majority of organizational members. There are varying degrees of cultural integration that may manifest in organizations. At one end of the continuum we have the integrated status of religious orders or cults. This is an extreme version of an absolute integrated social group. In such a situation there is total clarity of comprehension of what is real, true, just, bad and valued. This kind of culture is concerned with an extreme form of 'cultural reproduction and maintenance'.
2. *Differentiated:* an understanding of organizations as discreet arrangements of sub-cultures linked by common cultural themes (Johnson, 2000). This dimension still privileges elements of the integrated perspective but compromises its dominance by relegating it to the domain of sub-cultures. A casual look at any organization reveals enormous cultural diversity in terms of contrasting offices, style of office layout, uniforms adopted by staff groups, distribution of technology, etc. The combined aggregate of these cultural differences in staff groups are called 'sub-cultures' and their presence in organizations gives rise to the differentiated perspective in organizational cultural theory.
3. *Fragmented:* where all that exists relative to the integrationist paradigm in organizations is an 'agreement to agree' on a particular view of reality in order to facilitate a working consensus. This agreement, which can be considered as a working consensus with regard to what constitutes reality, often misleads researchers and indeed managers into believing that empirically the integrationist model stands up to scrutiny supported by hard social facts that can be accounted for through observing cohesive teams in organizations.

The multi-perspective stance

A common metaphor for the multi-perspective stance is to compare culture with a spider's web. This metaphor is appealing because it conjures up images of culture as system of interconnected themes that entrap organizational staff in a web of significance from which they cannot escape (Geertz, 1973). The cultural web is also useful as a metaphor because it enables us to imagine what culture as a system looks like. At the centre of the web is the organizational paradigm or central idea that acts as the centrifugal force for weaving themes together as interconnected strands of control that constitute the entire cultural web. Within each cell of the web are pockets of ambiguity and cultural difference but the interconnected strands or cultural themes function to hold the cultural system together and to work towards its goals. The concept of the cultural web also overcomes the problem associated with culture and cultural change, ie the fact that everything is cultural. One can focus in on specific organizing themes that form the structure of the cultural web itself; see Figure 4.1.

In the main, organizational cultures are complex and involve a combination of all three perspectives (integrated, differentiated and fragmented). Each of these perspectives can be understood to constitute a theoretical position that may be adopted depending on the focus of analysis. For example, if one wished to define a corporate culture one could use the integrated perspective to identify dominant cultural themes that permeate the intersubjectivity of a management team. This is sometimes referred to as the 'managerial ideology' or 'hegemony' (Humphreys and Brown, 2002). Alternatively, if one wished to demonstrate the similarities as well as differences in cultural understandings within a corporate culture one could adopt the differentiated perspective by simply comparing and contrasting different operating divisions and occupational groups. Finally, if one wanted to demonstrate the fragility of culture as a sense-making device and how the development of shared meaning is very difficult, one could use the fragmented perspective by inviting random samples of both staff and managers to provide an account of their interpretation of discrete organizational activities,

FIGURE 4.1 The cultural web

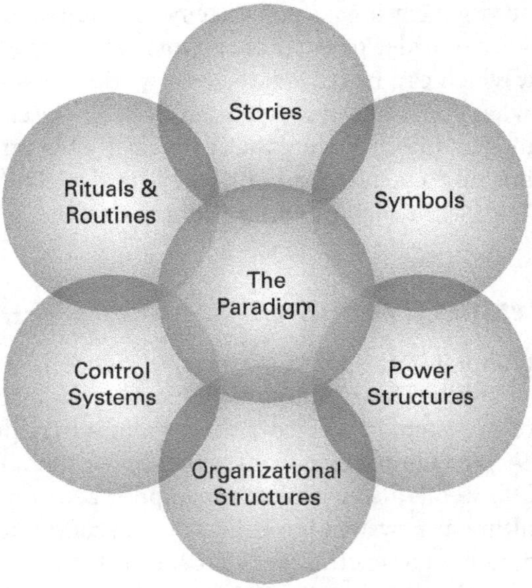

© Gerry Johnson (1987) *Strategic Change and the Management Process*, Blackwell

symbols and events. For organizations to function there must be a degree of cultural integration and this is explained both conceptually and empirically by the idea of the cultural web.

Culture as a sense-making device

Culture functions as a sense-making device that facilitates both social order and collective action. This function occurs through an interpretative process that may be explained at a micro level of interaction by the theory of symbolic interaction as developed by scholars such as Blumer (1969) and Mead (1934).

In brief, symbolic interactionism is the method by which people construct reality through the attribution of meaning to symbols. Therefore, culture may be understood to constitute the symbolically constructed, empirical context of the social world. In this sense, all organizational events can be considered as 'cultural productions' (Parker, 2000) or as Ford (1999: 481) puts it: 'Constructed reality means that the world we know and understand is our invention.'

Cultural symbols can be concrete like words, expressions, text, sounds, architecture or anything man-made. They can also be abstract as with ideas, religion, philosophies and even one's own thoughts. They function as signifiers of meaning that derive that meaning from the process of symbolic interaction, ie from interactions between organizational members. It follows from this theory of cultural dynamics that managing culture involves both the social construction and the privileging of meaning. This naturally includes the suppression of competing meanings. It is important to note that meaning is both idiosyncratic at the level of the individual and locally relevant to discrete cultural groups. This incremental cultural building and maintenance process means that any dominant cultural perspective does not represent the truth as in an integrated worldview but a perspective (from a dominant group) on how society should be.

There are quite a few concepts here. These can be usefully considered as 'cultural devices' that contribute to cultural production, reproduction and creation processes. To demonstrate the way in which cultural devices can be used to aid analysis and to convey a deeper explanation of their meaning and role we have taken 'world religion' and provided examples of the expressive impact each cultural device has on religion (see Table 4.1).

Geertz (1973: 15) defines culture as 'the creation of meaning through which human beings interpret their experiences and guide their actions'. In line with the sense-making metaphor, Morgan (1997: 138) argues that:

> Shared meaning, shared understandings, and shared sense making are all different ways of describing culture. In talking about culture we are really talking about a process of reality construction that allows people to see and understand particular events, actions, objects, utterances, or situations in distinctive ways.

TABLE 4.1 Cultural devices in 'world religion'

Cultural device	Cultural impact
Word	Words convey meaning, they can host identities, and religion produces very specific cultural meaning and identities through words such as, Christian, Muslim, Hindu, God, The Devil, The Prophet, Blessed, Saints and Sinners. All convey religious meaning and provide a cultural glue to bind members as followers of a particular religion.
Expression	The ways in which a culture expresses itself through rituals, attitudes, verbal and written demonstrations contribute to affirming the distinctive nature of a culture. In Christian terms the expression of Holy Communion or the Lord's Prayer signifies the distinctive culture of Christianity.
Text	The Bible, the Koran and the Tanakh are written texts where the spiritual laws, cultural themes, histories, assumptions and belief systems are written down. These texts are highly important cultural devices used to inculcate followers and bind them together behind the faith in question throughout their lives.
Sound	The Fajr Prayer, or the Angelus bell, which is a call to prayer to spread goodwill to everyone, are examples of sound being used to signify connection and commitment to religious culture. Nativity hymns have the same impact at Christmas.
Architecture	The distinctive style of a church, chapel or mosque provides cultural capital that identifies one religion from another and serves to celebrate the culture of a given religion.
Idea	Ideas are very important religious artifacts. The idea of God, the Angels, Heaven and Hell all serve to bind religious cultures together and to inculcate new followers and retain existing followers.

Cultural device	Cultural impact
Religion	The concept of religion as a social construction is a major cultural device in its own right and subsumes under its sphere of control a myriad of cultural devices that interconnect to hold the tradition of the religion of choice together.
Philosophies	Built into all religions are cultural devices called philosophies intended to guide, among many other things, moral expression.
Thoughts	Prayer is a good example of a cultural device in religious terms that reinforces the cultural identity of a believer by inducing a state of mind that implies that the believer has access to the mind of God. Prayer as a form of thought expression preserves the cultural identity and produces faith, an unquestioned belief in the existence of God and the correctness of religious philosophy.
Symbolic interaction	An example of this process would be cultural inculcation of followers through shared worship in a church or mosque and through formal education and family dynamics and marriage/birth/death rituals.
Suppression of meaning	Religious orders have unique cultures that their representatives try to spread throughout the world. Each religion is hegemonic in the sense that its members privilege their unique religious culture over competitors.

The value of Morgan's definition is that it emphasizes the function of culture as a sense-making process. Balogun and Johnson (2004: 524) define sense making as, 'a conversational and narrative process through which people create and maintain an inter-subjective world'. From this perspective all definitions of meaning are thus culturally relative to a person's organizational experience. But how does culture form? Schein (2004) provides a straightforward sequential account of the process as follows:

1 Two or more people come together for a common cause.
2 They encounter problems that require solving.

3. They develop solutions to solve these problems.
4. More people join the group.
5. The group are 'cultivated' by the original founder or founders of the group.
6. A hierarchy starts to emerge.
7. A culturally specific expressive style emerges eg language, dress and behaviours.
8. Group values, norms and established behaviours are developed then internalized by group members as the natural order of things.
9. Rituals, routines and artefacts are manufactured by the group as it grows that insulate their values, norms and established behaviours from change.
10. A cultural protocol emerges that through time is taken for granted by group members.
11. New group members are inculcated into the group culture through media such as storytelling, formal inductions, professional study and practical demonstrations, to name but a few.
12. As the group continues to grow the established cultural themes morph into deeply held assumptions that form the cultural web or paradigm of the group culture.

Building a model of culture

Schein provides one of the rare explanations of the basic mechanical components of culture in a straightforward manner. The three components of his model are:

1. *Artefacts* – consisting of the expressive consequences of activity grounded in values and assumptions.
2. *Values* – social principles, philosophies, goals and standards considered to have intrinsic worth.
3. *Assumptions* – the taken for granted beliefs about reality or human nature.

Schein takes seriously the potential of culture as an integrative force. In a similar vein, Spradley (1980: 5) when considering culture as a meaning system, claims that:

> in every society people make constant use of these complex meaning systems to organize their behaviour, to understand themselves and others, and to make sense out of the world in which they live. These systems of meanings constitute their culture.

Culture has to be understood not at the superficial level of describing behaviour and/or artefacts but by considering these variables as manifestations of a vast reservoir of cultural knowledge. This has parallels with Schein's (2004) model. In summary, culture can be conceptualized as the expressive content of humanity and as the symbolic interactive process that generates expression. In this sense culture is a performative activity.

The structural elements of a group's culture consist of 'core assumptions' that manifest in 'core group values' that are supported by 'cultural artefacts' – both material and abstract in nature. The combined effect of these three cultural building blocks is the production, over time, of a web of 'cultural themes' that constrain or enable every form of 'expression' within a given group (Opler, 1945; Spradley, 1980). There is a hierarchy of cultural themes that form a dominant belief system that is summarized and presented as the 'core cultural paradigm' of the organization. Opler (1945) emphasizes this fact when he asserts that 'a limited number of dynamic affirmations called cultural themes can be identified in any culture'. A finite number of cultural themes are maintained within an organization's culture and the dominant set account for much of the expressive content of organizational members. There are perhaps no more than 10 dominant cultural themes and it is these powerful concentrations of significant cultural themes that constitute the organizational paradigm.

FIGURE 4.2 A model of culture

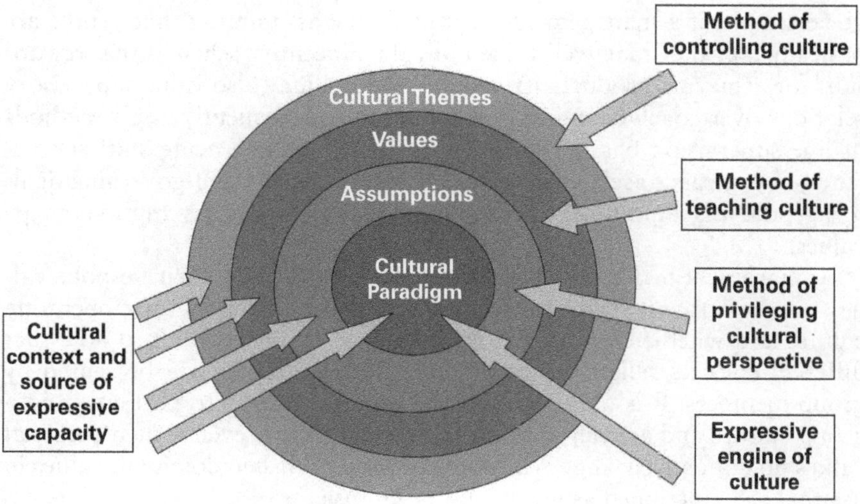

Assumptions

Assumptions govern and influence our attitudes towards the nature of people and the probable outcome of social interactions. Assumptions have been described as 'theories in use' (Argyris, 1992) and these theories govern our capacity and therefore the capacity of management teams to think and act in operational and strategic terms. Schein (2004: 27) describes assumptions as internalized narratives that 'actually guide behaviour, that tell group members how to perceive, think about, and feel about things. McGregor (1960) captures the concept of assumptions quite powerfully with his diametrically opposed Theory X and Theory Y – eg humans are lazy or have a built-in work ethic that drives the value system of an organizational group and therefore its expressions. The assumptions that a group of organizational managers hold about organizational experience are crucially important in maintaining and protecting culture in use. Therefore, if one is going to try to change aspects of an organizational culture one must understand the nature of these deeply held assumptions and how these inform and support the values that signify the 'right' and deter the exhibition or formation of the 'wrong' kinds of expression.

Values

Values are an incredibly important aspect of the cultural dynamic. All operating cultures will have a value framework that is rooted in underlying core operating assumptions. The value framework, once fully inculcated by participants, ensures specific modes of expression are privileged over alternatives. These modes of expression are products of the underlying assumptions, or theories in use, that guide the expressive content of the group and which have been deemed as beneficial to group members, past and present. For example, if a management team holds the assumption that people are basically lazy they may well value individual incentive schemes that reward staff for achieving productivity standards. They may also value supervisory relations over coach/team-based relations and subsequently apply methods of line supervision based on work-study methods and acute staff surveillance, in contrast to self-managed teams operating to a self-governing quality agenda. It is important to bear in mind that operating assumptions shape values.

Management teams do have choices. They can review their bespoke values framework and establish how it shapes and influences their operating culture and whether aspects require changing. It is important to note that different cultures reflect different values. Not all values will be shared by group members. It is quite possible for group members to participate in a group culture and actively support that group culture even if their personal values do not entirely align with some of the established dominant values in use that are sanctioned as normal in the culture.

Organizations throughout the world have tried with varying degrees of success to craft a values framework that provides a source of competitive advantage in the marketplace. Many of these organizations have failed to inculcate enough organizational members with the value menu for a very simple reason. For the values to become established in the organizational culture they must be a product of the underlying assumptions in use that inform the local operating culture. Sincerity of values is achievable if the values are supported by theories or assumptions in use.

An excellent example of an internalized value framework that guides operating culture is the John Lewis Partnership, a British retailer. This is an example of a large-scale cultural experiment. Its founder, John Lewis, signed away his personal ownership rights in his expanding retail company to allow future generations of employees to take forward his 'experiment in industrial democracy'. Mr. Lewis established a values framework that would guide the trading activities of the company for generations. This values framework was enshrined in what is now called the John Lewis Constitution. The Constitution details the personal values that had motivated the founder and would preserve his legacy. The Constitution states that:

> the happiness of its members is the Partnership's ultimate purpose, recognizing that such happiness depends on having a satisfying job in a successful business. It establishes a system of 'rights and responsibilities', which places on all Partners the obligation to work for the improvement of our business in the knowledge that we share the rewards of success.

This is the core of the cultural paradigm of the John Lewis Partnership. There are many more examples of companies throughout the world that have successfully employed a values framework to guide their operating culture and thus behavioural norms.

In summary, values are important. They reflect deeply held assumptions about the nature of a manager's existence and they provide the symbolic architecture for the culture of the organization. Therefore understanding the core values and assumptions of a management team is critical to understanding how best to craft organizational development initiatives.

Artefacts

Artefacts can be considered as the cultural formations that are 'perceived' to have an inherent presence and purposeful meaning for individuals and groups of individuals. As culture is the process through which people conceptualize the world and then express such conceptualizations symbolically, the end product, ie the symbolic representation of the cultural sense-making process, is what we call the 'cultural artefact'. Artefacts are the final product of the cultural process: they signify elements of the core paradigm, assumptions, values and cultural themes that constitute a given organizational culture. Artefacts can be material in form, conceptual, process-oriented or ritualistic.

Material artefacts

The architectural design of a building is a material artefact. This applies to both the external design, ie a front-facing image of grandeur, and the internal design of the building. For example, the design of a religious building such as a church or a mosque is an artefact that symbolizes the religious and ideological institution of Christianity or the Muslim faith. The choice of a building to house an organization is also reflective of the cultural identity of that organization. If we take a hospital, a police station, an army barracks or a five-star hotel, the external and internal design and layout will reflect, at a very general level, the occupation culture of these organizations. They are all very different.

Conceptual artefacts

A powerful example of a conceptual artefact that has shaped and is reflective of the culture of most societies throughout history is the concept of god. This is arguably one the most influential in the history of mankind. It is a product of human culture as it is used to understand, make sense of the world and to structure and order a given society. In organizations, a conceptual artefact may be the concept of profit and loss that signifies the capitalist system. Capitalism is a conceptual as well as a material and process-oriented artefact. In the public sector, an artefact that can be considered abstract whilst the employee is in a state of work, is the idea of retirement. The concept of retirement signifies the purpose of work and governs the attitudes of many public sector employees towards work.

Process artefacts

The recruitment process, the absence management process, the promotion process, the disciplinary process and the procurement process are all examples of what we can call 'process artefacts'. The nature and composition of these processes and the importance attached to them give one a real sense of underlying values and the assumptions in use that inform these values.

Rituals

Process artefacts can also be understood in terms of organizational rituals. This would be the case when a particular process artefact is deemed to be culturally significant to the organization. For example, Rosen (1985) demonstrates vividly the ritual of celebrating the sales process at a company's annual breakfast meeting. At the breakfast the company owner and CEO choreographs a highly ritualized performance in a luxury hotel that celebrates the sales process and its outcomes. This event, suggests Rosen, signifies that the sales and associated marketing processes with the firm are to be considered as being highly culturally important.

Cultural themes

The construct of cultural themes is well established in the anthropological science literature. However, as a key component of the model, themes are not firmly established within the organizational theory literature. While Schein's primary model is persuasive, and has been adopted by many organizational theorists who employ the cultural perspective, it does not adequately explain how assumptions, values and artefacts fuse together to 'colonize' cultural scenes throughout the organization's landscape and function as a means of control. The concept of cultural themes does this for us and as such merits a brief review and inclusion as a key element of the model we are presenting.

In 1945, Morris Opler was the first scientist to employ the concept of cultural theme analysis to sketch the broad system of a cultural scene when he composed the ethnography of the Chiricahua Apache culture. Opler defines a cultural theme as: 'A postulate or position, declared or implied, and usually controlling behaviour or stimulating activity, which is tacitly approved or openly promoted in a society' (p 198). In more recent times Spradley (1979: 186) defines cultural themes as: 'Any principle recurrent in a number of domains, tacit or explicit, and serving as a relationship among subsystems of cultural meaning.'

Cultural themes can be considered as either firm rules or soft guidelines for the appropriate way to think, talk, communicate, behave and demonstrate knowledge or identity within the multiple domains that constitute a given organizational culture. Opler claims that:

> In every culture are found a limited number of dynamic affirmations, called themes, which control behaviour or stimulate activity. The activities, prohibitions of activities, or references that result from the acceptance of a theme are its expressions. Such expressions may be formalized or unformalized. (1945: 198)

Cultural themes need to be organized from the repository of assumptions and values that pre-date the emergence of a significant cultural theme. A cultural theme can only be regarded as such if enough people share an assumption; subsequently a value system emerges from this and the end result of this process is the production of a theme that provides the distinctive pattern to a specific organizational culture. Once formed the theme dominates expression through the adherence to the underlying assumptions and value frameworks on the part of participants and in particular the leaders.

Cultural themes are pervasive. They establish the interdependency between sub-cultures that hold an organization together in a cultural web. They are extremely powerful and difficult to change. They are also often very difficult to identify with clarity as they are so taken for granted that managers rarely reflect on them. They are also deeply embedded in existent power relations and political relationships. The most difficult part of change is for senior leaders to untangle these relations, present the themes that are in need of intervention and secure the agreement of their senior team towards the intervention.

The organizing domain

This process of organizing takes place in what is usefully described as 'an organizing domain'. These are defined by Spradley (1980: 4) as 'cultural scenes that appear to produce, maintain, amend and filter cultural themes that in turn permeate the cultural landscape of an organization and constitute its meaning system'. A domain can be considered as any place where inculcation, renewal, adaptation or change occurs. A domain can take hold in cultural scenes such as a management team meeting, a board meeting, in the staff restaurant or even on electronic social sites established through the corporate exchange of e-mails. Alvesson (1994) studied an organizing domain in a newspaper to identify the cultural themes in use that controlled expression, especially at the levels of discourse and identity. Spradley and Mann (1975) studied the organizing domain of a singles bar to understand the gender relations that were culturally specific to the scene. Identifying cultural themes is key for change leaders if they are to understand the patterning that gives life and power to the underlying assumptions and subsequent values framework as cultural control mechanisms. Basically, an understanding of cultural themes and the ability to conduct theme analysis helps to understand what is going on in any setting.

Expressions of culture

Opler (1945) asserts that themes exist as a system that controls behaviour and/or stimulates activity. There will be a limited number of cultural themes in use and these will dominate the expressive content and capacity of a group.

This does not mean that cultural themes manifest in only a few expressive situations. A theme may express itself in multiple ways, and the greater the number of expressions, the greater the potency of the theme to constrain and/or stimulate expression. A very distinctive element of a cultural theme is its capacity to control expressions. Underlying assumptions by themselves do not control group expressions: they can control, up to a point, individual expression, but group expressive norms normally dominate individual expressive preferences. When shared by enough people and supported by the emergence of a shared value framework that allows the creation of a cultural theme for public consumption, expressive control becomes culturally embedded and institutionalized throughout the cultural landscape of the organization. Cultural themes, therefore, are organized by participants from the raw materials of assumptions and values previously established by the same members or their ancestors.

What is a cultural theme? An example

A cultural theme that can operate unchallenged in an organization asserts that management development is a wasteful activity with no real practical benefits. This is rooted in the assumption that the management skills and practices that have worked in the past will remain suitable for the future. This assumption produces the value that privileges managers emerging from the ranks with no formal training but who are seen to be culturally relevant to those in charge with regard their management style.

The discussion so far should illustrate the critical importance of cultural themes and their associated expressions to both second-order change and strategic development. The question that arises is how should one go about measuring the importance of a cultural theme to a group? Both Opler (1945) and Spradley (1979) suggest that the answer is empirically quite straightforward. The change manager simply needs to audit the number of different forms of expression of a particular theme that manifests throughout the organization. Some expressions are easier to identify than others, eg formalized and primary material expressions are easier to spot than unformalized or non-material or symbolic expressions.

Formalized expressions of a theme

Laws, rituals or established processes support these. People must conform without any significant variation and if they do not, some kind of punishment is likely to be served. Within a management team there are formal protocols observed in a board meeting. One example would be the process of voting for a particular course of action. The advocate of a particular decision cannot overrule a majority vote that does not support his or her preferred decision. This is an example of a formal expression of a theme that may assert the position that board members decide on particular kinds of decisions that are deemed critical to the ongoing success of the organization. Another formalized expression of a theme would be the disciplinary process within an organization that is activated when adherence to good customer service is violated and the organization is alerted by a serious customer complaint.

Unformalized expressions of a theme

This kind of expression can be considered as a cultural guideline for normative standards of expression. They may not be clearly linked to a cultural theme in use and may only be culturally understood by insiders. Visitors or new members to the group would probably have to be taught the symbolic relevance of an unformalized expression of a theme in use. For example, there may be a coffee machine located within a building that appears to be for general usage. However, if a new member to a management team were to take a coffee they may be politely warned off from doing so again because only senior managers use the coffee machine. Another example would be a manager offering advice to another manager on how best to approach a situation in their area of responsibility. The manager receiving the well-intentioned advice may react as if offended and rebuke the intended adviser. This expression may not be corrected by the group or by the senior manager present during such an encounter. The rebuke may be considered as an informal expression of a cultural theme in use that advocates clear territorial boundaries to each manager's area of operations that cannot be encroached on even if the approach is well intentioned and could help the organization at large. This is an example of how a cultural theme, 'territorial ownership of problems and solutions' may serve as barriers to cross-divisional team working, perpetrate silos and block organizational learning.

Primary expressions

When allowing the most senior manager to speak on behalf of the group at a meeting, the management group is supporting the assumption that the most senior manager present will chair the interaction throughout the meeting, coordinate and then close the verbal exchanges. This is a normalized expression of a cultural theme that may advocate the hierarchical nature of the organization. Another example would be the senior manager being invited to take a seat in the front of the car on business trips with more junior managers sitting in the back.

Material expressions such as the style of office, a company car or the sophistication of technology afforded different managers are a clear expression of the cultural theme that values the status of rank. If a few managers have offices while the majority work on the basis of hot-desking or sharing office accommodation, this is a clear primary expression of status and hierarchy. This explains why in some organizations efforts are made to break down hierarchy to encourage a more democratic community-based culture by having open plan offices where there is no distinction.

Symbolic expressions

These are expressions defined by Opler (1945: 200) as 'substances, gestures, ideas, or figures of speech not necessarily logically related to themes but which have become recognized vehicles for their representation'. For example, Opler notes that the Chiricahua Apache thought that lively actions of an unborn child stood for the cultural theme that advocated the view that males were physically superior to women and thus the physical activity of the foetus was assumed to be a sign of a male child. Gender politics in organizations would be a classic illustration of symbolic expression – 'macho' culture. Symbolic expressions may not be directly related to a cultural theme but they are established vehicles for their representation.

Another example of a symbolic expression would be the idea that staff sitting at their desks all day indicates that they are working and adding value to the organization. This idea as a symbolic expression may reflect a cultural theme that advocates the view that staff must be controlled and put under surveillance to make sure they work. This theme may actually not hold up to critical examination and it may be that a combination of home working and office-based work would be the most productive way to harness the commitment of staff to organizational objectives.

Material and non-material expressions

One must bear in mind that expressions of cultural themes may not be in an easily recognizable material form and that they may also be conceptually abstract from reality, eg an abstract religious expression such as the Holy Spirit in Christianity. Abstract symbols stand as expressions of the cultural theme that advocate a belief in an omnipotent and omnipresent supernatural power. The laws that govern divorce are similarly an abstract expression of a cultural theme that advocates the legitimacy of marriage and the importance of the institution in society. They have material or concrete effects, eg the distribution of matrimonial wealth or even the legal obligation of a man to provide for the woman in the marriage. In Western cultures, it is the norm that one cannot marry another person while legally married to another. Any person violating this law also violates a cultural theme advocating monogamy and is thus labelled a bigamist and potentially subject to criminal prosecution. In an organization, an abstract expression would, for example, be the memory of a former leader that signifies a certain management style and that influences the expression of alternative styles.

Diagnosing cultural themes in use

A useful way to identify cultural themes and their expressions as a means of control is presented by Johnson (2000) and his concept of 'the cultural web'. This suggests that people in organizations are constrained within a web of cultural control that they have either crafted, inherited or at the very least are complicit in maintaining and reproducing. The sticky strands that interlock and constitute the web are the cultural themes that are locally produced, maintained and reproduced by members. The cultural web constrains the expressive choices of organizational members and groups of management teams.

Johnson's cultural web can operate as a diagnostic tool that assists analysis of a cultural inventory. Ethnographic interviews and participant observation supported by workshops employing the management grid developed by Blake and Mouton in 1964 are supplementary methods that can also be employed. This research process naturally involves an action orientation where the researcher spends time participating in the culture of the organization and records his or her observations, carries out interviews and conducts focus group sessions with seasoned members to understand the themes that dominate organizational expression, and then lists the multiple expressions that are connected to the themes in use. The combination of the cultural web and theme analysis provides a very effective model for diagnosing what elements of a corporate culture require intervention and, perhaps just as important, what elements require protection.

Cultural hegemony

Cultural hegemony is defined as a system of cultural themes that have no counterweight and thus morph into what is effectively a system of themes that stand over and suffocate any new form of cultural expression. For example, if unchecked, a cultural theme of anti-learning will become hegemonic because, as it is unchallenged, it becomes so deeply embedded in the subconsciousness of members that it is taken for granted as the normal way of things. Any attempt to introduce a counterweight theme such as the concept of the 'learning organization' or 'competitor benchmarking' may well stimulate defensive actions from powerful members of the culture and even aggressive outbursts towards the advocate of the competing theme. Powerful managers may advocate the hegemony of anti-learning as they feel insecure or intimidated by any form of new knowledge or management practice that may threaten their positions of power that are often based upon assumptions that they have superior knowledge in relation to more junior staff. Thus the hegemony moves closer to its standard definition within political sciences as a cultural system of control designed to maintain the interests of a powerful elite over a weaker majority. Hegemony as a form of expressive control and domination targets expressions whether these are linguistic, conceptual, behavioural, identity or knowledge.

In Chapter 5 we will devote more consideration to the subject of cultural hegemony and its influence on organizational performance and cultural change efforts. The next and final component of cultural theory is that of the cultural paradigm.

The cultural paradigm

At the centre of our model is the cultural paradigm. This serves as a repository of assumptions, values, preferences and organizing archetypes that govern the expressive options of each organization member. The paradigm provides stability and order to the organization through a select grouping of worldviews, high level abstract beliefs, assumptions and values that are expressed empirically through cultural themes (Hatch and Schultz, 1997). It is likely that the paradigm will consist of no more than eight to 12 core dominant cultural themes with what could be usefully described as an 'alpha cultural theme' at the epicentre of the paradigm.

In business organizations, the company value charter rarely exceeds eight espoused core values. In corporations that are in the Fortune 500 it may be that shareholder value is the central concern. In a healthcare organization patient care is paramount, and in the police service it may be that protecting the community is its raison d'être. Two very different sectors, the public and the private, can be compared in terms of their individual paradigms by listing their dominant cultural themes; see Figure 4.3.

Paradigms can shift

Paradigms have a lifecycle, a point advanced by Levy and Merry (1986) who were both influenced by Thomas Kuhn (1964/1996) and his theory of scientific revolution. This advocates that all scientific paradigms have a life

FIGURE 4.3 Comparative cultural themes

Comparison

Public Sector Culture	Private Sector Culture
■ Service oriented	■ Profit and service oriented
■ Cradle to grave sustenance	■ Success based career development
■ Superannuation scheme	■ Stakeholder pensions
■ Absence is a health issue	■ Absence a conduct issue
■ Conflict shy	■ Quick to confront performance
■ Non-PRP	■ PRP a general standard
■ Not customer oriented	■ Customer oriented
■ Not sales driven	■ Sales driven

span and new paradigms are constantly in the making, preparing to challenge and displace opposing established scientific paradigms. Kuhn's argument is useful when related to cultural transformation. The lifecycle model for a cultural paradigm involves the stages of birth, growth and development, maintenance and renewal (Buchanan and McCalman, 1989). Kuhn argued that at any moment in time there are contests going on between dominant and emerging paradigms and our contention is that this applies to organizational paradigms. It does not always have to be the case, however, that the established paradigm simply declines and dies. It may continue to evolve if the members allow adaptation through time. The organization will discard the remnants of the historical paradigm and the new version will dominate for a finite period.

British Airways is a classic demonstration of cultural transformation that is used regularly to illustrate the ability to shift paradigms. Under the leadership of Lord King, the publicly owned organization was transformed into a market leader by driving cultural change. This was symbolized through the slogan 'The World's Favourite Airline'. Lord King employed Saatchi and Saatchi to oversee cultural transformation. However, the organization was plagued with staff and stakeholder conflict when it attempted to change its core identity from a specifically British brand to emphasize a more global, multi-ethnic construct. This was meant to be symbolized by changes to its aircraft tailfins. The cultural change leaders at British Airways sought a broader international appeal and tried to drop the Union Jack as their central logo. This struck at the very heart of the cultural paradigm as understood by those who felt part of the British Airways culture. The Prime Minister of the time, Margaret Thatcher, complained to British

Airways workers at the Tory Party Conference that British Airways management should 'bring back the flag'. She said, 'We fly the British flag not these awful things you are putting on tails.' This conference was the setting for the classic 'white hanky' moment when Margaret Thatcher wrapped a white handkerchief around the new colourful tailfin on a model British Airways plane. The custodians of the established culture were happy to allow the shedding of BA's cultural skin through wholesale privatization but were less comfortable at efforts on the part of BA management to shed the British cultural identity.

New paradigms can emerge from established old paradigms. For the purpose of understanding cultural change issues it is important to note that people may well have psychologically invested in the established paradigm. When change is required they will most probably deny this to themselves and may even avoid any conversation on the subject. If efforts persist to introduce paradigmatic change, powerful cultural factions may exhibit strong resistance. The dominant cultural coalition may well restrict the expansion and diffusion of the new paradigm. It may be expelled to the borders or margins of the organization. However, as the organization reaches a stage of crisis and it is clear that the established paradigm is bad for business there may emerge multi-dimensional confrontation from various stakeholder factions towards the established paradigm. These confrontations can take the form of open debate and background conversations contrasting the benefits of the alternative new paradigm that will unsettle the organization. This can lead to a crisis of established leadership and result in power shifts that are required to support the emergence of the popular new paradigm. Eventually, the new paradigm may well prevail and members who fared well under the old, dying paradigm may mourn its passing and never really fully support the new, active paradigm. Culture dies hard!

Conclusion

There are many different theories of culture; however, our view is that while we may have slightly different 'takes' on meanings within a particular social or cultural context, these interpretations are essentially social in nature and are only compatible when there is an inter-subjective context characterized by a shared cultural background. Culture is not something an organization has, as in a variable; rather it is something that an organization is made of: it represents context. Culture may be conceived as a network of cultural themes that are robust and difficult to change and embedded in language and everyday talk.

Our view of culture is that it is bound together by cultural themes and may be considered as a web (Johnson, 2000) that ensnares its members in symbolic strands that they themselves have spun (Geertz, 1973). Spradley (1980: 14), provides an interesting conceptualization of culture: 'Each culture provides people with a way of seeing the world, by categorizing, encoding, and otherwise defining the world in which they live.' What is theoretically appealing is this implies a socially constructed nature and status as both a structuring and sense-making device. These definitions accommodate the multiplicity of reality for employees within the context of a predisposed system that acts on their interpretative capacity.

Culture therefore is both a process and a material phenomenon. The process is its sense-making function and the material aspects are the artefacts, eg social structure, human habits, laws, sciences, religions, arts and architectures that arise from that sense-making process. Park (1950: 5) states that:

> the diffusion of culture makes it possible to act collectively over a wide area and to maintain some sort of concert among, and control over, a larger number of individuals and the transmission of a culture tradition, on the other hand, tends to make that action more consistent and intelligent.

Culture is an enormously complex concept and scholars have failed to agree on a unanimous definition of its meaning let alone its dynamic construct. Culture as a process is always in a state of becoming (Tsoukas and Chia, 2002). Experiencing organizational culture is a bit like experiencing the passing of the seasons: we reflect on summer when it has changed into autumn. This is the same with culture in that we only acknowledge it when we have something different to compare. Culture is produced via an interpretative process conducted between people.

Opler (1945) argues that to understand cultural themes is not to appreciate them as evidence of a totally integrated culture but to view them as polar opposites of contrasting themes that establish cultural equilibrium that helps to restrict the potential of the negative impact of a particular brand of hegemony. Cultural themes can be considered as intangibles, they are symbolic in form, tacit in nature and manifest as ideas, values, assumptions, actions and as physical artefacts. Once formed and absorbed into the symbolic fabric of a social group's meaning systems, cultural themes produce artefacts as cultural expressions in either tangible (art) or intangible forms (ideas). Scholars such as Spradley (1980) assert that theme analysis is a productive analytical method for describing the general features of the cultural scene under study. It has also been argued that the concept of themes supports a system to enable collective action through establishing a degree of integration of meaning between managers (Johnson, 2000). Within the fields of organizational theory, sociology and anthropology there are established theories that agree how culture operates as a sense-making device. Culture is produced via an interpretative process conducted between people.

It is important to remember at this point that the principles we have described are applicable to organizations and managers throughout the world. Managers also have life spans. They enter the organization and experience cultural birth. They are then exposed to the cultural orthodoxy as controlled by the organizational paradigm, its supporting system of themes and the multiple expressions of these themes. This is the main problem facing organizational leaders when they need to encourage a process of learning, unlearning and relearning, a process of cultural transformation of the underlying values, assumptions, cultural themes, expressions and ultimately the core cultural paradigm that may be proving to be a major liability to the ongoing success of the organization. This involves confrontation and strong leadership.

Cultural management as a form of control

05

> *Power is domination and control and therefore a very selective form of truth, which is a lie.* (WOLE SOYINKA, NIGERIAN PLAYWRIGHT AND POET, THE FIRST AFRICAN NOBEL LAUREATE IN LITERATURE, 1986)

Introduction

Attempting cultural change involves power struggles and therefore is inherently a political process. This chapter examines the premise that cultural management is a form of control that involves notions of identity, power, control and legitimacy. As managers attempt to make changes within the cultural context of their own organizations, they are faced with attempting to adjust and manipulate the identity, thinking, belief systems and behaviours of organizational members. There will be managers and other stakeholders who have benefited from the established culture of an organization. We attempt to unpack the central ideas of power and control and, in particular, the struggle to define social reality within the work domain. This can be understood as a struggle over 'identification outcomes'. By utilizing theories and arguments from anthropology and sociology, we will examine the social construction processes and the debate concerning identity as a means of control.

We will also explore Gramsci's (1971) theory of hegemony. Although recognized as a well-established political science theorist, Gramsci is less well known in organization studies. Culture as a control mechanism is rooted in its primary function as a 'sense-making device' (Johnson, 2000). Therefore throughout this chapter we will consider different perspectives on power and a conceptual framework for understanding cultural hegemony as a control system. We will discuss how this knowledge relates to developing an understanding of how such a framework may support the activities of cultural change managers. There will be local leaders who will possibly resist change efforts and such resistance can be overt or covert or both. This chapter sets out to explore these issues.

Cultural management as a control mechanism

What does it really mean to 'manage organizational culture'? To manage anything implies control over a set of variables to achieve a certain end. Management in the traditional context would be responsible for ensuring that the human dimension complied with predetermined standards of productivity and work content. Management also ensures that employees express themselves in ways that are compatible with the operating norms and standards of the organization. In this context, one could advance the notion that managers are fundamentally engaged with maintaining and policing established norms. This is management of the status quo and can be understood as a form of maintenance and reproduction. Cultural change management is something quite different.

All managers, by virtue of their job titles and by what they actually do, are cultural managers but not by nature cultural change managers. They are agents of control. They monitor what goes on within the organization and are supported by a myriad of control mechanisms such as budgets, procedures, standards of performance, manuals and a structure that is efficient at maintaining, protecting and reproducing the established themes that constitute organization culture. Therefore, cultural managers (management in general) are the antithesis to cultural change as they are not generally programmed to change culture, rather they are inculcated to protect and defend the established cultural norms of the business. To change cultural norms means addressing established power relations within existing management teams. This is because managers derive their identity, status, influence, power and wealth from the established culture. Regardless of whether one is trying to manage or change culture, one is attempting control. Management style is culturally preordained. Therefore, the degree of latitude managers have over how they employ their authority is, somewhat paradoxically, dictated by the staff they are trying to manage and their own peer group.

When considering cultural change we have to face up to the reality of conflict. Cultural change requires a battle for control of ideas and expressions of behaviour. The degree of conflict is dictated by the degree of cultural change that managers are trying to achieve. If cultural change is incremental then the conflict will be subtle. If cultural change is concerned with modifications then good practice methods can reduce conflict through a process of negotiation among key stakeholders. However, if cultural change is transformational then it is likely that significant conflict will emerge.

Willmott (1993) stimulated an interest in culture as a means of socio/ideological control under the banner of corporate culturism – the practice of seeking to manage culture for the interests of the elite. This was not intended to replace traditional control mechanisms, rather to complement and reinforce existing methodologies (Alvesson and Willmott 2002; Karreman and Alvesson, 2004). The argument is that that many cultural change programmes contain systematic and intrusive ways of regulating identity. Willmott (1993: 521) emphasizes the emergence of this phenomenon when he claims that:

> Within organizations, programmes of corporate culturism, human resource management and total quality management have sought to promote or strengthen a corporate ethos that demands loyalty from employees as it excludes, silences or punishes those who question its creed.

Culturism is concerned with the attainment of hegemony, ie expressive control at the level of knowledge rights, thinking, acting, talking and identity approval. The target of this control is both the identities and the subjectivities of employees. The development of culture as a means of control is grappling with fundamental concerns over both the rights of ownership of capital output, that is defined as wealth creation, and the possibilities for emancipation and social re-engineering of not only the working environment but also society at large.

Corporate culturism endeavours to achieve organizational success through manipulating employee identification by the establishment of a state of hegemony. This strategy is supported by bureaucratic systems and administrative rules. The strategy has five elements:

1. The overwhelming logic of bureaucracy.
2. The emulsifying effect of administrative rules.
3. The shaping of values for popular consumption by management.
4. The targeting of identification processes such as the way in which a person associates with a particular belief or value system.
5. The inculcation of appropriate expressive styles such as the way in which corporations produce customer care attitudes and behaviours among members.

The goal of cultural management is to achieve acceptance of a dominant paradigm in support of the corporate agenda. This is what we mean when we refer to the idea of an integrated culture; it can be engineered. To do so, a model that advances a paradigm such as the logic of the market is required to legitimize and drive change efforts at the cultural level. The logic of the market succeeds through a process of inculcation that acts as a form of control. This is a type of teaching where the individual is instructed in the norms of the local culture. Organizations such as the church, the armed forces and businesses have highly sophisticated socialization programmes supported by cultural mentors, workshops, intensive values training, and peer, manager and customer reviews. The aim of inculcation is to internalize the beliefs, assumptions and values of cultural groups.

The target of control is the identity of the organizational self (Kondo, 1990; Kunda, 1992; Willmott, 1993). What do we mean by this? The organizational self is our work identity, eg John the Accountant, Mary the Marketing Manager, Paul the Cook and Susan the Doctor. It is the internal

FIGURE 5.1

SOURCE xkcd.com

perception of our fundamental work identity. The main issue is the corporate governance and control of this identity (Rose, 1990), which is a process that involves management 'authoring' and accepting or recognizing the 'official' identities of others. Many people can divorce a work-based identity from that of an organizational one. This is problematic for cultural change managers who seeks to cement the work identity of employees with that of the organization so that self-esteem, social status and sense of purpose is intimately nurtured, intertwined and controlled by their relationship with the overarching organizational identity.

How do cultural change managers change this? Organizations exploit 'the looking-glass effect' (Cooley, 1902) to control the identity of the actor. This strategy is effective to the extent that the valued attributes of the organizational identity mirror those of the internalized and idealized identity of the organizational self (Kondo, 1990; Rosen, 1985). Identity work of this nature is mediated through a process of symbolic communion (Goffman, 1959). This process encourages the organizational identity and the self-identity of the individual to become one. Rose (1990) calls this process 'the governance of the corporate soul'. This may be described as constituting the corporate colonization of the employee's identity. Cultural management mediated through socio-ideological control of self-identity is a highly deliberate attempt at meaning management in the pursuit of expressive hegemony.

Exploring cultural hegemony

Parker (2000) asserts that culture is primarily concerned with social control. The legitimacy of corporate culturism is based on the narrative that the values and objectives of the organization and those of its employees are of interest to both groups. This synergy secures greater flexibility and commitment to work-based practices and the needs of the market (Kotter and Heskett, 1992; Peters and Waterman, 1982). Cultural strength as a concept is the key characteristic of culturism. Cultural management was based on the theory of establishing a corporate discourse articulated by a homogeneous workforce, which represented an integrated culture. To support this process management theorists introduced the concept of 'cultural engineers' (Hammer and Champy, 2001).

The aim of cultural engineers was to carefully design corporate values and eliminate counter values. The work of Humphreys and Brown (2002) conceptualizes this phenomenon as a struggle between competing discourses that led to cultural cleansing. This involved strategies such as:

- the censoring of alternative narratives;
- the legitimization of privileged corporate identities practices/ strategies; and
- achieving a state of identity synergy between the organizational identity and that of the organizational self.

These strategies have been explicated in the work of critical theorists such as Boje (1995), Jackle (1988), Kondo (1990) and Kunda (1992). Close analysis reveals that control is concerned with a ruling elite pursuing an agenda that is primarily about expressive control. The culture of the organization is rarely questioned but accepted as being the natural order of existence by the employee (Alvesson, 2002). This concept is called 'cultural hegemony'.

The concept of hegemony is traditionally located within political sciences. However, the concept of an integrated culture that is engineered by management to support their corporate goals and agendas is unquestionably a quest for hegemonic control. Conversely, this can prove to be a dysfunctional force that traps managers in a web from which they cannot get free. The domination results in a state of cultural control that constrains their ability to function as transformational leaders and thus inhibits broader cultural change efforts. Senior management hegemony is a significant barrier to achieving successful cultural change efforts and therefore merits some careful discussion.

Defining hegemony

Hegemony refers to an ideology that is so embedded in a culture that it is taken as natural (Gramsci, 1971). It is a composition of distinctive cultural themes that constrain or dictate the expressive capacities of individuals and of groups. Hegemony is a social construction that envelops all media of human expression within its control. This domination evolves through the interactions of a select group as a means to privilege the interests of its members. This is what cultural management as a means of control is primarily concerned with. Clegg (1989) states: 'hegemony thus involves the successful mobilization and reproduction of the active consent of dominated groups'. It also manifests as a symbolic web of significance where managers can perceive of no other way of affecting the existing social order of their environment. In organizational terms hegemony acts as a means of social control and renders the manager impotent with regard to his or her sense of expressive agency. It constrains the expressive capacity of managers at the level of identity, conceptualizing, communicating, defining knowledge and behaving. Therefore, hegemony may be understood as a form of power that envelopes managers. Often it is the managers themselves who create, maintain and protect the hegemony and its many expressions.

Hegemony as a theoretical construct is rarely fully defined. References to the concept as 'cultural strength' (Schein, 2004); 'hegemonic practices' (Willmott, 1993); 'integrated culture' (Deal and Kennedy, 1992); 'hegemonic narrative' (Humphreys and Brown, 2002) 'hegemonic discourse' (Boje, 1995) or 'hegemonic dramaturgy' (Rosen, 1985) are commonplace. However, it is broadly considered as a form of socio-ideological control (Humphreys and Brown, 2002) and established through strategies such as:

- *Intense symbolic bombardment* – such as, the rituals that are part of religious faith.
- *Elaborate performances of the powerful* – the performance of directors at meetings, for example, the late Steve Jobs of Apple (youtube.com/watch?v=x7qPAY9JqE4).
- *Recruitment of young and optimistic minds* – graduate recruitment programmes normally commence with the inculcation of hegemonic agendas.
- *Employment of like-minded people* with similar education and class backgrounds – the recruitment processes involved in selecting students for elite universities such as Cambridge, Oxford and Harvard, and their subsequent guaranteed career paths.
- *Pastoral control of relationships* – the Japanese system of inculcating new executives into a paternal community for life.

Hegemonic narrative

Peters and Waterman (1982: 323) argued that: 'The institution provides the guiding belief and creates a sense of excitement, a sense of being part of the best, a sense of producing something of quality that is generally valued.' Note the important feature of the discourse – it is the institution that sets the identity of the employee. The organization does this through defining what staff members should value and therefore how they should perceive and think about themselves, others, and their place in the world.

Legitimacy

A common theme concerning hegemony is legitimacy. Critical scholars have argued that for a ruling elite to produce successful hegemony they have to have legitimacy of office (Humphreys and Brown, 2002; Rosen, 1985).

Organized religion is a good example of supremacy in operation – with its rituals, ceremonies and narrative performances it exemplifies the management of cultural processes such as identity cohesion, social drama and narrative.

The internal marketing of hegemony

Hegemony is developed through expressive media such as staff handbooks, videos, podcasts, corporate websites, staff newsletters, management presentations, training courses, etc. All present an authored account of what company people look like, what they should value and how they should behave. They often locate these identities as selfless corporate heroes putting the business first before personal interests. The use of staff recognition awards and personal stories that evoke awe and respect for company people are also employed to support hegemonic projects.

Deal and Kennedy (1992) re-branded hegemony as 'corporate culturism'. At its centre lay a desire to control the expressive capacity of managers. Willmott (1993: 16) argued that 'the guiding aim and abiding concern of corporate culturism, as I shall characterize it, is to win the "hearts and minds" of managers: to define their purposes by managing what they think and feel and not just how they behave'. Alvesson (2002) openly supports projects of micro-emancipation within organizations and argued that a study of corporate culturism was important to understand its implications as a means of domination and subjugation of the human spirit and as a means of extending managerial power and excess. It helps to understand how hegemony operates as a form of cultural control if one considers the sum of its parts:

- *Knowledge hegemony* – involves targeting knowledge as a means of control by defining who has knowledge and who does not and what constitutes relevant knowledge within an organization.
- *Conceptual hegemony* – involves defining what concepts people may use in their talk to make sense of and try to influence the process of organization.
- *Linguistic hegemony* – involves the cultural cleansing and filtering of the 'kinds of everyday talk' that constitute the conversations that take place throughout an organization.
- *Identity hegemony* – involves controlling a person's ability to assume a particular identity in an organization, eg a leader or an expert in a particular field.
- *Performative hegemony* – involves controlling how people may present themselves, how they may behave in certain contexts and in front of different audiences, and the stages that they are allowed to perform on.

Identity work

In all organizations, people adopt self-identities congruent with the corporate self. This involves the reproduction of corporate identities at the level of both the self and the organization. This process of self-identity adjustment is called 'identity cohesion' and it is an important process in the production, maintenance and reproduction of hegemony as a means of cultural control. Identity cohesion can therefore be understood as a central hegemonic process.

Self-identity and organizational identities are always works in progress. Self-identity within organizations may be conceptualized as being socially constructed and produced through a system of pre-existing power relations. Who we would like to be in organizations is to a greater or lesser extent dependent on the powerful bestowing a desired identity upon us. For example, identity as a concept is not perceived to be fixed or stable: on the contrary it is considered to be both a fragmented and a dynamic construct. Once formed, identities are always 'on loan' from society. Identities are not permanent: they fade, they change and they can be removed. In organizations certain kinds of identity are associated with high levels of social status. However, along with the promise of such valued identities comes a cultural expectation that the individual will actively support and maintain the dominant corporate culture as expressed through the established hegemonic themes.

Parker (2000) argues that identity should be understood to be a 'cultural product'. The options for desired self-identities may be influenced by cultural themes that are embedded in the organizational culture. If identity is 'authored' by others, it follows that the manager is dependent on the dominant elite to provide a strong sense of self that is socially desirable. Identity cohesion may be understood as the manager identifying with a particular hegemony and therefore constitutes a process of hegemony.

Power

Cultural management implies maintenance, reproduction or change. Our theory of hegemony tells us that regardless of the change activity involved, cultural management by its very nature involves the privileging of one set of cultural themes over others. Therefore, cultural managers are always involved in power struggles. They may engage in defensive strategies when the nature of the struggle is to defend a particular system, or offensive strategies when the objective is to colonize other cultural systems and establish their aggressive norms in other domains. In this sense, all mergers are acquisitions or takeovers by a dominant culture. For example, the predatory behaviour of pharmaceutical giants such as Pfizer towards other firms can be seen in both beneficial taxation and/or cultural dominance terms. You cannot do justice to a consideration of the dynamics of cultural management without having a reasonable conceptual framework of power.

One-dimensional view

Managers who operate within this paradigm consider that subordinates will comply with their instructions. This has implications for cultural change work. If the instruction is considered as culturally legitimate and is non-threatening, the subordinates should respond in an accepting manner and obey the instruction. They would continue to do this as long as the cultural norms are not changed. Thus, managers may be fooled into believing that they had power to influence behaviours and attitudes when in fact staff are simply conforming to established cultural norms.

Two-dimensional view

Power is also employed when the manager is able to decide which issues enter the decision-making process (Lukes, 1974). This strategic use of power is more sophisticated and arguably more effective because it allows the ruling elite to prevent any issues being brought into a decision-making forum. In so far as A can establish the social conditions that constitute barriers to B having his grievance or wants aired in a decision-making forum, A has power over B. Also A has, for the time being, relegated conflict to the status of being latent and unobservable in a concrete sense. This concept of power is defined by Schattschneider (1960: 71) as the mobilization of bias where organizations have 'a bias in favour of the exploitation of some kinds of conflict and the suppression of others, because organization is the mobilization of bias. Some issues are organized into politics while others are organized out'. This form of power can reproduce cultural conditions and also be used to advance cultural change under a committed leader. For example, if a manager does not wish cultural norms to be changed then he or she simply:

- refuses to recognize that there is anything wrong with the established cultural norms;
- keeps such items away from informal and formal agendas, thus ensuring there is no platform for the discussion; and
- encourages expressive behaviours that privilege the continuation of the established cultural norms.

However, if he or she applies this approach to the emergence of new cultural norms he or she can use the mobilization of bias to draw attention to alternative expressive modes.

The three-dimensional view

But what if power could be exercised and reacted to without formal recognition of its presence between managers? Lukes (1974) recognizes that power may manifest in a way so that managers are subject to, but do not recognize, its empirical effects. For example, power can be exercised in a way that people believe they are acting under free will, but in fact there are influences on how they act (Chomsky, 1992). This is a 'third dimension of power'. This requires that power be perceived not as an objective entity owned by the powerful, but rather as being embedded between the intersubjective relationships of managers. In this conceptualization, power is understood as a socially constructed meaning that develops through interaction. Power therefore is always 'on loan' to those who are permitted access to it.

This social relationship view of power is contrary to the classic conceptions of its character as proposed by Dahl (1961). In his research, Dahl plotted assumed causal relations between decisions made in public sector agencies, determined by an analysis of the winners and losers in decision-making contests. As such, the winners were credited with having power and the losers without. This view of power has become known as 'the one-dimensional view' (Lukes, 1974) and places the analytical emphasis on observable behaviour. Alvesson (2002: 121) argues that:

> Power does not only produce visible effects, but it is also vital to an understanding of inaction: why grievances do not exist, why demands are not made, why conflict does not arise and why certain managers appear as authorities whom people voluntarily obey.

Power is legitimized through cultural and normative assumptions about the nature of reality. In this context, power is exercised through the management of subjectivities and this involves the 'management of meaning'. Power is grounded in the idea that it may be employed to manipulate managers into a regime of political inactivity or activity. The role of power may be to either prevent conflict from arising in the first place, thus maintaining the established cultural norms through the medium of meaning management, or to disrupt meaning systems with a view to changing cultural norms. Thus managers can, if they are suitably motivated, use cultural norms as a form of control to maintain the established order or as symbolic materials to generate reflective dialogue with the aim of changing the nature of traditional cultural themes:

First dimension: Managers use various resources to decide the outcome of decision-making processes.

Second dimension: Power is exercised by controlling access to decision-making processes.

Third dimension: Power is legitimized through cultural and normative assumptions. Therefore, power is exercised by managing the meanings that shape socially constructed realities. Power is embedded in the very fabric of the system. It constrains or enables how we see, what we see, and how we think, in ways that limit our capacity for resistance.

Changing culture is a power struggle

Power, when considered within a cultural dynamic perspective, is most potent when managers are involved in 'cultural becoming' (Alvesson, 2002). This concept involves a battle for the development of particular ideas, employment of alternative discourses and negotiation of accepted norms between organizational managers. Deetz and Mumby (1986: 376) illustrate this by noting that:

> Generally, dominance is manifested not in significant political acts but rather in the day-to-day, taken for granted nature of organizational life. As such, the exercise of power and domination exists at a routine level, further protecting certain interests and allowing the order of organizational life to go largely unquestioned by its members.

This is the essence of the operation of cultural control as a form of domination and this is the symbolic use of power and ideology in a cultural context. Alvesson (2002) further asserts that the focus of research into power should not be on defining power or establishing its limitations but on what the notion of power sensitizes them towards. He argues that attention should be paid to issues involving both agency and knowledge ownership when considering cultural control strategies in operation. With regard to the latter, Alvesson cites Foucault (1980) who emphasizes access to knowledge as a resource being employed to facilitate the definition of a particular view of reality, which in turn acts as a constraining device in relation to both choice and behaviour of managers. So for example, managers may cite having seen evidence of the second-quarter figures to try and generate a greater push for sales by field staff in the third quarter. Field staff would not have access to the actual or gross figures and would therefore have to take on trust the need for increased effort. A classic example of how this is used to coerce and intimidate staff is provided in the 1992 Film, 'Glengarry, GlenRoss' by the character Blake, played by Alec Baldwin.

The alternative conception of power posited by Foucault (1980) rejects the idea of a 'sovereign power' that asserts the idea that the manager can both own and mobilize power as a resource, an understanding of power advanced by scholars such as Bachrach and Baratz (1970), Dahl (1961) and Polsby (1963/1980). Foucault conceives of power as being embedded in the web of relations and discourses that constitute society and argues that all managers are constrained in a web of inter-subjectivity and power relations. Within the 'cultural paradigm' (Johnson, 2000) managers have no certainty that their desired outcomes will be realized even if they have access to the activation of resources or engage in 'meaning management'. In this perspective power is not considered as a resource variable that can be employed by managers to achieve an end, a resource that is both dominated and controlled by an elite ruling group. From Foucault's perspective, power traps all managers within its sphere of control and influence, and therefore all managers are constrained to act within the boundaries of this power and relational construct.

According to Foucault, the cultural effects of interconnected knowledge constitute the identity of a manager in relation to other identities and power themes already in existence. Knowledge of any kind, argues Foucault, is culturally produced. Knowledge is established as being the 'right kind of knowledge' through historically embedded relationships that have been culturally produced and into which the manager is born. Critical to Foucault's conceptualization of power is the idea that identities are also culturally produced. Hence power can be understood as arguably one of the central dynamics in cultural production and therefore the social construction of reality. This is the key to understanding narrative and identity as cultural control processes. The essence of Foucault's theoretical model is that prevailing discourses suspended in power relations constitute reality.

Power is a subjective entity that is linked strategically for its mobilization to the concept of legitimacy dependent on identity constructions (Hardy, 1985). In the absence of legitimacy, the ability to mobilize power disintegrates because it is fundamentally a relationship construct. Therefore, cultural change leaders need to be seen by change subjects as legitimate leaders.

Conclusion

Power is conceptually complicated and yet fundamental to developing a theory of cultural change. Cultural themes can constrain or enable the expressive capacity of managers to self-author and expresses their own identity narratives. Cultural themes have to be considered as instruments of power in that they can constrain/enable the expressive agency of managers to construct and enact different reality perspectives:

- Power is embedded in relationships.
- Power is defined as being active through the inter-subjectivity of managers mediated through relationships.
- Power is a symbolic construct that is embedded in the socially constructed meaning of cultural groups.

The power of the dominant group can influence the cultural construction and performance of attitudes, behaviours and discourses in organizations. Managers may be aware of the alternative cultural possibilities but feel disempowered as a result of the constraining effect of corporate culture (Alvesson, 2002). Cultural control may be achieved through the symbolic use of power by privileging particular expressive events.

Expressive hegemony as a form of power has the potential of 'freezing' a particular perspective on social reality. It does this by excluding alternative discourses that create the very possibility of cultural change by opening up for discussion a review of existing ideologies, practices, social/political/strategic and/or technological orientations. Appreciating the role of power in shaping cultural realities is crucial to understanding the cultural creation and development of modern society. It is therefore crucial in understanding the dynamics of cultural management, which is primarily concerned with controlling the agency of employees, their identity choices, the concepts in use and the forms of everyday talk and thus the shaping organizational reality perspectives.

There will always be opposing forces in organizations that may influence the outcome of cultural struggles. This perspective illustrates the pluralistic nature of organizations, which renders problematic the perspective of an integrated culture that is based on a harmonious consensus of meaning. The concept of organizations as sites of power struggles over meaning definitions introduces a new paradigm with which to consider organizations. The biased integrationist and functionalist approach to cultural change that is popular in the literature and consultancy and managerial practice, fails to acknowledge how managerial practices reproduce and protect relations of power in organizations and render functionalist change studies as politically naïve.

Corporate culturism may not have articulated its agenda as hegemony but the techniques, applications and guiding theory of cultural management are concerned with managing the definition of reality on the part of the workforce. Corporate culturism was and remains fundamentally concerned with the socio-ideological control of the interpretative and expressive capacity of the organizational self. How managers process their inter-subjective sense-making activities through power relations is central to understanding the dynamics of organizations and how best to approach cultural change interventions.

Leadership as a cultural variable
Not all management can

06

Introduction

This chapter discusses the contrasting identities and functions of managers and leaders and relates their functions to cultural change work. It is important for cultural change managers to be able to make a distinction between management and leadership. These are two very different processes and identities. We argue that management is primarily concerned with cultural reproduction while leadership is primarily concerned with cultural change. There are traits that both identities share at times, which makes differentiating one from the other complicated. In many organizations, management dominates over leadership and it is not unusual for managers to assume leadership capacities while generally applying managerial practices. This is a problem for cultural change leaders. They have to be able to distinguish between these two contrasting identities and social processes and to know how and when management should dominate a cultural change effort and when leadership should. This means that the cultural change manager has to artistically blend management and leadership together to ensure that at no time is the organization either over-managed or under-led. The cultural change manager has to exploit management and leadership creatively.

In this chapter we build a model of leadership and a model of management. We explore these two identities as social constructions resulting from the flow of identity work that organizations enable during cultural change episodes. We have crafted a model that charts the birth, development, maturing and demise of leaders and followers that will help the cultural change manager understand emergent leadership/follower dynamics in situation. Using Wilmott's (1993) concept of 'the logic of the market' as a force for change we demonstrate how the leader/follower lifecycle may be triggered. We conclude with a table that compares and contrasts the key traits that one would associate with leaders and with managers.

It all started with Peter Drucker

> In a competitive economy, above all, the quality and performance of the managers determine the success of a business: indeed they determine its survival. For the quality and performance of its managers is the only effective advantage an enterprise in a competitive economy can have. (Drucker, 1955: 2)

If Peter Drucker were to write the above statement today, he would be likely to include the identity of the 'leader' as a force for cultural change in organizations. This is because leaders can transform cultures – actively and purposefully reproduce, shape and change them – while managers mainly function to maintain or reproduce cultures (Alvesson, 2002; Gill, 2009; Northouse, 2007). Senior managers are required to understand the role of leadership with regards to cultural change and be able to work competently with the associated dynamic processes. They also need to be able to differentiate between leadership and management and have the ability to shift forms based on situational dynamics.

For example, Sir Alex Ferguson of Manchester United was regarded as the outstanding football manager of his generation, but who was also regarded as an exemplary leader. By examining his organizational context we can appreciate this dual identity. His management skills were reflected in his planning and administration of the club and his leadership manifested both in the closed environment of the dressing room and on the public stage. The ability to know when to illuminate and preserve the cultural traditions of Manchester United demonstrated a core competence but also, perhaps paradoxically, the culture of the club had to develop; it had to change and sometimes to change radically. This view has been advanced by Schein (2004: 11) who states that:

> The only thing of real importance that leaders do is to create and manage culture; that the unique talent of leaders is their ability to understand and work with culture; and that it is an ultimate act of leadership to destroy culture when it is viewed as dysfunctional.

By contrasting management with leadership, cultural change managers may be able to make a distinction between the social processes that produce leadership effects and the resulting identity positions. Both management and leadership as active social processes and as dynamic identities are critically important to the change process.

Identity work again

To be a manager or a leader involves identity work (Beech and MacIntosh, 2012). The identities are acquired on very different terms. The identity of the manager is prescribed by the employer and carries with it corporate authority to manage the affairs of the organization through the exercise of legitimate authority to command the attention of staff (Alvesson, 2002; Burke, 2011). In sharp contrast to that of the manager, the identity of the leader is gifted to a person by followers who enter into a psychological contract with each other based on mutually rewarding expectations (Kotter, 1990; Schein, 2004). The identity of the manager within the context of the organization is relatively fixed and only removed from the person if he or she leaves the organization, changes job or is forced through conduct/disciplinary issues to relinquish the identity. Leaders in contrast only maintain their identity for the duration that they have followers (Alvesson, 2002). This time span can be discontinuous and punctured by periods were no leadership takes place. This is because leadership is a social process that is contingent on the needs of followers and the capacity of the individual to realize his or her leadership potential (Adair, 1989; Cross, 1998; Gill, 2009).

There is another fundamental difference between the identity and the social processes associated with leadership and management. Managers can expect their direct reports to obey orders. This must not be misunderstood as constituting leadership. If a manager does not attempt any form of second-order change; or demand above-average standards of performance from staff (Smircich and Morgan, 1982), the traditional management role is all that will be tested. If the manager has to explore with his or her staff transformational strategies of the second order that involve changing culture at work, or request higher standards of performance that require extraordinary effort on the part of staff, this is not management, this is an attempt at enacting a leadership identity (Burns, 1978; Schein, 2004).

Most employees will accept an individual as a legitimate manager if he or she is appointed through normative processes. Managers who operate within cultural convention can draw on official authority to expect conformity on the part of staff. However, leadership is far more intimate because followers determine their leaders; leaders do not determine their followers. It is a flawed assumption that all managers in organizations are also leaders because their job description says so. There may be expectations on the part of the employer that managers will also fulfil the role of leaders (Kotter, 1990) but it should not be assumed to be a straightforward goal to achieve. Burke (2011: 255) states that:

> Leadership is about influence, not command and control… Leadership requires followers. A person may think that he or she is a leader, but if there is no one to follow, it does not matter what the person's self-concept may be: without a follower, a person is not a leader. Thus leadership is about influence, but that influence is a reciprocal process. Leadership occurs when a potential follower exists and wants direction.

Managers and leaders are two very different social identities that rely on very different emergent dynamics for their legitimacy and effectiveness in influencing others.

Definitions abound

There are many published definitions of management and leadership; Rost (1991) for example provides 58 pages of definitions of leadership. Many definitions contain characteristics that are common to both management and leadership, for example communicating, problem solving, motivating, team building and planning. Yukl (1989: 93) defines leadership as the ability:

> to include influencing task objectives and strategies, influencing commitment and compliance in task behaviour to achieve these objectives, influencing group maintenance and identification, and influencing the culture of an organization.

The main attribute in this definition that differentiates leadership from management, and leaders from managers, is the ability to influence the culture of an organization in ways that promote cultural change. This process involves guiding followers through a dialogical process that reflects on assumptions, values and cultural themes in use in relation to their ongoing utility. Managers do not do this, leaders do. This process can be described as 'meaning making' and leaders can therefore be defined as 'meaning makers'. Our definition of management and of leadership is as follows.

> *Management* involves the coordination, monitoring and controlling of resources through human resource structures, operating plans and budgets to manage the successful delivery of organizational objectives.
>
> *Leadership* involves the creation of followers through the establishment of dialogical relations that produce meaning systems as the basis of collective action towards cultural change work.

An example of management using our definition would be the introduction of a new payroll system in back office services that involved the substitution of a paper system with that of an electronic shared service. In contrast, an example of leadership using our definition would involve creating dialogue with people concerning the current and ongoing credibility of a shared assumption or value (leadership development does not matter or it does matter considerably) and building up a critical mass of followers behind the new assumption and corresponding value (we value leadership development programmes). Using the leadership example the next stage would be building the action orientation that reflects empirical engagement with both the new assumption and its object of value. It is at this point that management and leadership have to learn to 'dance' together. Managers have to use their skills to ensure that the new assumption and associated values are reframed every day through their skills at cultural production (Alvesson and Sveningsson, 2008).

The leadership paradox

Staff will shift their identities to that of followers in relation to those managers who they interpret as possessing leadership qualities that they perceive to be of value to them. This means that the emergence of a leadership identity is contingent on organizational context and the dynamics driving any emerging situation (Bass, 1985). Kotter (1990) argues that organizations must have a healthy equilibrium in place that privileges the development of both management and leadership competences. He presents a detailed comparative account of the characteristics of leadership and management and claims that if organizations are over-managed and under-led this will suffocate organizational learning and the potential for substantive cultural change.

In a high percentage of research cases, Kotter (1990) discovered that this was a dominant dynamic. Thus cultural change is very difficult because in the first instance an organization has to have the capacity for encouraging transformational leadership which both as an identity and as a process stands in opposition to the traditional cultural norms associated with bureaucratic management (Burns, 1978). In short, executives may have to start the cultural change process by building into their organizations the capacity for a network of leadership. This is a tricky concept for managers to appreciate as they earn their living from the assumption that they are competent leaders. Thus to change culture, regardless of the change target (eg market focus instead of a production focus) one must establish a view of the degree of cultural change required in the leadership and management equilibrium throughout an organization.

What they do

Managers maintain order and observe cultural traditions so that they may render variables predictable and manageable. Leaders in contrast seek to disrupt and change cultural norms that are the product of tradition when they interpret these as liabilities to the ongoing prosperity of the organization at large. Schein (2004: 11) distinguishes between management and leadership with some clarity when he states that:

> If one wishes to distinguish leadership from management or administration, one can argue that leadership creates and changes cultures, while management and administration act within cultures. Culture is the result of a complex learning process that is only partially influenced by leadership behaviour. But if the group's survival is threatened because elements of its culture have become maladapted, it is ultimately the function of leadership at all levels of the organization to recognize and do something about this situation.

Leadership and management, operating in tandem, are both unquestionably critical to successful cultural change work (Kotter, 2002). However, although cultural reproduction and maintenance can be realized with management resources alone, cultural change requires managers to be able to trigger the leadership/follower lifecycle, which involves the creation of leaders and followers in a creative tension that generates a mutually reinforcing relationship. Thus the identity of the leader is an outcome of what we could usefully call 'leadership becoming', which is a process of social construction between staff and managers that involves a metamorphosis into dynamic relations of followers and leaders. This process can be considered as the 'leadership/follower lifecycle' that involves four stages:

1. *Birth:* involves the process of becoming a leader or a follower that is mediated through contingent needs on the part of followers that may be framed and made active through meaning management on the part of potential leaders.
2. *Identity actualization:* involves the active performance of leader or follower through the production and actualization of follower/leadership processes that ratify both sets of identities.
3. *Leadership/follower enactment:* involves the exchange of authority and compliance that transcends normative management/staff obligations and expectations.
4. *Demise:* the fading of the follower identity and the dilution of the leader's authority to lead that inevitably results in the fragmentation and demise of the leadership dynamic.

Argyris (1970) is also emphatic that any cultural change intervention always starts with the senior team who must be motivated to try to change the culture at work and have both the leadership and management capacity to do so.

Managers control a set of variables to achieve a certain end. In the traditional concept of management, the main variables being managed are budgets, which are primarily constituted by the organization of economic resources. The role of management in this context would be to ensure that the human dimension of resource input and output complies with predetermined standards of productivity and work content. Management also ensures that employees express themselves in a way that is compatible with the operating standards of the organization (Peters and Waterman, 1982). One could advance the proposition that managers in the traditional conceptualization of their role are fundamentally engaged with maintaining and policing the established cultural norms of the organization (Alvesson, 2002; Kotter, 1990). It is not too much of a conceptual leap to appreciate that this interpretation of management is the antithesis to attempts at changing culture and a related point is that cultural 'change management' and 'cultural management' are two very different practices. The former aims to change the culture of the organization while the latter aims to maintain and insulate the established culture from change (Alvesson and Sveningsson, 2008). Therefore, all managers by definition of their job titles and by what they actually do are cultural managers of either the first or second order. However, they manage an established culture relatively unreflectively. Managing cultural change involves serious identity work and a significant learning curve.

In the main, managers are agents of control. They are fundamentally organizational police. They monitor what goes on within the organization and are supported by a myriad of control mechanisms such as budgets, personnel procedures, standards of performance, manuals and a hierarchical management structure. This a system that is superbly efficient at maintaining, protecting and reproducing the established themes that constitute the overarching culture and link the sub-cultures of the organization together. Therefore, management of the first order can be considered as the antithesis of cultural change. Managers are not programmed to change culture; rather they are inculcated to protect and defend the established cultural norms of the business. To engage in cultural change management is a very different activity from engaging in managing and controlling established cultural norms. To change established norms one must address established power relations and meaning and value systems within existing management teams. This is a leadership process. The main distinction between managers and leaders is that managers operate within culture and maintain cultural norms while leaders also work within cultures but can influence the modification and in some cases the transformation of culture in organizations (Alvesson and Sveningsson, 2008; Schein 1985/2004).

Who serves whom?

The theme the discussion has been following thus far is that a major source of contrast between leaders and managers is located within the nature of the relationship that exists between both groups and their main constituents. Managers have staff, they have direct reports, while leaders have followers. Managers expect staff to serve their interests. They view staff as human resources to be deployed in the pursuit of the objectives of the organization. The management/staff relationship is based on the principles of 'management by objective' (Drucker, 1955). The flow of power shifts from the manager to the staff member resulting in a social dynamic where the staff member submits to the legitimate authority of the manager. Such submission is implicit in the employment contract and is further embedded within the control mechanisms that characterize the hierarchical structure of the organization. For managers, staff are there to 'serve' their specific interests that are legitimized by organizational norms.

Our conceptualization of leadership reverses the dynamic. Leaders theoretically exist to serve their constituents. If we accept the proposition that to be a leader one requires followers and that followers appoint and dispose of leaders, then the choice of leader will be contingent on the needs of followers, which will vary (Alvesson, 2002). Leaders are required to 'serve' their followers and they are granted authority to lead on the basis that they actively apply their leadership authority, rights and privileges in the interests of their followers (Gramsci, 1971). Servant leadership concepts advocate the principle that some individuals have a desire to serve the agenda of followers (Gill, 2009; Greenleaf, 1977). Ken Melrose, the CEO of the Toro Company quoted in Gill (2009: 40) states that: 'I came to understand that you best lead by serving the needs of your people. You don't do their jobs for them; you enable them to learn and progress on the job.' The notion of servant leadership is not unproblematic when we consider that in most cases cultural change will be driven by senior management and will be motivated by exclusive management interests. This means that if the organization has a view that the culture has to change to support its goals, the role of the manager is to morph into that of a leader by constructing a view of organizational reality that motivates needs in staff that they consider can be met by their managers. If this process occurs then managers can, for a limited time, legitimately consider themselves as leaders.

The comparative model we are building of leadership and management is one that depicts managers and leaders as discrete social identities that emerge from two different organizational trajectories. Management is assigned to the person by the nature of his or her employment contract, while leadership is assigned to the person through the social process involving mutual sense-making between potential followers and potential leaders (Alvesson, 2002). This means that throughout a period of time the world of work as experienced by employees shifts, between one in which orders are followed and new realities that are socially constructed as the basis for mutual action. These are mediated through dialogical exchange between leaders and followers. The same people shift their identities and relationships depending on the conditions presented in the moment. This means that 'form shifting' is required by both parties and this leads to the existence of 'two work worlds' that co-exist in some kind of tension; ideally a creative tension. These two work worlds can be considered as, 1) the world of day-to-day organizational work of the first order that is punctuated for periods of time; and 2) the turbulent and potentially psychologically disruptive world of second-order change.

The men and women employed as managers have to be able to switch identifies and draw on internal social and intellectual resources to shift form, which involves changing the management/staff relationship to that of leader/follower dynamics. This is a very challenging idea to grasp and one that in reality demands considerable social and intellectual flexibility on the part of both parties. It is also potentially very confusing for those involved.

Exactly how do managers shift from traditional management roles to the model of leadership we are advocating? The answer is: with some difficulty, as they cannot expect staff to morph into followers if they are already deeply rooted in the conventional power dynamic that is forged from staff/management relations. Also, managers cannot realistically shape shift at will from orthodox management types to servant leaders. The organization, and by that we mean the senior team, has to appreciate this fact. Senior management teams must have a conceptual framework through which they can appreciate the type of culture they need that has the built-in capacity for form shifting between management and leadership, followers and staff identities and processes. The senior management team can shock the system into triggering the leadership/follower lifecycle even if the underlying system is hegemonic, ie it has been traditionally under-led and over-managed (Kotter, 1990). This requires either new blood in the senior team or a senior team that comes to a dramatic realization that the organization must change aspects of its culture or it will progressively decline and die (Alvesson and Sveningsson, 2008; Bate, 1994; Levy and Merry, 1986; Merry and Brown, 1987).

The logic of the market

The main shock and awe tactic that organizations can use to trigger the leadership/follower lifecycle is to invoke 'the logic of the market' (Willmott, 1993), which is a series of linked change mantras intent on mobilizing support for cultural change throughout the organization. The logic of the market suggests that unless the organization changes to adapt to market conditions there is a real and present danger to the sales position of the organization and thus maintaining jobs and remunerations becomes increasingly problematic. Robbins and Finley (1996) refer to this as a 'push and pull' strategy. The change mantras are short statements that are mutually reinforcing such as: 'We must work smarter to compete' or, 'We need to compete to survive', or 'To remain competitive we must continuously improve'. The strategy of employing the logic of the market as a change technology will be discussed in more depth in Part 2 of this book; the point being made here is that management requires a strategy to help them construct with staff a version of social reality that triggers the leadership/follower lifecycle. The logic of the market supported by skilful and effective communications mediated through internal management resources is one way to do this.

The logic of the market must be supported by a grand spectacle that provides the evidence that change is required. The spectacle can be new entrants to the market, new products being launched by competitors, changing environmental, social, technological or political dynamics, all of which may threaten the immediate or mid-term survival of the business. Senior managers have to skilfully present the case for cultural change around a change spectacle supported with the change mantras. If they do this successfully, the staff may elect to shift their identities to followers if they feel it is in their interests to do so and if they also feel the managers offering leadership can meet their survival needs. This strategy works but it does not create long-lasting sustainable cultural change. The preferred strategy would always be to cultivate a Blake and Mouton type 9.9 culture (see Chapter 2) that has the capacity for organizational learning wired into its meaning and value system.

Conclusion

This chapter has set out to advance the premise that management and leadership differ terms of identity and process. The main differences are shown in Table 6.1.

Our objective is to advance the idea that management ensures the administration and everyday reframing of cultural change work and leadership ensures dialogical exchanges occur that trigger the leadership/follower lifecycle. Too much leadership or too much management will damage an organization. What is required is a healthy equilibrium between the two that results in the 9.9 model as a model of organization worthy of aspiration.

While senior managers may be expected to perform leadership roles, until they have followers leaders are always individuals who may have the potential for leadership but that potential is contingent on a range of different dynamics. It is also critical to distinguish between management and leadership and to understand the role each identity plays in both cultural reproduction and change. Executive management have to honestly appraise the capacity for generating a network of transformational leadership throughout the organization. This will probably lead to the conclusion that organizational development work targeting leadership competencies within the broader management team will be required in advance of launching an organization-wide cultural change initiative.

During stable periods, characterized by strong market positions, management, which is administratively inclined, may suffice (Kotter, 1990). However, in turbulent times characterized by increasingly competitive market conditions, the following strong leadership capabilities may be necessary:

- setting a new vision;
- aligning the hopes and aspirations of staff groups behind such a vision;
- building coalitions in support of the strategy to enact the vision; and
- encouraging staff groups to carry on with first-order work activities (normal work activities) while absorbing second-order ones such as those associated with cultural change.

TABLE 6.1 Differentiating management from leadership

Variable	Management	Leadership
Problems	Solve problems	Create problems to be solved
Time	Short term	Mid to long term
Relationships	Transactional	Transformational
Objectives	Hard and immediate	Conceptual and future-oriented
Change	First-order orientation	Second-order orientation
Identity	With the task	With the person
Authority	From hierarchical position	Gifted from the follower
Culture	Protect and reproduce	Work with to transform
Vision	Not required	Vision builder
Communications	Instrumental	Dialogical
Main activity	Controlling and monitoring	Meaning-making
Constituents	Senior managers	Followers
Service orientation	Senior managers	Followers
Enquiry	Provides answers	Asks questions

In dynamic organizations we need a balance between strong leadership and strong management (Kotter, 1990). How does an organization achieve such a state of equilibrium? This is in itself a cultural change problem, and a strategic problem of significant scale and complexity.

We are arguing for a view of leadership as a socially constructed process that is wholly contingent on cultural context and leader/followers needs. We reject the idea that leaders are born with innate qualities that others do not have. We embrace the theory of leadership advanced by Smircich and Morgan (1982) that leadership is a process of meaning construction through which followers agree to be influenced by others (their leaders) in the framing of their social reality as a viable basis for action. Leadership for us is concerned with the management of meaning, the framing of a version of social reality for public consumption and the elicitation of social strategies to manage the problems implicit or explicit in the frames of reference. Thus anyone who emerges as the meaning maker for a group and subsequently guides their strategy-building processes is, post facto, a leader within that particular social and cultural context. The next chapter will develop our model of leaders as meaning makers.

Leadership and the management of meaning

07

Introduction

This chapter is concerned with understanding in more detail what is involved in the leadership process that generates cultural change in organizations. The practical implication is that developing an understanding of the phenomenon of leadership, as a form of reality construction, can inform leadership development. This chapter also advances notions of leadership in relation to issues of power and organizational struggle (Alvesson, 2002). Conflict is to be understood not as an aberration but as a creative resource that can be used by leaders to advance cultural change work. Through the management of meaning and conflicting perspectives, we argue that leaders build new social and cultural orders. This approach is often played down in the popular change management literature where a purist view is assumed. We reject this and advance the idea of organizations as sites of hegemonic struggle where the battle is over contested meanings that benefit one faction over another. Leaders are central to this struggle, which intensifies during cultural change episodes. We consider these themes to be central to the cultural change process and the leadership of that process. We specifically focus on leadership that involves the construction of meaning systems through dialogical exchanges with followers (Alvesson and Svenigsson, 2008; Grint, 2005; Smircich and Morgan, 1982). The transformational function of building commitment as a key strategic resource that can drive cultural change work is also considered. We close with a model of transformational leadership that is beneficial to the change manager.

It's all in the interpretation

For Schein (2004), leadership is the capacity to mobilize reflective thinking towards cultural themes and when to change such themes. Thus leadership involves changing aspects of the meaning system and resulting cultural themes of organizational members (Opler, 1945). Smircich and Morgan (1982: 258) argue that 'Leadership is realized in the process whereby one or more individuals succeeds in attempting to frame and define the reality of others.' They see leadership as a process fundamentally concerned with the management of meaning when they state that leaders emerge:

> because of their role in framing experience in a way that provides a viable basis for action, eg, by mobilizing meaning, articulating and defining what has previously remained implicit or unsaid, by inventing images and meanings that provide a focus for new attention, and consolidating or confronting, or changing prevailing wisdom.

Leaders, through meaning management processes, establish the support required for a course of action in relation to the defined situation. For changes to take place in cultural norms the core assumptions that drive cultural expressions must also change (Schein, 2004). For assumptions to change there has to be a shift in the structure and common interpretation of cultural themes. This shift has to be shared by enough people within a cultural domain to constitute a change in aspects of a local culture (Alvesson and Sveningsson, 2008). This is a leadership process. For example, Smircich and Morgan (1982: 257) claim that, 'in leading, managers enact a particular form of social reality with far reaching, but often poorly understood and appreciated, consequences'. Thus leadership is concerned with influencing the subjectivities of individuals and the inter-subjectivities of groups. This process is not one of the leader performing a monologue that is inculcated by followers in an unproblematic way; it is based on dialogical relations between followers and leaders (Dixon, 1998). While Smircich and Morgan assert that followers implicitly or explicitly surrender their power to define social reality, this is based on a delicate process of symbolic negotiation. This ability is bestowed on the leader by the followers and so if it is removed from the leader it will result in no followers and subsequently no leadership authority. It is not uncommon for emerging leaders to encounter different factions in their management teams who may be building reality constructions and meaning systems that are in opposition to their intended interpretative schemes. If the emerging leader cannot harmonize meaning systems through dialogical methods, then he or she cannot lead effective cultural change.

Managers, in contrast, are engaged in meaning preservation of established cultural archetypes that are used by to make sense of and maintain order within their social and cultural domains. Managers who engage in the strategy of 'management by objectives' engage in 'meaning management recovery' as they aim to define the nature of a problem in ways that support traditional perspectives. They draw on historical sense-making models that offer a stock of symbolic frameworks that are understood as legitimate and proven to help them define a problem as a management objective. Staff respond to these symbolic reference points and follow the guidance or instruction of the manager. This is a form of leadership that Smircich and Morgan refer to as 'institutionalized leadership'. They state that 'Authority relationships legitimize the pattern of dependency relations that characterize the process of leadership, specifying who is to define social reality, and in what circumstances' (1982: 259).

Grint (2005) also recognizes the idea of institutionalized leadership when manager's use historical symbolic references to define a problem as a 'critical problem' that demands management authority to lead. He draws attention to a different kind of leadership that is required to solve what he calls a 'wicked problem', unique to the organization with no pre-ordained solution that management can relate to. Cultural change is an example of a wicked problem and only through leadership that engages in sense making with followers based on dialogical exchange can these problems be solved. This kind of leadership draws on power from below, it draws on the approval and authority of followers. In contrast, institutionalized leadership relies on hierarchical authority and formal position. For us institutionalized leadership is not really leadership at all. It is best understood as a form of 'pseudo leadership' that disguises traditional management as a process of authority and problem solving. The kind of leadership required to change organizational culture is of a strategic and authentic kind. Smircich and Morgan (1982: 260) explain that strategic leadership provides 'a conception and direction for organizational process that goes above and beyond what is embedded in the fabric of organization as a structure, ie a reified and somewhat static pattern of meaning'. This means that leadership involves building new meaning systems. It involves reviewing existing meaning systems and changing or transforming them. It requires building meaning systems through dialogical processes as a platform for ongoing action to achieve cultural change. This involves changing the patterns of meaning that inform established assumptions, values and cultural themes that contain or enable culture expression in an organization. Thus leadership requires followers. People may think they are leaders but without followers they are simply deluding themselves. It is within the seeds of potential leadership that the promise of what the organization may become lies.

Leadership is a creative and an imaginative process (Hatch *et al*, 2005) but also one that cannot avoid issues of confrontation. Leaders employ established interpretative frameworks to mobilize leadership processes, but they also 'paint' new symbolic pictures for the attention of followers. In this way they artistically work with symbols to invoke images and meanings that followers interpret in ways congruent with the desires of their leaders. Smircich and Morgan (1982: 62) emphasize this point when they state that 'the use of language, ritual, drama, stories, myths and symbolic construction of all kinds may play an important role'. The role they are referring to is the leadership role. The leadership skill is how they use these symbolic resources to dramatize their ideas for consumption. Internal marketing can support the mobilization of meaning in visually powerful ways.

Leaders manage conflict

Raising issues that are culturally incompatible with established norms creates the potential for conflict. However, it must be understood that conflict is an *essential* element of cultural transformation processes. This principle was also understood by Gramsci (1971); his interpretation of hegemony as a theory for social change involved leaders working with meaning systems and challenging cultural convention to achieve a state of social emancipation for the oppressed in society. Schein (2004: 114) also states that:

> if several members of a group are using different category systems, not only will they not agree on what to do, they will not even agree on their definition of what is real, what is fact, when something is true or false, what is important, what needs attention, and so on.

This illustrates the true complexity of meaning management and leadership. The harmonization of meaning, the sharing of meaning systems and the deconstruction and building processes involved are fraught with difficulty and highly susceptible to fallout as well as implicit and explicit conflict. Therefore, the management of meaning in a leadership context is a fragile affair that requires courage and stamina on the part of the leader. This is not a role for the faint-hearted.

The key issue for leaders is how to manage the conflicting views of key stakeholders and how to achieve harmonization of meaning as a viable basis for action. This process in itself may be one of cultural transformation if the established culture is conflict averse. If executive leaders cannot challenge cultural convention this is a failure which will result in the collapse of any cultural change intervention. Changing organizational culture in a planned way is fundamentally concerned with motivation at the level of the group and of the individual. This involves participants in cultural change cooperating of their own free will through dialogical processes with leaders to change the symbolic interpretations that they have either inherited or co-authored during their time in the organization (Argyris, 1990; Bohm, 1985; Gramsci, 1971; Johnson and Johnson, 1989).

In *Dialogue at Work* (1998) Dixon points out that when leaders try to engage in cooperative dialogue, controversy is an inevitable outcome. To manage this dilemma Dixon advocates the view that the group must be able to handle the process in a constructive way that uses controversy as a positive tool for searching for new information, fresh perspectives and other kinds of evidence that helps the group reorganize their understanding of cultural issues. This involves reviewing the validity of group assumptions and related values that drive or constrain individual, group and thus organizational expression. It is this process that leadership is concerned with and it is this process that we call 'meaning making'. Dixon (1998: 46) explains that controversy exists 'when one person's ideas, information, conclusions, theories, and opinions are incompatible with those of another'. This is not a problem that should be avoided. It is an act of leadership if this controversy is used in a productive way for group members to seek to reach agreement. It is this process that leadership works through. Avoiding controversy by avoiding individual or group disagreements is destructive as it drives the discontent and anger and frustration underground.

It's not that straightforward

If we follow the line of thought outlined above we conclude that leaders will have to engage with dissenters, subversives and change agnostics (Elsbach, 1999). Competing organizational sections, or individual actors, may define situations through different interpretive lenses, establishing abrasive cultural definitions and domains that become a source of tension in the group dynamic (Alvesson and Svenigsson, 2008; Brown, 1995; Dixon, 1998). In support of this view Smircich and Morgan (1982: 258) state: 'If a group situation embodies competing definitions of reality, strongly held, no clear patterns of leadership evolve.'

If the emerging leader cannot use competing cultural definitions productively he or she may drive forward many of the negative and constructive politics within organizations (Buchanan and McCalman, 1989; Paton and McCalman, 2008). It is therefore important that leaders gauge the degree of support they will have for any situational definition they put forth. Alvesson (2002: 120) claims that 'Power relations thus matter for the shaping of culture', and that 'A view of reality is then to a significant degree the result of negotiations between actors involved in asymmetrical power relationships.'

Thus leadership is the process through which such negotiations between people that may hold very different agendas occurs. This is not a soft process and we would suggest that much of the literature on cultural change which advocates the harmonization of meaning as a rather straightforward leadership act is simplistic. It is important to bear in mind that while followers surrender their subjective choices to shape and define cultural realities to their leaders there are sometimes competing definitions of reality being manufactured and advocated by others that create leadership problems. This is the stark reality of cultural change.

The following extract helps to illuminate the dilemma that leaders could face in their organizations when they try to trigger the leadership/follower lifecycle and engage in meaning production. According to Bell (2007):

> Being a dean in an arts faculty is very tough. Because colleagues have been trained to be hyper-critical.... very clever people may turn their minds to

> negative ends. ...an unwillingness to exercise moral imagination, the ability to empathize, to build peace... with those who do their best to lead.

The characters may be playing out their roles in a university setting but this could be any work setting. The leadership dilemma facing the dean is that he (sic) must engage in dialogue with his team as the idea of relying on managerial authority to define social reality is redundant in his context. Staff who report to the dean exist in a culture that appears to privilege individualism and intellectual expression. This is a culture that is concerned with 'finding one's authentic voice' (Dixon, 1998). Therefore, if the dean thinks that aspects of the culture must change he has no choice but to engage in dialogue with his team, to at least try to be a leader as command and control methods will most probably drive resistance even deeper. Of course, another option that is open to the dean is to avoid the need for cultural change and act as a mere figurehead of the institution. This is an act of conflict avoidance not of leadership. The dean has to try, if he is to live up to the contractual and peer expectations that he will provide leadership to gain the cooperation and commitment from the team, to at least enter into dialogue concerning the established cultural norms.

Leaders build commitment

Argyris (1971) presents a model of cultural intervention orientated around the fundamental principle of 'building internal commitment for cultural change'. He makes the significant point that unless the leadership within an organization has the desire and the capacity for building internal commitment, any efforts to attempt cultural change are probably fundamentally flawed. Senior leaders need to be open to acknowledging the scale of cultural change; open to its challenges; its longitudinal nature; and most of all be prepared to sustain the stamina required for the cultural change process. They need to be willing to upset the cultural apple cart. Leaders must understand the dynamics of local culture in use and in an intelligent way work with cultural change theory to try to change the established cultural norms. Therefore, leaders need to be able to become competent at cultural analysis. This involves being open to the theories and practices of cultural change work; a critical criterion for effective leadership is having an open and enquiring mind. Leadership and culture to a degree are two sides of the same coin. Established leadership styles are often local cultural productions and as such future leaders are often appointed on their ability to reflect cultural norms. This is a problem for cultural change work. We call this phenomenon 'pseudo leaders' – managers who are assumed to be local leaders and who may in fact be bureaucratic managers who are involved in smooth cultural reproduction which maintains the status quo. It follows that there are 'pseudo followers' who are people who pretend to be involved in a leadership follower relationship to maintain the cultural status quo and thus preserve or advance their own interests. Pseudo followers accept a senior manager in a leadership role who does not have the motivation and thus the ability to lead anyone. In this situation there would be no real possibility of building commitment for cultural change unless it emerged from below and a senior manager was tasked or invited by others to shift form from being a pseudo leader to a genuine leader with sincere followers.

Leadership is a political process

We can conceptualize organizations as sites or localities of political struggle that are characterized by competing sections of people who are all trying to gain power by defining the situation to others and resisting attempts of other potential leaders to define the situation (Smircich and Morgan, 1982). Leadership involves being able to motivate a majority to accept the need for cultural change and then to instil the desire to maintain such changes through everyday reframing methods (Alvesson and Svenigsson, 2008). This political process has enormous implications as it may involve a redistribution of power and influence throughout the organization as different forms of cultural expression emerge (Humphreys and Brown, 2002).

Preparing for leading cultural change requires casting a critical gaze over the values, assumptions and behaviours of the management community. This review would also draw attention to cultural themes that were in the present moment being defined as an impediment to ongoing organizational success. This process could be very threatening to the existing management community. This means that cultural change is not only an organizational issue it is also a personal issue at the level of the individual manager, and therefore it is an issue of power. Again, for this issue to be managed the organization requires the committed attention of its top leader. At the heart of cultural change initiatives lie power struggles (Alvesson, 2002; Argyris, 1970; Burke, 2011).

It is a considerable risk for managers to welcome fundamental cultural shifts in thinking and practices that are in one form or another criticisms of their own cultural identity traits. Cultural change brings with it a diagnostic process that may hold up an unflattering image of management. It challenges the established manager's self-image, and the proposed new image may not be one that the established power brokers wish to encourage. This identity problem is a very tough dilemma for cultural change leaders and it demands strong leadership and an ability to mobilize popular opinions that support cultural change (Alvesson, 2002).

Building a new order

The ownership of the function of planning, designing, implementing, reviewing and therefore leading a cultural change programme is unquestionably political. It has the real potential to upset the historical dynamics of the management community that serves the needs of the business. To lead a cultural change programme requires access to the organization's top leadership and this can stimulate antagonisms rooted in jealousy. Tactics that managers may demonstrate to stem the increased influence of a cultural change leader would be to attack:

- the efficacy of the programme;
- its content;
- how it is being communicated;
- who it is involving;
- the language that is being advanced;
- the concepts being employed;
- the projects developed; or
- whatever else they can use in their agenda to undermine the efficiency of the programme.

If all of these tactics fail they can simply disengage and adopt a passive indifference to the change programme and those who are central to its ongoing development. If the cultural change leader can outmanoeuvre all of these powerful tactics and start to define the change programme as a corporate success story, subversive tactics may increase in their vigour. Smircich and Morgan (1982: 270) emphasize the political and power-infused nature of leadership as a process: 'Leadership is not simply a process of acting or behaving, or a process of manipulating rewards. It is a process of power-based reality construction and needs to be understood in these terms.'

In support of the idea that leadership involves power contests over emerging meaning frameworks, Humphreys and Brown (2002) suggest that organizations may be defined as arenas where managers struggle for control over the discursive space. Leaders are central to this struggle, which is far more intense when the meanings being discussed are of a cultural nature and serve the interests of some and not others. This is why building a dialogue with a critical mass of managers is so important to the cultural change leader, if there is to be any chance of success. In Chapter 8 we will explain how dialogue can be built between stakeholders. This dialogical building process takes time but it is worth the effort as it creates shared meanings that provide the foundations for building a new order. Ouchi (1981), comparing Japanese corporate culture with UK-US corporate culture, explains that when Japanese executives commence a decision-making process they enter into an extended period of dialogue with key stakeholders as a build-up to the decision. Ouchi remarks that US executives working with their Japanese peers find this process long-winded and frustrating; they are used to swifter executive decision making. However, the Japanese model has longer-lasting effects in terms of change sustainability. The dialogue provides the foundations that hold the actions and resulting consequences together over time. This is an important lesson for cultural change leaders to bear in mind.

A model of leadership

Cultural change efforts inevitably involve local power relationships and corporate politics. One could argue that the three key barriers to cultural change that require transformational leadership input if they are to be overcome are:

1. The historical power distribution within the management team and the associated established identities.
2. The political and personal agendas of managers and established localized cabals.
3. Culturally accepted modes of talking, behaving, conceptualizing and knowing.

All three barriers to change form a system that is perfectly designed to block any form of expression that challenges the established cultural norms of the group. The combined influence of these three powerful barriers to change can be referred to as the 'expressive hegemony' of the management community. Expressive hegemony also supports the ongoing power and advantages afforded the dominant or elite groups within the cultural domain. This is why cultural change is such a challenging exercise and also why one needs a coordinated network of transformational leaders. Bass (1985) refers to a 'transformational leadership' style, a concept pioneered by Burns (1978) that is very useful in conceptualizing leadership in relation to cultural change work.

The model advances the view that transformational leadership is essentially a very personal social process involving both leaders and followers. It stands in contrast to management by objectives, which emphasizes task outcome and the work required by others to achieve the task. Transformational leadership emphasizes the way in which leaders can ignite in followers extra commitment to achieve the goal of cultural transformation. The model starts off with the 4Is, which are a mix of social strategies designed to convert a person from a non-follower to a committed follower:

Factor 1, inspirational motivation, involves leaders communicating high expectations of performance and inspiring organizational members to aspire to achieve these high standards.

Factor 2, intellectual stimulation, involves leaders who have an intellectual curiosity, an enquiring mind and finding ways to stimulate organizational members to support cultural changes with innovative ideas and behaviours.

Factor 3, individual consideration, is very much concerned with leaders who are interested in developing a supportive atmosphere in the organization, one which is non-oppressive and encourages dialogue, freedom of expression, creativity and team working. This kind of leadership trait is centred on the ability of the individual and the group to grow and to find their experience of work satisfying and stimulating beyond immediate monetary gain.

Factor 4, idealized influence, is obtained when individuals act as strong role models for other organizational members.

In contrast with transformational leadership, Burns (1978) also developed the idea of 'transactional leadership'. This kind of leadership is based on the leader rewarding followers with things they value in return for their support and cooperation. This kind of leadership has severe limitations. It does not change the values or assumptions that people hold deep within their consciousness; it simply buys support for some activities. Transactional leadership is pseudo leadership and is of little use in relation to cultural change work. Bass and Avolio (1990a) discuss 'the additive effect of transformational leadership', which extends the performance of the organization beyond the attainment of expected outcomes. It is this level that would incorporate cultural change as well as the achievement of core business objectives.

Characteristics of a transformational leader

Transformational leaders personalize their relationships with followers. They develop a dynamic relationship which is based upon a very personal identification between the leader and the follower. This kind of leadership/follower dynamic is not based on any form of material reward expected on the part of the follower. It is a much more sophisticated social dynamic which involves the leader providing symbolic materials that meet with the higher needs of the follower. Bass and Avolio (1990a) underscore the importance of task management on the part of the transformational leader as they set the pace of change; establish strategic direction; balance the application of both hard and soft power; build a critical mass of support for their change agenda and devise culturally acceptable change strategies. The outcome of this social transformative process is the activation of the follower/leader lifecycle which drives collaborative cultural change efforts that are desired by both the followers and their chosen leader.

Building upon the ideas of Bass and Avolio we refer to this process as 'the vital mix' of social strategies that blend together to produce the transformational leader in the eyes of their followers. Figure 7.1 below provides an illustration of the vital social ingredients required to establish a transformational leadership identity with active followers.

The blend of ingredients is very much one of personal artistry on the part of the aspiring transformational leader. We do not advocate a linear application as with the 'the additive effect' advocated by Bass and Avolio, rather we think that the absence of any one of these ingredients will reduce the potential of transformational leadership manifesting. The strength of the follower/leadership dynamic is a direct result of the way in which the social ingredients are blended and this is an artistic and culturally relative process.

FIGURE 7.1 Transformational leadership: the vital mix

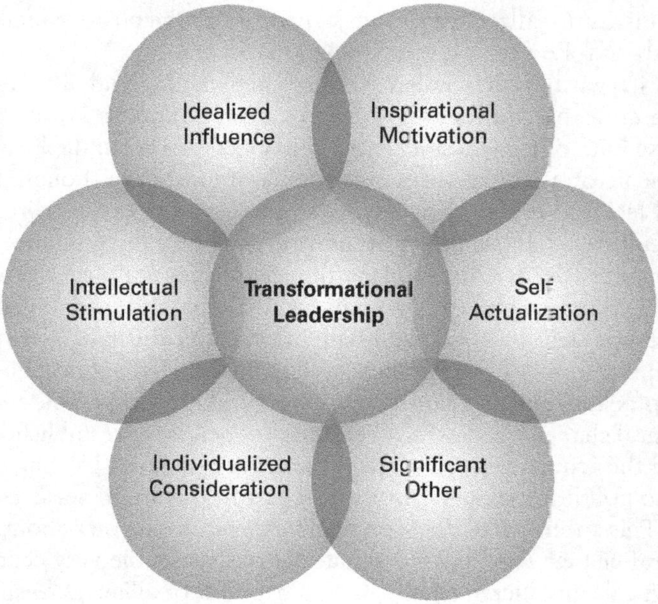

SOURCE Based on Bass and Avolio

Schein (1985/2004) claims that knowing when to change aspects of culture and being able to motivate support for such change, is what leadership is concerned with. The key issue for cultural change leaders is the degree of intervention and transformation. Transformational leadership relies on cooperation and collective belonging in relation to a wider majority for its legitimacy. It aims to disrupt the status quo to establish new cultural norms. Transformational leadership does not rely on control systems normally associated with administrative and bureaucratic management. It relies on peer approval to function as the control system.

Conclusion

Transformational leadership is a powerful force for change because it transcends official hierarchy. It is based on the personal qualities of an individual as perceived by the followers. Followers willingly agree to follow leaders regardless of potential coercion or a contractual obligation to obey. Followers elect to follow by their own agency. This process of free agency is critical to cultural change work as the target for change is the values and assumptions that people hold dear and that inform and support the expression of cultural themes throughout an organization. This kind of change must be negotiated through dialogue that involves meaning making of the second order. In such cases, the leadership influence is very powerful as it benefits from the institutionalized leadership structure and the positive identification on the part of followers with the designated leader.

Leaders, regardless of whether they hold high managerial office or not, can and often do transcend the established cultural boundaries of an organization. These kind of leaders can change and even transform the local cultural arrangements of a management community. Importantly though, followers must still feel that it is in their interests to follow the leader's direction and support cultural changes in the organization. Under the guidance of solely institutionalized leadership models, the established culture and modes of organizing will most probably remain firmly intact and unchanged.

It should be clear by now that attempts to change the management culture of an organization are highly political and require skilled political abilities and leadership behaviours. Management alone is unlikely to be able to establish such cultural changes successfully because they depend on established cultural norms for the acquiescence of subjects to 'act' as followers. Dealing effectively with these political issues is when leadership in a cultural sense comes into its own. This means that if senior management are serious about the need for cultural change they have to situate themselves at the very centre of this power struggle and incrementally build a network of alliances to support the changes required to establish a different culture throughout the organization. The cynics who are against change, supporters of the established ways of doing things and the established power relations will not simply roll over and invite change. They will resist and not necessarily in an overt way. It is more likely that such resistance will come through circuitous channels and methods.

To lead a cultural change programme involves casting a senior manager, or managers, into a prominent change leadership role. Leading cultural change involves building coalitions in support of the change agenda. It concerns party politics within the core management team. There will be winners and losers in any cultural change programme. It is therefore essential that the most senior person in the organization adopts the central leadership role in a cultural change initiative that aims to change a corporate culture. Schein (2004) makes it absolutely clear that the role of leadership is to know when to change a culture and to be able to lead the cultural participants through a change. However, this requires local managers having the capacity to function as transformational leaders and then working with established cultural norms in order to change some of them. This is the 'paradox of cultural change'. To change culture one must work with the culture that one is trying to change, which means collaborating with the local management structure at all levels of the organization. The change efforts needs to be, somewhat ironically, relevant to the change subjects.

In the next chapter we build on the premise that leadership involves social construction processes and meaning management. We will explore in some detail the role that language plays in the social construction of cultural change. In particular we will address the important area of dialogical exchange as a medium for leaders and followers thinking together.

Language as a cultural process

08

Introduction

It is through the medium of language that the social construction of culture is achieved. Culture is maintained, created, changed and advanced mainly through language and, as Pagel (2012) argues, the abundance of languages (there are 7,000 established ethnic dialects) serves to distinguish one culture from another. The purpose of language is to convey meaning but it is also to transmit culture, which includes the knowledge relative to a particular group. It is through linguistic sign systems such as language that culture is invented, habitually expressed and changed.

In this chapter we discuss the ways in which language operates in cultural terms. We consider language as a mechanism for protecting culture from change and also as the main resource through which culture may be changed. This approach involves explaining how language enables thinking and how through different language strategies cultural members either support established cultural norms or change them. We present an inventory of different kinds of language strategies and explain their purpose. Most of these, such as 'debate', are relatively common to management groups; however 'dialogue' is paid particular attention to as we consider it the key to leading cultural change and we argue that in many cases management teams simply don't know how to engage in generative and productive dialogue. This means that in the absence of dialogue, established language systems form a linguistic hegemony that inhibits cultural change. To change culture we must change the way we talk and engage intellectually in a process of thinking and critical reflection.

Language and cultural change

Cultural control is dependent on the institutionalization of forms of talk (Bourdieu, 1991; Goffman, 1959). This process requires that the same ways of discursively constructing an understanding of organizational reality be maintained through the constant repetition of the same rules that dictate both legitimate discourse and speech. Organization participants construct their own linguistic market and craft culturally accepted 'linguistic habitus', a term coined by the French sociologist Pierre Bourdieu, which signifies the cultural group. The linguistic habitus creates a tendency in management teams to draw on the patterns of thought that they have built up over time. It is important to remember that thoughts, once made, are the residue of thinking.

To change culture one requires new thinking and the manufacture of new thoughts, which depends on new ways of talking together. What results from this process of linguistic development is the propensity of the participants to develop their own distinctive worldview and their own related, distinctive organizational culture both of which are mediated through language categories. The product of this process is the institutionalization of both linguistic habitus and linguistic markets and the firm establishment of a form of linguistic hegemony. It is crucial to bear in mind that conceptual models, knowledge and identities are all expressed through language content and more specifically through words and their relationship to one and other. We cannot change the cultural paradigm unless we can change its content and the ways in which we talk together. This involves changing the structure of internal linguistic markets and the established form of linguistic habitus. We need to talk differently and allow new concepts to enter the pattern of our standard conversations.

Bourdieu's concept of linguistic markets is predicated on the theory that reality constructions are formed discursively and that social reality is achieved through the medium of everyday talk. Groups produce their linguistic habitus to strengthen and preserve the power relations and their reality constructions, a theoretical position supported in the work of both Ford (1999) and Tsoukas and Chia (2002). Bourdieu argues that social groups derive distinction from the habitus that is unique to that group. He asserts that the linguistic market structure of each cultural group acts as a form of identity censorship.

The linguistic habitus!

The 9th International Conference in Critical Management Studies – Is there an alternative? Management after critique

CALL FOR SUB-THEME PROPOSALS

Is there an alternative? Management after critique

Herbert Spencer was very fond of using the expression 'there is no alternative', especially as it related to his staunch defence of liberalism and the pursuit of progress. He argued that the fittest will survive as society evolves in accordance with the law of nature. The liberalism that Spencer articulated as necessary and desirable has cast a long shadow on the politics of the present day. The natural laws that are defended today are those of the market; a fundamental set of laws to which, we have been told again and again by politicians and economists, we have no alternative but to submit. In recent history this translates as no alternative to capitalism, globalization, free markets, free trade, democracy, austerity and budget cuts.

With neoliberalism having washed over the world with unrelenting vigour, it can appear that there are likewise no alternatives to management and managerialism. Alongside the so-called consensus of gargantuan global capital, and echoing through the halls of the International Monetary Fund and the World Bank, liberalization is not just to be achieved, but has to be managed. Neoliberalism's sidekick comes in the figure of the manager. This elevation of management as a virtuous profession has ushered in the vast expansion of executive remuneration, the cult of the CEO, the massification of management education, the advent of guru managers and the export of managerialism to all sectors of society. These days we are also encouraged to manage ourselves through practices such as personal branding, developing communication content strategies, monitoring personal web citations and articulating a life mission.

This conference invites contributors to explore alternatives to the ubiquity of neoliberal market managerialism in all its many guises. Critical Management Studies has been effective at mounting a critique of various elements of managerialist ideology, but less effective at exploring and promoting different ways of thinking about organizing and markets. This begs questions of the purpose of critique in itself and the possibilities that may follow from critique. Critique might thus be positioned as an activity of articulating and enabling the possibility of alternatives, especially when those in power try to bolster their own interests by insisting there is only one singular and inevitable course to follow.

This conference aims to engage thinking that explores alternatives, as well as rejecting the idea that there are none. Such alternatives could be understood in practical terms of specific organizational forms and practices, or theoretical developments (particularly in feminism, anarchism, communism, green thinking and so on) that may inspire a generation of new forms of localism or alter-globalization as resistance to neoliberalism. They may reflect personal alternatives, relating to the choices people make in terms of how to live their lives in the context of a neoliberal globalized world. Even more generally, alternatives might focus on the critique of economic, political, managerial and organizational dogma, as it becomes embedded as the supposed 'one best way' of doing things.

At this stage, we are inviting stream proposals that address this theme and submissions are expected to include an outline of the proposed sub-theme (500–750 words), as well as a short description of the team of convenors, including their academic background and experience. We expect most of the submissions to be linked with the overall conference theme, but other submissions are also welcome, as long as they are likely to appeal to the wider CMS community. We particularly welcome proposals from convenor teams that are international in their composition with convenors coming from at least two countries. We are also keen to encourage critical proposals from the range of business and management studies subject disciplines (accounting and finance, human resource management, industrial relations, marketing and consumption, international business, etc). In keeping with the ethos of the conference theme, proposals can also be for alternative format sessions. We are open to suggestions for workshops, symposia, experiential approaches, non-academic activities, arts-based research, performance activities and any other creative or non-conventional approaches.

This example illustrates that an established language serves as a censoring device, which is mediated through peer group approval systems and which functions to regulate identity through the medium of language competence. Bourdieu makes the point that the linguistic demands of the market self-regulate the kind of identities that are permitted legitimate participation in any given cultural field. This self-regulation is supported by linguistic themes, which could be described as hegemonic language rules for a given kind of linguistic habitus. Bourdieu claims that linguistic habitus is to be considered as a cultural production (Parker, 2000). It is important to note that relations between discourses mediate cultural control. The following list demonstrates some of these relations:

- The forms of talk that compose the linguistic habitus of the cultural group.

- The words that signify new concepts, behaviours, values, assumptions, identities and attitudes.
- The dominance of forms of language that inhibit cultural change.
- The cultural norms that determine who are empowered as speech agents and who are not.
- The established listening skills of the management community.

Language and discourse routes in management settings

To develop acute sensitivity to language use as a central dynamic in the process of cultural production, reproduction and change we need to appreciate the different kinds of language use that characterize a managerial culture. What role do they play in the cultural dynamic? For example, a review of the kinds of language methods that are common in managerial cultures would reveal the following distinctive models.

The monologue

Involves one individual narrating an extended account of his or her personal experience or opinions on any subject matter. This is the kind of language method that is often used by the most senior person within the cultural circle of any given social situation. The monologue is enjoyable for the performer but can often be rather tedious for the audience and it does not encourage fair distribution or exchange of opinions and perspectives.

Prescriptive direction

Involves a senior manager issuing instructions to a subordinate or a team on the preferred method to solve a problem or achieve an outcome. This assumes the speaker has advanced knowledge and knows best and that the audience holds inferior knowledge and requires detailed prescriptive direction. This does not assist in the development of new cultural perspectives.

The presentation

Involves a subject matter being packaged for audience consideration by the presenter/s. The medium usually involves presentation technology, flipcharts and hand-outs and can be related to the idea of a formal lecture. The method employed is to invite questions at the end of the presentation. The audience tends to be guided by a senior figure who may start the enquiry process with a line of questioning that influences the audience. The variety, number and intensity of questions will tend to be culturally relative to the audience. The presentation again is concerned with framing perspectives and not necessarily with encouraging multiple perspectives and lateral thinking. However, the presentation model can help cultural change if nurtured by the presenter/s.

The briefing

This is a meeting of individuals chaired by an authority figure with the purpose of delivering information or instructions on a particular subject. This is a kind of monologue with a flavour of prescriptive direction and presentation that aims to frame a message with supporting instructions. Questions are usually invited from the audience and the briefing agent normally seeks clarification from the audience that the message is clearly understood.

The round robin solicitation process

Characteristic of a management team meeting. The meeting will usually have a set agenda. The chair usually introduces each topic then may deliver a brief monologue relating to the subject or may invite a member of the team present to talk 'to' an agenda item. Often what may follow is a solicitation process where the chair solicits comment on the subject matter from the audience by going round the room. Audience members then 'peck' at the subject matter with brief analysis. This approach has the potential of freeing up expressive capacities and to creep towards a broader exchange of ideas and opinions but it also effectively keeps the agenda items in the safe zone as it limits expression. The use of the agenda and the highly circumscribed control of speech agents is a powerful means to control expression and to simultaneously create the impression of free speech and the encouragement of discussion.

The debate

Characterized by one or more participants advocating a particular position or viewpoint that is in stark contrast with alternatives under consideration. This process is found during political elections involving different parties in debating contests over their respective manifestos. The root of the word 'debate' is 'to beat down'. A debate in a management setting usually morphs out of a discussion and involves active attempts to dominate the views of another through force of argument supported by political loyalties from others attending the management team meeting. Isaacs (1999) introduces the useful concept of 'abstraction wars' to illuminate the character of the debate model of communication.

The discussion

Involves two or more participants and is characterized by the participants thinking privately on their own terms and advancing their preferred positions and views. Active discussion can be understood as an offensive/defensive process where people advance and protect their positions. Here the desire is to win the discussion. A discussion can be characterized as being where participants are open-minded and are receptive to the other's point of view or, in sharp contrast, discussions can be characterized by the participants advocating a win or lose mentality with winner takes all as the end state. Participants are blindly enthusiastic about their position and aim to dominate and allow no space for considered reflection of the other's point of view. Discussions are used to reach decisions to enable 'vertical thinking' and a sequential process of moving forward. Discussion does not normally involve a multi-sided review of all the different possibilities and excludes collective thinking; rather it encourages individual thinking. Discussion can achieve the state of 'agreeing to agree', which is not the same as the group reaching a state of harmonious thought.

The argument

'I never saw an instance of one or two disputants convincing the other by argument' (Thomas Jefferson). An argument is an attempt to persuade by giving reasons or evidence for accepting a particular conclusion. The argument usually involves heated exchanges between two or more people – people don't listen, they re-load. People engaged in argument are advocating their own point of view; they seek to assert their position through the narration of a dominant logic. Argument is a polarizing force that ensures that those with the 'gift of the gab' silence the less confident and beat their audience into submission. Argument rarely brings about harmonious meaning within a group and therefore is limited in its ability to bring about cultural change.

Light talk

Used within management teams. Light talk can be considered as a kind of talk that is safe. It usually surfaces gossip, daily news, sporting results, family activities, holidays, etc. The use of light talk is a skilful art form. It enables the participants to avoid the undercurrent of issues that they choose to ignore. Light talk creates an illusion of harmony and cordiality. Light talk can emerge as the preferred linguistic currency within a management team and it has its place as a precursor to 'work talk'. The function of light talk is more than merely providing safety; it is also used as a strategic bridge to link to an alternative discourse. Everyday talk can be institutionalized to the point that even the introduction of new words of expression such as 'strategy' are treated with suspicion and or ridiculed and have very little chance of successfully manoeuvring through the language game to evolve as new linguistic expressive forms.

Storytelling

One of the most effective ways to communicate cultural norms and expectations is through storytelling. This functions as a means of transmitting cultural narrative to an audience. Stories blend together everyday talk to engage the audience. Stories as a form of talk represent the ways in which issues are brought together as a coherent whole. Cultural themes can be embedded in stories. Stories both inform and structure reality and corporate storytelling is a fundamental linguistic process that contributes to the production of corporate culture. Stories and storytelling are to be considered as powerful theatrical devices for privileging, teaching and institutionalizing culture. Storytelling is used to protect and reproduce cultural norms.

Conversation

The root of the word 'conversation' is to 'turn together'. In a conversation two or more people take turns speaking. The conversational process usually orbits around a specific subject. It is a communication model that is often used to develop a shared understanding of a particular phenomenon, a sharing of information and the medium through which social relationships may be developed and strengthened. Conversations are sense-making rituals that often have the distinct purpose of setting the scene for future actions, defining or authoring the identities of others or reinforcing standard norms of established sense-making types. Conversation is a form of light talk that is generally a leisurely activity, is spontaneous in nature and is typically found at social events, ie over lunch, or during periods of passive behaviour such as going on a journey with a companion or companions.

Dialogue

Dialogue is a special kind of group communication that is the key to unlocking the cultural change box. Dialogue is defined by Isaacs (1999: 9) as, 'a shared enquiry, a way of thinking and reflecting together'. People don't *do dialogue* to people, ie talk at them: people engage in *dialogue with* people. Dialogue aims to achieve a state of shared meaning between participants. Dialogue is a process of sense making that our distant forefathers understood well. The idea of sitting around the fire as a group, sharing enquiry into the nature of things and learning to think together, is as old as humanity. In today's modern management culture management teams have lost the ability to engage in dialogue and it is this deficiency that we believe lies at the heart of the failure of cultural change programmes to achieve their intended results. Cultural themes established in the cultural web of the organization advocate dialogical practices throughout the organization.

The language game and cultural change work

These categories are common and tend to support the idea that managers do the thinking and the more senior the manager, the more thinking he or she does. To wield power in an organization one must establish a position where one has the right to speak with authority on as wide a range of organizational issues as possible.

We can borrow the term 'the language game', a concept developed by Wittgenstein (1953) to serve as a metaphor to explain the social process that managers engage in. This is mediated through political tactics to achieve authorized speech status to dominate their audiences. In some management teams, managers struggle for recognition and they compete for controlling positions in the language game. The capacity to control which actors have the right to speak on any given subject and the forms of talk that are deemed as culturally relevant are significant characteristics of the language game. Through time the daily competition in the language game crafts a form of linguistic habitus, or 'habits' of talk that are culturally relevant in the same way as certain products are culturally relevant for certain markets. The players in the language game aim to dominate maximum market share of the airtime within the power-sensitive stages of the corporate landscape.

Within the language game there are rules of engagement. Not everyone can play the language game: you have to be invited into the game by the significant player. This usually comes as a gift of promotion to a senior position. With the new managerial identity come 'speech rights', which involve the authority to speak with confidence on a given subject within your area of expertise. This also involves 'knowledge rights': it is assumed that along with the senior post the incumbent automatically is knowledgeable on subjects such as strategy development, cultural change, change management, organizational development and other activities such as marketing. This assumption underpins much of Western management. It is often an incredibly flawed assumption. Promotion does not bring with it some kind of magical power that enables the individual to possess advanced knowledge of areas of expertise that prior to the promotion he or she did not have. Garratt (2010) argues that when promoting people to senior leadership positions organizations fail to develop them, assuming that these skills will be there already or acquired by osmosis. He recommends that company directors undergo leader development training when acquiring their seat on the board.

The allocation of knowledge rights has consequences – for the organization, for the act of organizing and for the organizational self. These strategies function as control system that censor potentially creative contributions and encourage pastoral leadership (Chann and Clegg, 2002; Williams, 1975). It also serves to support existing power relations, social structures and organizational silos in the form of senior management fiefdoms (Alvesson, 2002).

Linguistic hegemony

Linguistic hegemony is a very robust form of cultural control. The salient language strategy is to privilege the right to speak. By controlling what constitutes legitimate talk it follows that the expressive capacity of the participants is also controlled. The significant people in the organization therefore control the structure of the linguistic market. They do this by determining what forms of talk are legitimate and thus may be performed, by whom and between whom. Therefore, if one possesses the legitimate linguistic habitus and the authorized speech identity then one can participate in the language game that constitutes the discursive framework of the organization. If an employee cannot participate in the language game because he or she does not possess a legitimate linguistic habitus, that person is relegated to the status of a member of the audience.

The organization can be considered as a 'language-learning centre' that functions to finely hone the linguistic skills of those actors who can access the language game. The more skilful the actor is at playing the language game the more influence he or she may have with regard to contributing to authoring corporate reality. The skill is to link conversation between competing language games; this concept is called 'bridging'. Bridging can be either 'blocked' or 'facilitated' by members of the audience. Blocking results from public disruptions; for example, an audience member mocking the speaker's attempts to bridge. Facilitation results either from linguistic compatibility, or from the support of an 'anchor' person who 'collaborates' with the speech agent to support the performance and legitimacy of the narrative.

The objective of the language game is to establish rules of discourse, which simultaneously privilege the talk that supports the dominant culture and subjugates talk that challenges it. This censorship framework can only be effective if key players in the language game enjoy rapport with each other. Once rules of discourse have been established it is difficult to imagine how they would change when the participants interact as a team on alternative stages to discuss key issues (Boden, 1994; Ford, 1999). Outcome is achieved through the inter-subjective censoring of alternative discourses and the establishment of audience segregation (Goffman, 1959; Rosen, 1985). Cultural control is dependent on the institutionalization of everyday talk.

Dialogue and cultural change

What we need to understand is how to restructure the established sign system through language use. The way to do this is through reflective and generative dialogue. Isaacs (1999: 3) states that:

> How we think does affect how we talk and how we talk together definitively determines our effectiveness… the problems that even the most practical organizations have in improving their performance and obtaining the results they desire can be traced directly to their inability to think and talk together, particularly at critical moments.

Management teams need a greater understanding of the forms of talk that define and limit the scope and range of organizational effectiveness. Language is the obvious cultural characteristic that distinguishes difference. Nations, cultural enclaves within nations, occupational groups and social groupings such as teenagers, political parties and religious organizations can all be categorized as being unique by the language that defines their individual culture. This also applies to management teams which, through time, establish norms in relation to language that function to maintain and advance their own operating culture. You cannot change culture unless you change, through a process of enrichment, the language that binds – 'the architecture of the invisible' (Isaacs, 1999: 3). To do this managers need to develop 'predictive intuition', which involves the capacity to appreciate the cultural forces that often operating below the surface of everyday conversations. These tend to block conversation and subsequent group and individual learning. Language is the main cultural gatekeeper that sustains the potency of expressive hegemony to ensure that established culture remains unaltered.

An institutionalized form of talk that both constrains and enables the conceptual repertoire of managers will always exist. The aim of cultural change agents is to make teams aware of these barriers to cultural change work through dialogue workshops, and that there are rules or techniques supported by authored identities called 'speech agents' which determine who gets into the language game and how effectively they can perform within it.

To achieve cultural change one needs to engage with the rules of the language game and then set about changing them. This is achieved by creating an active dialogue of collaborating – 'the art of thinking together' – a process far different from the dominant linguistic market of organizational cultures.

Dialogue – the key to unlocking the cultural change box

Dialogue is generated through interaction and social actors have to agree by their own free agency to engage in 'a shared enquiry, a way of thinking and reflecting together' (Isaacs, 1999: 3). People don't *do dialogue* to people, ie talk at them: people engage in *dialogue with* people. This means that when engaging in dialogue we literally go through the minds of people and allow others to reciprocate. The root of the word 'dialogue' is the Greek words 'dia' and 'logus', the former meaning 'through' and the latter meaning 'word'.

Dialogue is concerned with the practical objective of mediating shared meaning from which a basis for a commitment to a shared action may emerge. De Bono (1977) describes dialogue as a process that involves 'lateral thinking': actively seeking through dialogical enquiry different ways of perceiving to think better and to learn how to think together. As managers mature they tend to rely on the retrieval of established thoughts. In doing so, they become expressive prisoners within their own 'ecology of thought', which is a system of 'mental maps'. It is only through generative and reflective dialogical exchanges between people that cultural transformation may occur.

Sometimes management teams have lost the ability to engage in dialogue and it is this deficiency that lies at the very centre of the failure of cultural change programmes. At the heart of the cultural change movement, and in particular 'excellent companies', lies the ability to achieve a strong sense of shared meaning between management and staff. Motivation for collective action is understood to be rooted in a shared culture. This cannot happen unless there are cultural themes established in the cultural web of the organization that advocate dialogical practices throughout the organization. It is the role of the leaders in organizations to build the capacity for dialogical exchange within their community of followers.

There are two main types of dialogue: generative, which involves a leader generating dialogical exchanges across an organization; and reflective, which is a form of private dialogue with the self. Dixon (1998) describes five perspectives on dialogue for development from leading academics and authors. The central importance is the relationship between dialogue and the development of social groups. This involves cultural transformation and is the underlying theme of each of the five perspectives:

1. Chris Argyris (1990) considered dialogue as a means to transforming an organization's capacity for learning. This idea is now established as 'the learning organization'.
2. David Bohm (1990) considered dialogue as an enabling agent for the development of 'shared meaning' within a social group that could form the basis of collective action. This is what we now call 'an integrated culture'.
3. Jack Mezirow (1991) also aimed to use dialogue as a means to improve group learning, encouraging reflection on deeply held assumptions that produced a value system that was unhealthy or inhibited community growth. This idea is central to the operating philosophy of the OD movement and to cultural change work in organizations.

4 David and Roger Johnson (1989) employed dialogue with the objective of improving the cooperative capacity of group members so that combined action may yield greater organizational effectiveness. This is unquestionably the premise of corporate cultural engineers such as Peters and Waterman and their followers.

5 Finally, Paulo Freire (1994) advanced the case for dialogue to enable working people to raise their collective consciousness at an intellectual, economic and emotional level. Freire aimed to enable working people to question the social, economic, cultural and economic systems that suppressed their potential for growth.

All five perspectives illustrate the common theme of dialogue occurring between large groups of people. Dialogue has the potential for 'generative consequences'. It can generate new cultural understandings and new ways of expressing oneself within society. Thus, at its heart, dialogue is integral to achieving cultural change.

The acid test of the ability of leaders to flourish and support cultural change efforts is whether dialogue sessions can occur and whether the management team can:

- discuss the dialogical process together,
- agree to participate in such a process, and
- fully support the outcome of dialogical encounters.

It is important to maintain a clear understanding of the purpose of dialogue in cultural change terms. If we revisit each of the five perspectives on dialogue we can clearly see that dialogue aims to transform an aspect of a dominant cultural paradigm. Dialogical exchanges aim to surface and critically discuss the nature and impact of hegemonic and cultural themes that inhibit expression at the level of conceptualization, talking, behaving, identity work and knowledge growth. In this sense, there is a common purpose to encourage critical reflection between members of a cultural group with a view to improving the existence of all human beings. This means that for large numbers of managers to change their values and assumptions they need to understand why it is in their best interests to do so. This is why the logic of the market is such a powerful medium for convincing people of the case for change. Assuming most people have a stake in the organization in terms of salary and career growth expectations, and pension schemes or even in share ownership, there is the potential to somehow unite these people behind the case for change through generative dialogue. However, this process is far from straightforward for the simple reason that the established expressive hegemony promoted daily within a management team disables group capacity for generative dialogue regardless of how obvious the benefits of the dialogical process to the wider social group may be.

Kinds of dialogue

The capacity for reflective dialogue is dependent on fluid interaction. In a social group there may be blockages in the cultural system preventing this expression. Fluid interaction and expression is defined as a group being able to tolerate and actively engage and encourage the thinking and expression of others. This is the concept of the 'healthy organization'. By contrast, blockages disabling dialogical exchange within a management team is a significant health issue. A major blockage in an organization could be the status of one person, or group, in relation to others in the organization. Status confers knowledge and speech rights. These cultural norms, if they are possessively guarded, are effectively major impediments to dialogical exchange. They need to be suspended if reflective dialogue is to be accomplished and future generative dialogue take place.

There is nothing wrong with relying on established patterns of thought and cultural themes to maintain a sensible orientation at any given time as this is precisely the purpose of culture as both a sense-making and stabilizing device. However, if the cultural themes become hegemonic in form they become toxic. If one is trying to learn differently, think reflectively, or change culture in use, relying on established patterns of thought at the level of the individual or the group doesn't work. There is a need to engage in collective reflective and generative dialogue to help managers harness the 'collective intelligence' of the general management team.

The main differentiating aspect of dialogue is that it aims to surface all points of view and then encourage open consideration to create a dialectic tension that enables a new perspective to emerge rooted in the collective view. Dialogue is an effective way to bridge differences in values, assumptions and cultural themes. Dialogue can empower people to learn with and from each other; it sets people free from the expressive controls that constitute the local form of cultural hegemony.

Dialogue and emotions

Dialogue is not necessarily a rational process as it puts our thoughts, values and assumptions out there for open review. This makes the dialogue process a highly delicate affair. How we 'feel' deeply impacts what we think and how we feel about others in the dialogical circle will also impact us at a serious, emotional level when we go public with our inner thoughts, values and assumptions. People have an inner ecology of thoughts, experiences, ideas, assumptions, values and feelings that guide actions which they guard very intensely. Being able to suspend our opinions of others, to welcome their perspectives and comments on our own ecology of thought is an act of considerable generosity. This is why some managers rarely talk together in depth. Management likes to be heard and to be in control. Any challenge to this dogma will provoke an emotional, even irrational response to the person inviting dialogue.

Listening but not hearing

Listening is an important aspect of dialogue. Managers who are not used to exploring dialogical exchanges tend to only hear what fits their preconceptions. To engage in dialogue means the manager becomes an enabling force for dialogical exchange and meaning making. It is not a process of communication where one person imposes meaning on others as with expressive control. Dialogue aims to encourage free and lateral expression regardless of the organizational status or position of those involved.

How to engage in dialogue

The process of engaging in dialogue is no black art. It is not shrouded in mystery. It is the most natural mode of communication known. It is wired into our DNA, it is a genetic adaptation that enabled humans to start developing shared culture. Dialogue is the means through which groups of people achieve competitive advantage over other groups or other aspects of the natural world. It is through dialogue that humans create culture to maintain order and benefit from their environment. The problem is that through years of cultural reproduction and through the insulating effect of hierarchical systems and managerial hegemony many people have simply stopped partaking in dialogue. We no longer activate the dialogical consciousness because we live in a society that privileges individualism, family silos and lack of community and discourages critical reflection and engagement. To take part in dialogue we first need to understand the themes that underpin the architecture of the invisible and that disable efforts at engaging successfully in both reflective and generative dialogue within an organization.

Carry out a communications audit

The use of an external researcher trained in cultural analysis with an orientation towards communication between management team members is essential to develop a comprehensive understanding of the themes that would inhibit dialogue. This would involve the researcher carrying out a communications audit within established managerial domains such as team meetings. This audit would establish whether the conditions for dialogue exist. The second part of the research would be to identify the hegemonic themes that underpin the architecture of the invisible and culturally reproduce the established modes of communication that may discourage dialogical exchanges. These hegemonic themes may be crudely defined as the glue that sustains asymmetrical power relations that insist that senior managers define social reality for peers based on assumed expertise and that obliges junior managers to accept without complaint.

The audit findings need to be presented to the most senior management for a frank discussion. If senior management refuse to recognize the findings, or try to fudge them by citing scattered examples of what they regard as dialogue, the cultural process will stop at this point. This is because a failure in leadership to encourage critical self-reflection coupled with an inability to partake in dialogue disables any form of shared sense making and cultural change between cultural members. It is difficult to manoeuvre through this power demonstration without marginalizing the manager from the change process.

The next stage would be a series of dialogue seminars that aim to explain what dialogue is and how it works and the manager's role in it. The purpose is to develop the capacity within the management team to engage in reflective and generative dialogue.

The dialogue seminar

One way to approach the dialogue seminar is simply to arrange a venue and prepare a short briefing paper inviting all the participants to the seminar. The briefing paper should explain what dialogue is and what the seminar aims to achieve. The seminar should have one overarching theme for review; for example a theme may be stated as a question: 'What do we have to do as a team to emerge as a learning organization?'

The circle of thought

To engage in dialogue the change leader should establish a climate that encourages dialogue to occur. This will involve inviting change participants to a dialogue session. This will be no ordinary meeting. When attendees present themselves they are invited to join a circle. This is very important as the normal protection of a desk is removed when dialogue is to be encouraged. The idea is to allow all members of the circle an equal voice. There is no senior manager, only a group of people who are there for a very special and long-forgotten medium of interaction and sense making. Once a range of different dialogical themes have been generated (generative dialogue) from the reflective process (reflective dialogue), each theme contributor is regarded by the dialogue circles as its 'dialogical sponsor'. The facilitator then selects a number of sponsors and their themes and leads them to break out spaces where additional circles of chairs are located. The members of the dialogue circles are invited to move around and join various dialogues and listen to the dialogue exchanges and, if they wish, to participate in these as an equal member. At a certain point in the seminar, the facilitator would call the dialogue participants back to the general dialogue circle. Each sponsor of a particular theme would present the product of their group dialogue. The facilitator then encourages participation through dialogue from all members of the circle with the generative dialogue content being opened up for general review and reflection. The expressive process of thinking together under these conditions should generate a highly stimulating intellectual engagement.

Dialogue as a critical change process

The dialogical process involves participants examining deeply held assumptions in a very intimate yet public way. It involves the potential for the rearrangement of long-held assumptions regarding the nature of everyday life, organizational experience and of people. It can allow the development of shared meanings which form the basis of future collective actions aimed at changing cultural or hegemonic themes that inhibit the expressive and learning capacity of the organization and its members. If one is trying to change culture it is difficult to see how one does this without reflective and generative dialogue. Dialogue is not required for cultural reproduction or first-order change work but it is required for cultural transformation and second-order change work.

Dialogue is concerned with encouraging shared enquiry into the nature of organizational experience. It is a special way of thinking and reflecting together on individual thoughts as part of a group. Dialogue involves a special kind of relationship with the self and others. This is the major difference between dialogue and more traditional forms of management communication. Managers mainly present, tell, instruct, guide or update. They are skilled at all of these forms of subordinate communicative systems. They do not in the main take part in dialogue as in many ways dialogical exchange is a communicative model that is blind to hierarchy. Dialogue is a line of enquiry within and between people; it is not something done to people. For dialogue to work, hierarchy must be suspended; people must meet intellect to intellect. They must agree to 'listen' to other's views and to suspend their own bias rooted in their deeply held assumptions about the nature of organizational experience. They must be prepared to negotiate new meaning systems with others through this unique communicative system we call dialogue.

Dialogue can help people work together in a creative and coordinated fashion without the need for coercion. From shared dialogue shared meaning then shared action arises. Dialogue can help change teams uncover the un-discussed thinking of the people in the organization. Dialogue seeks to harness the 'collective mind' of change teams so as to create new cultural possibilities. Dialogue mediates new cultural possibilities and therefore it is fundamental to leadership. People who wish to practise dialogue must develop the capacity for this special form of sense making before they seek to apply it to others. The important feature of dialogical exchanges is that they present an effective way to survey and overcome cultural differences in values and assumptions and cultural themes. Dialogue can forge a negotiated new cultural order through empowering people to learn from each other.

Conclusion

You cannot change culture unless you change the established language in use. This can only happen through a process of dialogical exchange between people. The linguistic hegemony that is wired into a group culture can operate as a significant barrier to enabling such a change process. Established language maintains what Isaacs refers to as the 'ecology of thought' that binds a group to its culture. He calls this system of control 'the architecture of the invisible'. Isaacs argues that managers need to develop skills he calls 'predictive intuition', which involves the capacity to intuitively appreciate the cultural forces, often operating below the surface of everyday conversations, that block the potential for developing conversational subjects and subsequent group and individual learning. Language is the main cultural gatekeeper that sustains the potency of expressive hegemony to ensure the established culture remains unaltered.

Two common mistakes that sow the seeds for failure in cultural change terms are that: 1) no dialogical enquiry occurs between key stakeholders and subsequently second-order change efforts are mobilized by an executive leader who assumes the support of the majority; and 2) only partial dialogical enquiry occurs within the executive team, which excludes the wider majority as a result of hierarchical cultural norms. Dialogical exchange is part of the vital mix of ingredients required to achieve successful cultural transformation.

In the next chapter we consider the standard methodology for describing culture at work: ethnography. We describe the highly qualitative nature of ethnography and the ethnographer's quest, which is to understand the way members express their culture through language and other sign systems and how ethnographic research can help decode cultural patterns.

Ethnography as a tool for cultural change

09

Introduction

Samsung hired ethnographers to study the domestic culture of Scandinavians to understand their attitudes to home-based technology. It discovered that Scandinavians tried to hide the technology or embed it in their walls. As a result, Samsung designed flat screen TVs and established itself as market leader (BBC Radio 4, 'The Bottom Line', August 2014).

Ethnography as a method of enquiry is ideally suited to cultural change projects. In this chapter ethnographic research will be fully explained and its utility as a fundamental tool that enables cultural change work is justified. Ethnography is a special form of qualitative research and implies an intention to produce a written ethnography or 'thick description' (Geertz, 1973) of aspects of an organizational culture in all of its compelling complexity. Ethnographies are perhaps the most telling way of learning how things work in organizations. This chapter advances the case for the ethnographic school of research as part of an intervention methodology. The Samsung example above illustrates how corporate ethnographers can help develop products through the study of consumer culture in the home. It provides a good example of the strategic advantages of ethnography within a context that one may not identify with – corporate anthropologists. Ethnography is the traditional practice of the anthropologist. It is through ethnographic research that culture is described and understood. In light of the extreme pressures to become more competitive, we argue that the art and practice of ethnography to make explicit established cultural themes that hinder strategy work has become ever more relevant.

An important issue for the cultural change manager is how to study culture and how to drill down to a meaningful unit of analysis. In this chapter we present a methodological approach that is ethnographic to help change managers conduct their work effectively. Change managers can obtain a quick and loose cultural description of any industrial setting by applying the cultural themes developed by Opler (1945) together with the cultural diagnostic process advocated by Johnson (2000).

Ethnography defined

Ethnography is both a process and an outcome from that process. It is the research process through which the ethnographers (the researchers) produce the final written ethnography. This is similar to the way that we view culture. Culture is both a process and an outcome. We regard culture as the process of sense making through which specific norms, values and performances are produced, maintained and changed. Ethnographic research is the methodological process through which a partial representation of the culture under study is revealed. Ethnography as a methodology aims to produce an account of a 'cultural scene' (Spradley, 1980) and is perfectly suited to the task in hand, which is to describe aspects of the culture under study. A cultural scene can be considered as any social domain were members engage in sense making together; for example, in a management team meeting or in day-to-day interactions with fellow team members. Therefore, ethnography can be defined as the task of describing selected aspects of a culture (Rosen, 1991; Wolcott, 1973) and as a qualitative research methodology that has its origins in anthropology.

Ethnography is a term that fuses two words together to achieve its meaning: 'ethno' translates as 'folk' and 'graphy' as 'map', and is the process of studying culture, usually via participant observation (Jorgensen, 1989) supplemented by interviews resulting in a written case (Spradley, 1979). The goal of ethnography, as Malinowski (1922: 25) put it is, 'to grasp the native's point of view, his relation to life, to realize his vision of his world'. Ethnography strives to unravel the meaning of the fabric of a culture from the 'native's' perspective (Morey and Luthans, 1985). Its methodological orientation is concerned with the meaning that influences the actions of the actors one seeks to understand; in this way ethnography describes the sense making of social groups. Van Maanen (1988: 1) defines it as: 'a written representation of a culture or selected aspects of a culture'. This provides a distinctive status of a specialized research method for studying culture and constructing cultural interpretations.

Ethnography is useful to both contextualize a social phenomenon within its substantive location and to provide a cultural framework as a prelude to detailed analysis to generate a substantive theory. Much of the literature on resistance to change within organizations is implicitly skirting around the underlying concept of cultural themes that constrain organizational expression. Ethnography specifically aims to reveal these cultural themes in use. These may be integrated throughout the broad organizational culture and therefore link sub-cultures together in a common paradigm, or they may be unique to a particular sub-culture, ie that of the senior management team.

Cultural themes are pervasive. They establish the interdependency between sub-cultures that hold an organization together. They are extremely powerful and difficult to change. They are also often very difficult to identify with clarity as they are so taken for granted that they are rarely reflected upon by managers. Ethnographic research in advance of organizational development interventions is an excellent means of carrying out a cultural diagnostic review as it can identify themes in use. The findings can help to explain the ways in which themes impact on the expressive capacity of the organization and how this affects the effectiveness of the organization in achieving its goals.

Digging out the detail

Cultural themes are deeply embedded in the fabric of the organization and require carefully digging out. Johnson (2000) called this system of cultural themes 'the cultural web'. Argyris (2010) refers to these cultural themes as an interlocking system of expressive control – as 'organizational traps' – and Alvesson (2008) refers to the concept as 'managerial hegemony'. Both Schein (1985/2004) and McGregor (1960) place emphasis on the assumptions and values that organizational leaders and their management teams hold to produce paradigm traps that constrain their expressive capacities. These paradigm traps can be interpreted as cultural expression and are the very essence of organizational culture. They can be used to understand the interdependency between the development, implementation and success of an organizational strategy and the culture of the organization. Ethnography, as a qualitative research process, functions as a diagnostic toolkit for the change manager to elucidate themes and assumptions that guide the expressive nature of management teams. This explanation is the written ethnography; the units of analysis are the cultural themes in use.

Ethnographic techniques provide a lens through which the themes, which cross through departments and management teams, can be identified. They can also help to describe the underlying paradigm that is embedded in the inter-subjectivity of organizational members.

Differentiating ethnography from the rest

In attempting to define ethnography, Wolcott (1995: 80) raises questions concerning how qualitative, descriptive or naturalistic research, broadly conceived, becomes ethnographic and how qualitative researchers become ethnographers. These questions are important because many research projects that present themselves as ethnographies may in fact be case studies or other kinds of qualitative research methods and there is the danger that what could be excellent qualitative research is discredited because it is not truly ethnographic. One of the confusing characteristics of ethnography is that the term implies a process of data collection and of data analysis, and an outcome of that process, ie the written description of the culture under study, with or without generated theory. Frake (1964) argues that the ethnographer's task is to render a theory of cultural behaviour and this is the focus when acting as a change partner within an organization. In this sense, ethnography is primarily concerned with addressing the sense making of actors within a particular cultural scene, a process that constitutes cultural interpretation. This cultural study and interpretation establishes a micro-ethnography that examines the ways in which a cultural scene is enacted at the 'microcosm' level of analysis (Alvesson, 1994; Barley, 1996; Isabella, 1990). Micro-ethnography can be used to great effect in support of second-order change interventions.

Ethnography is a cultural interpretation and not a mirror of an objective cultural reality that is 'out there'. Culture gets into the ethnography because the ethnographer 'puts it there'. This 'social fact' has both profound ontological and epistemological considerations and practical considerations for the change manager or OD specialist. Culture is a narrated phenomenon in terms of its scientific representation. The researcher describes his or her interpretation of a cultural scene, which may be informed by native accounts of the meaning he or she places on field observations. The final act of representation is the ethnographer's written report that is presented for consumption as an 'objective' analysis of the culture under examination. One could argue that ethnographies provide a rhetorical link between both culture and fieldwork. The written report brings together the 'emic' (native view) and the 'etic' (researcher's view) of what constitutes cultural reality for the culture under study (Morey and Luthans, 1985, Van Maanen, 1988). This is concerned with decoding one cultural meaning system (the emic) and translating it back into another cultural meaning system (the etic). This is also the job of the cultural change manager.

Power and organizational politics

Clifford and Marcus (1986) assert that ethnographies are never politically or value neutral. They are inherently biased to a greater or lesser degree and politically mediated as a result of the asymmetrical power relations involved in the process of cultural representation in the final report. This political bias manifests in what the ethnographer is allowed to report on within the client organization. The hegemony of the established management team will impact considerably on:

- what the ethnographer is told,
- who he or she is allowed to talk to,
- what he or she is allowed to report and how to report his or her experiences.

All of this makes the challenge of doing ethnography in support of cultural change interventions highly problematic in organizations but not to the point that ethnography has no punch as a fundamental part of cultural change efforts. The general strategy of the ethnographer would be to buttress the uncomfortable cultural descriptions that do not flatter management against those observations that do. The corporate ethnography must be a political accomplishment that develops a description that is, ironically, 'culturally acceptable' to the organization. This can be done but requires a political sensitivity on the part of the ethnographer and a reflective willingness on the part of the client to look into the mirror of the ethnography and come to terms with the reflection. This is not easy and requires a high level of emotional intelligence.

As ethnography is fundamentally a written narrative, the following will impinge on the final cultural representation that emerges from the study:

- the composition of the report;
- the expressive style adopted by the author;
- the style of writing and expression;
- what the researcher elects to represent from field observations;
- the beguiling influence of written semantics; and
- the amount of concrete description versus empirical abstraction.

These are just some of the issues that ethnographers are faced with when they try to write up an interpretative account of the culture or selected aspect of culture that they are studying. Ethnographers and their subsequent ethnography are not free from the dilemma of being culturally bound by their individual subjective reality, repertoire of meaning systems and interpretative frames of reference (Blumer, 1969; Coffey, 1999). It follows that objective reality is not the quest; the task is essentially a subjective project. What the ethnographer strives for is a description situated in empirical context that reveals the meaning systems created, modified, sustained and further developed by people. These account for some of the multiple social realities that constitute the interpretative frames of reference of a given cultural grouping.

A multi-perspective approach

The written ethnography is not an objective account of a culture (we believe this is impossible). It is a representation of the culture under study and, ultimately, a second-order construction. To try to offset the potential representational dilemmas discussed, corporate ethnographers aspire to produce a multi-subjective reading of the text and actions performed within the client organization. This multi-reading must come from the different categories of staff that would constitute a representative sample of the members of the organization under study. To provide a sense of balance in the final ethnography, the researcher should have the empirical accounts of respondents rendered explicit in their own words followed by the researcher's interpretation of the cultural meaning embedded in their talk. The ethnographer must offer his or her interpretation of what participants say as well as non-verbal expression, eg action or non-action, dress code and hierarchy. He or she then has to leave it to the various audiences to decide if the interpretation and subsequent emergent theory of what is going on within the context of the cultural scene under study offers a compelling explanation. This point was asserted by Argyris (1971) with regards to freedom of choice of managers to change what they perceive as needing changing. Argyris also argued that free agency on the part of management to select change projects drives the degree of internal commitment to such projects. The job of the ethnographer is to describe and report culture in practice; the job of the manager is to decide what needs attention in relation to change interventions and what does not. Ethnography provides information that enables change choices on the part of management.

To produce ethnography requires decisions about what to tell (Denzin, 1997) and how to tell it, and therefore it also involves decisions on what not to tell. Ethnographers have a moral obligation to their research participants to consider the question of representation very carefully (Fetterman, 1998; Jorgensen, 1989). Ethnography is not restricted to merely cultural description; it is also concerned with explaining, through developing cultural theory, the dynamics of the cultural scene under investigation (Kondo, 1990, Kunda, 1992). Ethnography from the etic perspective alone would prevent the capturing of multiple versions of cultural reality that constitute a cultural scene. To do this it needs to be augmented with the emic perspective that captures contrasting perspectives on social reality. To achieve this aim one has to consider the historical context of the culture under examination and immerse oneself in the day-to-day activities of that culture. Further, by detailing slices of actors' everyday experiences via participant observation and ethnographic interviews, one can provide a reconstruction of cultural data that enables a clearer understanding of the dynamics and contextual richness of the culture under examination. The ethnographic narratives will be influenced by the cultural inferences that both the ethnographer and research participants arrive at, thus combining the emic with the etic perspective as a representational strategy.

Ethnography provides a method to facilitate insight into the construct of competing cultural realities that are often the area of contest within organizations. A multi-representational style can provide a canvas through which to mediate dialogical relations between culturally opposed groups in organizations. If one does not reveal the tacit knowledge that actors possess, then arguably one cannot achieve a satisfactory cultural description that enables the illumination of a cultural meaning system (Isabella, 1990; Spradley, 1988; Whyte, 1943). This means that conflict is highly likely and change-resistant tensions and actions will increase in direct proportion to increased attempts to impose organizational change on organizational members. This point is in stark contrast to colonial ethnographers who considered that there was a unified and objective culture waiting out there to be studied (Hammersley, 1992). Unfortunately, corporate colonial practices embedded in hegemonic systems still dominate many Western organizations. Senior management aim to colonize 'others', usually lower management, frontline staff or organizational members in total acquired through merger or acquisition. In today's broader democracy this ethnocentric approach is simply a bankrupt methodology and organizational leaders can no longer adopt it when managing change. They need to enter into dialogical rapport with all cultural members in their organizations and the way to do this is through ethnographic research that captures the etic and the emic perspectives on any given organizational issue. Multi-perspective analysis located within the ethnography can reveal explicitly the power relations, competing paradigms, interpretations of self-identities and the performance work in which actors engage to socially construct their version of reality and 'manage' competing frames of reference. It is these competing frames of reference that are central to resistance to corporate change efforts.

Conclusion

Through ethnography one can provide a reconstruction of empirical data for analysis and interpretation. This is particularly important when an organization feels it necessary to intervene in its culture. Even if the ethnography was published a few years before the cultural intervention it can still provide a compelling insight into the cultural themes that may have served the organization well in the past but which now require change. Ethnographic research can be used to support organizational interventions, or to inform local government or national government policy-making and in some cases simply to advance a sociology of knowledge of other cultures. Such ethnographies have been well documented:

Whyte (1943) studied street gangs in Boston.

Spradley and Mann (1975) studied the masculine and feminine power relations in a dance bar.

Kunda (1992) reported on his experience of cultural control in a high technology organization.

Watson (2001) reported on the management experience of a community of managers in a private sector business.

Spradley (1988) described the culture of alcoholics and local government and emergency services' attitudes to drunkenness.

Wolcott (1973) described the cultural domain of a principal's office in a US college and the cultural experiences of acting out the principal's role and duties.

Some ethnographies have been presented as works of fiction albeit based on the author's participation in a particular cultural scene, eg *The Ragged Trousered Philanthropists* by Robert Tressell published in 1955. In more recent times there have been ethnography-informed fictional accounts of management experiences, eg David Lodge (1989) and his exploration of identity, power and culture in his novel *Nice Work*.

Ethnography is a textual construction that is fundamentally informed by language as a written medium (Ford, 1999). It is an excellent methodological process through which one can make explicit cultural themes in use that constrain organizational expression and thus undermine change efforts and organizational learning and development. Ethnographic research lies at the heart of the principles of the OD movement and is a highly effective process for understanding and explaining cultural forces for and against change interventions within organizations.

Ethnography should be used in advance of change efforts to provide descriptions of cultural themes that may be powerful blockages to or enablers of substantive cultural change efforts. The methodology also permits the detailed examination of micro actions that can influence change initiatives or general management practice at both the micro and the macro level of the organization. It can also provide rich empirical data on the potential impact that established cultural themes may have on identification outcomes, which subsequently impact on selected modes of organizing. Finally, it enables research into the empirical social world of managers in relation to how they construct their frames of cultural reference that guide their behaviour to maintain, protect, reproduce and amend corporate culture.

Ethnography requires long-term involvement in the research field. Being a full participant observer managing the dual identity of researcher and manager can be very difficult for the research respondents who may be the change manager's colleagues. This tension has often been a source of critique of the native turning ethnographer because allegedly only an outsider who is unfamiliar with the culture under consideration can study it 'objectively'. However, we reject this view. There have been notable examples of organizational ethnographers who were also full participants in the object of their study (see Dalton, 1959; Golding, 1986; Humphreys, 1999; Johnson, 2000; Spradley and Mann, 1975; Watson, 2001).

This chapter has not explored in detail the methods that underpin ethnography. For the cultural change manager there is a need to get to grips with how ethnography is 'done' and we would recommend the following works as excellent practical guides to ethnography in practice:

J P Spradley, *The Ethnographic Interview,* Thomson Learning (1979) and *Participant Observation,* Holt, Rinehart and Wilson (1980)

J Van Maanen, *Tales of the Field. On writing ethnography,* The University of Chicago Press (1988)

H F Wolcott, Making a study 'more ethnographic' in J Van Maanen, *Representation in Ethnography,* Sage Publications (1995) and

D Fetterman, *Ethnography,* Sage Publications (1998)

Part 2 of this book discusses the dynamic process through which theory engages with practice. We introduce a practical case study of a significant organization undergoing serious cultural change work , describe the change technologies employed and we reflect on its effectiveness and the lessons learnt.

PART 2
Cultural and strategic tensions. When theory meets practice

The client and its problem

10

Introduction

The case study in this part of the book illustrates cultural issues central to the process of developing and implementing a commercial strategy within a former public sector, local authority department. The case looks at how the organization undertook a transformational journey towards a new cultural identity. For the purpose of linking theory with practice we explore the structure of a classic cultural change model broadly utilizing the framework advanced by Argyris (1970). We introduce the client organization and describe the change context it was operating within. Then we consider the idea of 'cultural and strategic tensions' and model this concept by illustrating its capability as a thinking device for describing cultural change issues in strategic terms. We drill down into the core of the issues that, in cultural terms, were hindering the client. The role of the external change partner as an action researcher is discussed and in particular the ethnographic research that was conducted. The findings of the ethnographic research process are outlined with attention being given to cultural theme analysis.

The client organization

The client organization was originally called Direct and Care Services (DACS) and was part of Glasgow City Council. The council took a decision to transfer DACS and establish it as a Limited Liability Partnership (LLP) rebranding it as Cordia (Services) LLP. The key driver for this change was economic. The public sector was experiencing significant budget pressures and there was a need to improve the overall efficiency of the organization and reposition its organizational identity.

Some facts and figures

- Cordia employed 8,500 staff, 250 in supervisory or managerial roles.
- Staff enjoyed an average employment record of 20 years.
- Cordia had a turnover of approximately £134 million per annum.
- It operated within the hospitality, home care and facility management sectors.
- The council owned 99.9 per cent of the LLP; the balance was owned by a company that was also owned by the council.
- The main board was chaired by an elected member supported by five additional board members who were also elected members of the council together with the managing director and finance director.

The initial change process involved altering the legal identity of the organization and transferring 8,500 employees from the employment of the parent organization, Glasgow City Council. The longer-term change process concerned the development of an organizational culture that was supportive of the strategy crafted by the management team. The case illustrates cultural themes that may have been reflective of a local authority model but which needed to change in relation to the new LLP trading in an open market. The primary vehicles for these change efforts were:

- a formal cultural change programme;
- an incremental process of service reform throughout the business;
- the re-engineering of business processes;
- a number of management restructuring exercises;
- a full brand makeover.

The case study also illustrates the problematic and long-term nature of cultural change work and the difficulty of introducing strategic intentions that may not be compatible with the underlying culture of the organization. The idea of strategy and cultural fit has been well established by scholars such as Johnson *et al* (2011). In some cases the underlying culture of the organization may match the strategic framework advanced by management. However, this can be deceptive in that the future strategy that will be required to respond to future trading conditions may be incompatible with the current underlying culture of the organization. The case focuses on purposeful efforts aimed at changing the culture and the problem of matching culture with strategy during periods of enforced change, which we have labelled 'managing cultural and strategic tensions'.

Financial change drivers

Following the banking crisis of 2008 there emerged a demand for critical reviews of local authority service delivery models throughout the United Kingdom. The severity of budget cuts following the financial crisis 'implicitly' demanded organizational transformation of the second order. On the surface the media attack on public services appeared to be a call for 'first-order change'. Local authority leaders interpreted this as involving structural, economic, technological, process and material changes. First-order change can often be considered by a management team as a straightforward and rational exercise. Changing organizational structures on paper can be an intellectually elegant exercise. Process mapping established systems using software such as VISIO and overlapping with re-engineered process maps is an interesting and engaging thing to do. Restructuring operating budgets is also a creative and stimulating activity. Redesigning the layout for offices can even be fun. The problem is that all of these apparently rational and straightforward change initiatives ignore the cultural dimension. People and their inter-subjectivities and established cultural norms are often missing from these exercises. They are assumed to be compliant and will naturally accept the rational case for change as announced by the architects of the change initiatives – senior managers. This form of change thought or activity can be considered as 'laptop strategizing'.

The cultural dimension needed to be considered regardless of the scale or nature of the change programme. Significant strategic change work that involves incremental and future strategic intentions elevates the cultural dimension to a whole new level of critical importance. Cordia appreciated this and had the challenging problem of navigating through first-order change initiatives while developing organizational capabilities at second-order levels.

Managing cultural and strategic tensions

Figure 10.1 illustrates the problem of culture when managers apply desktop strategizing and ignore the cultural dimension of strategic change. Established cultural themes that maintain and reproduce ways of working interrupt and disrupt the successful implementation and realization of the strategy.

An example

Assume that an organization produces a narrow range of technology products and has been successful in its market. New entrants have accessed the established marketplace and this has increased the competitive dynamic. This has produced a requirement for the organization to re-think its operating strategy if it is to maintain and protect market share. We can assume that the organization has traditionally adopted a production orientation because:

- engineers run the company;
- emphasis is placed on product design;

FIGURE 10.1 Cultural and strategic tensions

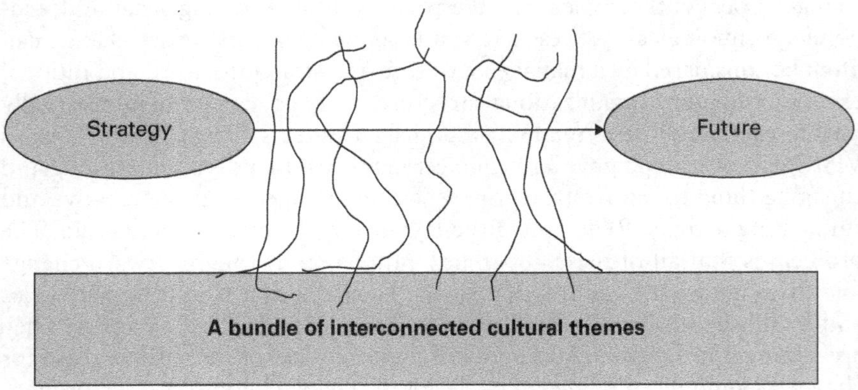

- the dominant paradigm held by management was that the market was secure;
- the job of the organization was to produce the number of products required to satisfy established consumption patterns;
- marketing was not a cultural theme.

The organization may have an issue of cultural compatibility if it wishes to shift from a production orientation to a market orientation, which involves adopting a differentiated approach to product design that is customer-led and has strategic designs that are heavily influenced by marketing. If the organization tries to change its culture without tackling the established power structures and production-oriented themes that underpin the existing cultural paradigm, these will disrupt and undermine the efforts to realize new strategic intentions. Therefore, to move from a production orientation to a market orientation there is a need to:

- put a marketing leader in charge of the company;
- integrate market-led product designers with production engineers;
- establish marketing education for production teams;
- loosen up the assumption that the market is highly dynamic; and
- reshape the values from producing things to inventing things that customers may not even be aware they need.

Figure 10.2 illustrates the model that change strategists could work towards. This involves a clear and generally understood strategy supported by a core composition of cultural themes that are compatible with the strategic activities and outcomes desired by the organizational leadership. The point is that there is little value in crafting a strategy and trying to implement it if

FIGURE 10.2 Strategic and cultural fit

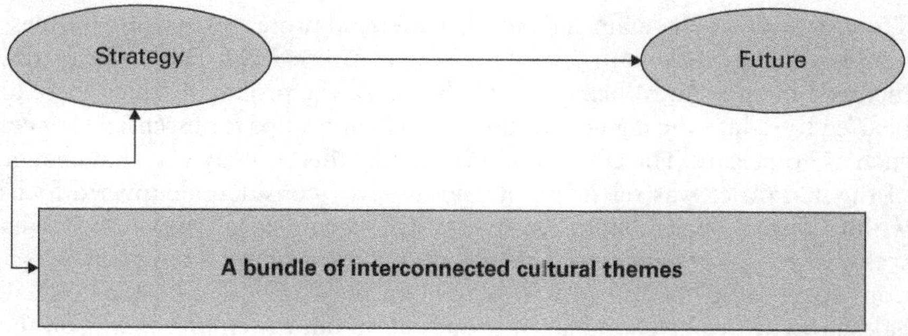

it is not congruent with the underlying culture of the organization; as Peter Drucker once remarked, 'culture eats strategy for breakfast!' An organization that has a dominant production orientation will simply reject a strategy that is market-led and requires the cultural glue of a marketing orientation. The task therefore is to shift the form of the underlying culture to enable strategic fit in advance of implementation of the mid- to long-term strategy. Thus cultural transformation and strategic development are deeply linked together. Figures 10.1 and 10.2 help as tools to orientate group discussions around the themes that will clash with the character of the strategy and threaten the desired strategic outcomes. This conversation can then focus in on the required changes in established cultural themes that are necessary.

While it is widely recognized that there is a need to develop a strategy that is compatible with culture, what is less understood is:

- How organizations should go about changing their culture in use.
- How cultural appreciations should be brought in to the discussion to develop and implement the business strategy.
- How in practice to change culture.

As a former council department, Cordia was built on an assumption that jobs were guaranteed for life. However, the council had experienced considerable reorganization over the preceding 10 years with a continuous policy, year-on-year, of trawling for early retirement or voluntary redundancies. The development of partnerships between private and public sector bodies, a shared service centre and the subsequent centralization of support services, the business re-engineering of the council's IT systems to reduce labour and, finally, the emergence of Cordia had all shaken the assumption that jobs were for life. However, the core paradigm remained in place that the council would continue to provide work to the organization and that despite the change in legal identity and branding, essentially the organization would remain part of the 'council'.

The business strategy

The core strategy the management team adopted protected existing business while reducing cost and improving the quality of services. This strategy also included the pursuit of lucrative new business, the profits of which were to be used to reduce the net cost to the main client groups for essential services such as home care. The effect of implementing this strategy was that change of the first order was relentless. It also involved considerable inward focus with resources being channelled to established council services that Cordia was charged with managing. This meant that most of the internal conversations focused on the 'bread and butter' business provided by the council. Sales growth was given management attention but the emphasis was on the internal market provided by the council. This served to reinforce a dependency on the council for work and to preserve the internalized view that Cordia's principal purpose was to serve the council. This was further reinforced by trading limitations imposed on Cordia through European procurement rules in relation to its status as an LLP. The cultural changes that were required at Cordia were all rooted in the essential problem of underlying organizational identity that dominated thinking on security of employment.

The changes that were required within Cordia could be considered as cultural breaks from the past. As a former local authority department, Cordia had enjoyed protected markets with business almost guaranteed. Cordia had five years to enact a business model and establish an organizational culture that could radically transform the economic base of its established business and enable competent competition in an open market. To do so, a cultural change programme was enacted, called 'The Cordia Way', which was to function as an overarching change strategy that supported both the operational change management activities and the aspirations of the business plan. It would do this by attempting to shift the underlying culture from one synonymous with the public sector to one that retained the spirit of civic duty but which also embraced commercial philosophies and related management practices. The Cordia Way was adopted because it provided an overarching change strategy that specifically targeted the attitudes, assumptions, thoughts, identities, values and behaviours of service managers and their front line staff.

Diagnosing cultural problems

The key issue for the Cordia management team was how to develop an understanding on the part of all employees, including local management, that it would be Cordia's competitive position and the standard of their work in terms of productivity and quality that determined whether Cordia retained contracts. This assumption stood in clear opposition to established beliefs. The challenge was how management would shift the old paradigm to the new throughout a critical mass of staff and managers. This was the

FIGURE 10.3 Organizational structure at Cordia, April 2009

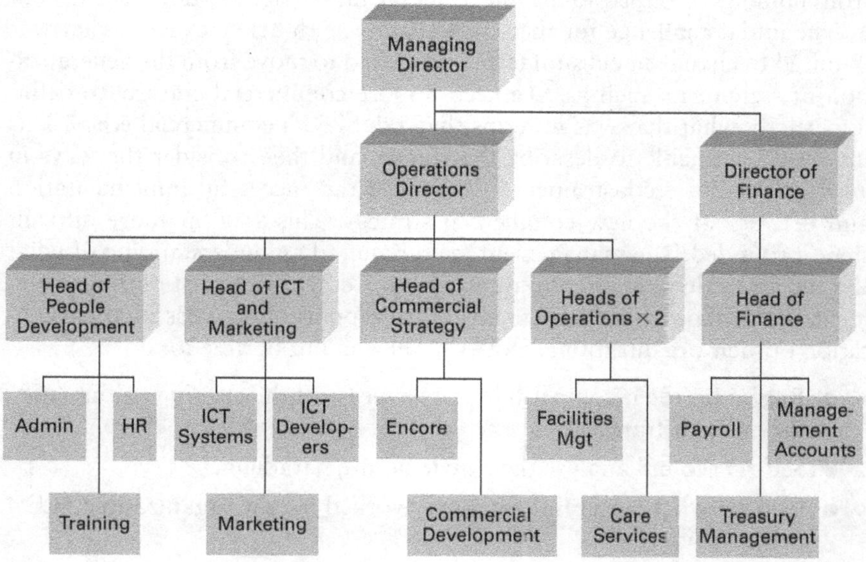

central aim of the cultural change efforts. Figure 10.3 shows the organizational structure as at April 2009 through which the trading activities at Cordia were operated.

Change in cultural norms

It was recognized that the changes needed would involve a significant shift in the assumptions, values, attitudes and behaviours of both management and staff at all levels. The Cordia Way was intended to develop a commercial culture that defined Cordia as 'the business' rather than as 'Direct and Care Services' or 'the department' or 'the council'. This was an identity issue. Culture as a construct is built on identity work. The meanings we attach to the things we identify drive our assumptions, which drive our values, which drive our attitudes which subsequently drive our behaviours. At Cordia, the psychological return or 'secondary gain' that managers and staff derived from holding onto the established cultural identification with the council was considerable. It provided emotional and economic stability. It provided a source of comfort that established ideas, relationships and skills would be maintained. This also fed individual identities and provided a source of confidence that everything would be ok. This form of identity work is to be expected as people look for stability. In doing so, they actively seek predictability and order and they desire a work/life balance. Cultural change challenges existing identities and can be a very threatening force that has the potential to upset the emotional dynamic. Even though the case for cultural change may be overwhelmingly compelling, the secondary gain derived from holding onto the old may be a significant barrier to adopting the new.

The initial challenge for the senior team was to define exactly what was required to change in cultural terms. They had to move from the generalization of statements such as, 'we need a more commercial culture' to defining exactly what that was in terms that exhibited a commercial ethos. This involved being able to describe the culture and then consider the ways in which the culture constrained or energized the successful implementation and delivery of the new commercial strategy. This was far more difficult than it sounded. The management team required an understanding of what the cultural values, assumptions, attitudes and behaviours of both management and staff currently were to be able to support the successful implementation of their organizational strategy. They had to be able to:

- Recognize the incompatibility of elements of the existing culture and the desired strategy.
- Self-reflect and analyse their own culture paradigm.
- Identify what cultural themes still worked for the organization and protect these.
- Identify what themes were no longer fit for purpose and eradicate.
- Be imaginative enough to design new cultural themes that would support the new strategy.
- Be capable of successfully introducing these new cultural themes to the culture of the organization.

In the spirit of consultation the management team of Cordia engaged in a comprehensive diagnostic review of the management culture as it existed. A key question to be considered by Cordia management was who was to carry out the cultural diagnostic review? If an internal agent did this it would be difficult for him or her to have credibility in such a role.

The external change partner

Cordia collaborated with a leading academic and business consultant as an external change partner to support the change process. The brief was to undertake a diagnostic review to identify the cultural themes that would either inhibit or enable the realization of change. The change partner would then present the findings of the review together with recommendations for organizational action to the combined senior and middle management team of Cordia. The expanded brief provided to the change partner was to:

1. Conduct one-to-one meetings with each member of the senior management team to establish if Cordia were to be a success, what did they think needed to change with regard to the organizational culture?

2 Facilitate two focus groups of six middle managers to address the same questions. This sample of managers was the second layer who reported direct to senior management. This group would be selected to lead the change project teams for the pilot stage of The Cordia Way.
3 Chair four independent workshops with managers selected for the pilot phase of The Cordia Way. The objective was to understand how the participants perceived the organization's culture and what needed to be changed to support the aspirations of the LLP.
4 Chair four workshops with front line service staff selected from the business (100 participants per workshop). The participants were drawn from home care, catering, janitorial, cleaning and administrative staff. The workshop objective was the same as 3 above.
5 Facilitate a one-day cultural change project management workshop for the change leaders. The workshop was on a change management model that they could employ. The content covered: the role of self-reflection in change leadership; a working change management model; and a basic introduction to culture and the management of organizational culture.
6 Produce a report that summarized the main cultural themes that emerged from the research discussions for the management team with recommendations for intervention.
7 Facilitate a one-day conference based on the findings of the cultural diagnostic review. The findings included recommendations for intervention and organizational cultural change. The conference involved both senior and middle management.

The research process

The Cordia Way was based on hard data obtained from the research process conducted by the external change partner. The change partner encountered the expressive hegemony and presented his findings in a way that balanced both the positive and negative aspects of management culture and therefore operated with political sensitivity. Recommendations for intervention were presented with care so as not to alienate the top leadership of Cordia from the research process. The findings and recommendations of such research were not perceived as a 'whitewash' by the management team. It was agreed that the findings would be distributed to the senior and middle management team post-conference for follow-up meetings and discussions. The following detail describes the research process.

The analysis of the data

Once the change partner had completed the data gathering process he then analysed the data employing cultural theme analysis. This involved reading the data in detail, coding themes that emerged and then cross-referencing themes from different data sources. If a cultural theme emerged consistently across research groups, or if it emerged frequently in the responses from a particular research group, it was considered that it merited acknowledgement in the report. The researcher then looked for examples of the way in which that cultural theme affected organizational activities in Cordia.

The production of the findings

The change partner then drafted a report that detailed the significant cultural themes that emerged from the analysis, linking them to their organizational effects with recommendations for intervention and change. The report was distributed to both the senior and middle management teams.

Key issues: cultural themes in use that needed to change

Any cultural change process cannot be effective without a realization on the part of managers that: 1) cultural issues that impede organizational effectiveness exist in their teams, and 2) they need to be prepared to talk openly about issues and develop strategies for coping with them. This process of awareness and acceptance in an organization that was inwardly focused was not going to be easy. Detailed below are the cultural themes that were identified by the research process to support the efforts of Cordia management to develop and subsequently enact a business strategy that was culturally compatible with the organization.

Cultural theme 1: The core of the organizational paradigm

How employees identify with their employer, as an organization, will have a direct bearing on their commitment to the goals and aspirations of the top leadership of the organization. If they viewed the organization as a council department then the idea of continuous improvement based on a competitive logic would have no influence on employees. If, however, they viewed the former council department as a commercial business that had to compete for its survival they might support continuous improvement strategies with more enthusiasm. The issue of identity at the organizational level was therefore important. The cultural theme that dominated employees within Cordia implied that it was nothing more than a council department with a different name, essentially 'old wine in a new bottle'. This was not surprising as the average length of employment with the council per manager employed with Cordia was 20 years. This cultural theme was the antithesis of the idea that Cordia was a private company with its own governance procedures. The strategic purpose behind establishing Cordia was to enable the former council department to embark on a process of improving its competitive position. This involved deconstructing the dominant paradigm and constructing a new paradigm for general internal consumption.

Cultural theme 2: Security of employment was assumed as guaranteed

A key issue for Cordia was how to develop an understanding on the part of all employees, including management, that the standard of their work in terms of productivity and quality would determine whether Cordia retained contracts and that Cordia's competitive position and the reaction of the market to Cordia would determine job security. This was a strategic issue in that it was highly likely that new mechanisms for evaluating service delivery, such as European Foundation for Quality Management models, would be introduced to ensure that best value was being achieved by using Cordia as a service provider. The fragmented nature of the various departments that made up the council and the enabling effects of local reorganization of these departments would probably create pressure for greater procurement autonomy on the part of council departments. Such a dynamic would put considerable pressure on Cordia to qualitatively and quantitatively justify its position as favoured supplier. This meant that both the quality and efficiency of services were critical symbolic levers. Thus all staff had to understand their role in this process of continuous innovation and improvement.

Cultural theme 3: Leadership and management development was not associated with the attainment of organizational goals

Historically, managers were selected on their ability to conform to the culture within the council. Emphasis was historically placed on budget control and smooth administration. Although the title 'manager' was commonplace, councillors who governed the organization, ie Glasgow City Council, regarded managers as 'council officers' and directors as 'senior officers'. The new market conditions for Cordia involved improving its competitive position; this would situate leadership as a group, a process and as a knowledge base central to reform. The key issue was how to raise the need for both leadership and management development and how to determine what kind of development was required.

Cultural theme 4: There was an assumption that existing business was protected from open competition

It was assumed that council departments operated within protected markets. The key issue was how to dislodge the assumption in the minds of employees that the council would always support Cordia through the provision of commercial contracts. If this theme were not deconstructed, the commercial strategy of Cordia would be more problematic. This theme was closely linked to cultural theme 2; however, the distinction was that in strategic terms if external procurement of established services became a model that was accepted then Cordia would have to be ready for such a competitive process. This was a cultural change problem that held significant strategic themes.

Cultural theme 5: Short-termism

Budget planning had been centrally influenced and business plans had traditionally been called 'service plans' spread over 12 months. A key issue was how to advance the cultural theme that advocated short-, mid- and long-term planning. To a degree this had already happened with the development of the business plan and the commercial strategy for Cordia LLP. However, short-termism inhibited strategic discussions beyond immediate concerns. A challenge for the team was how to inculcate the idea that strategic thinking was 'real work'. The culture had produced an emergent orientation towards strategic endeavours that had served the organization well in the past. However, the practice of scenario planning and future timeline strategy work was not deemed as important and thus in the main was marginalized. The cultural challenge for the management team was creating an active space for strategic mid- to long-term planning that was highly valued and enabling access to such a strategic future-oriented process for a wider group of Cordia stakeholders.

Cultural theme 6: Statutory versus non-statutory change drivers

Throughout Cordia organizational development activities were regarded as 'training activities'. Traditionally, training was driven by two distinct duties of corporate obligation: statutory and non-statutory duties. The former were legal obligations, eg health and safety regulations. These required training programmes to ensure staff were properly skilled and knowledgeable. As Cordia operated as a business as opposed to a local authority department, the idea that statutory obligations should be privileged over non-statutory drivers for change required careful consideration and there was a need to rebalance the emphasis management placed on both sets of drivers. In private sector organizations one may find evidence of a strong emphasis being placed on non-statutory change drivers such as:

- competitors' strategies;
- social reform movements;
- market trends;
- changing demographics;
- product differentiation;
- service standards;
- quality improvements;
- technology advancements; and
- ethical issues.

In Cordia these drivers were treated in the main through incremental evolutionary responses or step changes driven by statutory demands, for example food safety legislation. The cultural challenge for Cordia was how to drive an approach that could enable continuous improvement linked to the competitive position of the organization.

Cultural theme 7: Established forms of talk

It is through language that culture is constructed, maintained, reproduced and ultimately changed. How we talk and the linguistic symbols we use to convey our ideas really do matter. At Cordia, the language of operations and support services was service-oriented. There was a cultural theme that everything must be kept simple. This acted as a filter to ensure that the language in use reflected an internal focus and protected the established language of unit-based, area, middle and senior management teams. The executive leadership had been in charge of the organization for 20 years and some were approaching retirement. This meant that a leadership vacuum would occur and there was need for enabling strategic conversations throughout the organization that encouraged new ideas and the building of strategic confidence. The cultural problem for the management team was one of initially recognizing their own system of linguistic hegemony and its constraining effects, and then working out how best to change this cultural dynamic.

Conclusion

This chapter has introduced the client organization as well as presenting an account of the way in which it identified the cultural themes that were inhibiting its strategic intentions. The fundamental goal of senior leaders in organizations is to know when to change and when not to change culture at work. Managers can be relied on to manage first-order change projects but organizations require leadership to know when to change culture and how to mobilize symbolic resources that unite followers behind their leadership agenda. Intuitive organizational leaders may simply sense that aspects of the underlying culture of the organization require intervention, but their intuitive capabilities can be supported through the use of an external change partner. This assumes a much clearer cultural diagnosis and articulation of the nature and extent of cultural change problems.

The seven cultural themes identified was not an exhaustive inventory. More detailed cultural research would no doubt have revealed more cultural themes. Once identified though, the next stage in the cultural intervention was to design change methods that would enable successful change work. In the next chapter we consider the 'change technologies' that were employed to intervene and change the nature of the seven cultural themes.

Change technologies

11

Introduction

This chapter explores the principal technologies that underpinned the cultural change work at Cordia. We have adopted the metaphor of 'change technologies' as it enables us to focus on the social strategies that were invoked to enable cultural change as a technical apparatus. This avoids assuming that social interventions are somehow pedestrian in form. The use of the term 'change technologies' implies sophistication and complexity and does justice to the mix of interventions. The purpose of the chapter is to provide readers with a working example of the technological structure of a cultural change programme as well as a conceptual language through which they may explain, define and discuss cultural change work.

The idea behind this chapter is not to advance a particular orthodoxy but a creative approach to cultural change work. The change technologies we employ throughout this chapter have all been tried and tested extensively in organizational settings as well as documented in change management literature. The change technologies build on the broader intervention framework introduced in the previous chapter and derive their inspiration from the pioneering work of Kurt Lewin, Douglas McGregor, Rensis Likert, Eric Trist, Andrew Pettigrew and Chris Argyris.

The framework we advance throughout this chapter is also useful in that it provides a clear systematic flow to explaining the cultural change process to others. It must be stressed however that cultural change work is, by its very nature, an iterative process, so the change manager should not expect it to be totally linear and sequential. The strategy that was employed at Cordia was one that advocated the cultivation metaphor. This proposed building up a critical mass of management support for the required cultural changes.

The Cordia Change Network

The principal technology employed to change the cultural themes identified by the diagnostic process was a network of change teams made up of 240 managers. The managers were clustered into 24 change teams, each with a designated change leader. The teams had the freedom to diagnose a 'problem' at Cordia and then set about developing a change intervention to address it. The idea was that by challenging established norms with the support of a theoretically informed cultural change model, management could achieve their cultural change objectives. The Cordia Change Network encouraged positive engagement on the part of 240 managers with the cultural change agenda. The idea that underpinned the initiative was that each member of the change network could 'influence' the motivation of their broader team members towards the achievement of the goals. The aim was to align the goals and aspirations of Cordia staff with those of the Cordia general management team.

An objective of these teams was to develop 'generative dialogue' and to progressively encourage direct reports in active dialogue. By working in teams with clear empowerment parameters, the cultural themes were challenged. The change teams were to impact at the level of both first- and second-order change.

What was required was a device that would legitimize The Cordia Way as a cultural change project. The device that was introduced was the concept of 'change projects' (which will be explained in detail when we consider the composition of The Cordia Way, below). What is important at this stage is to recognize that sometimes within an organizational setting theory has to be disguised, it has to be coated in a veneer that makes it acceptable to the management otherwise it will simply never get off the ground. In Cordia's case, the cultural veneer was the introduction of action-oriented project teams that signified the established cultural orientation of action. However, The Cordia Way would also benefit from a powerful theoretical base aimed at providing scope for change in the objectives listed above, albeit on a covert level.

The internal marketing of cultural change is a critical part of the change process. This is not easy, as organizations can be sites of contested meaning where different factions struggle for control of:

- how the organization is to be defined;
- what constitutes organizational knowledge and who has such knowledge;
- the authorship of identities to be imposed on others;
- an editorial process that determines what kind of talk is going to be permitted and by whom; and
- the nature of the guiding concepts that structure thinking and understanding and the kind of performances that are to be legitimized by the managers who constitute the organization.

These kinds of struggles are concerned with controlling the expressive capacity of the managers and staff employed throughout the organization. Marketing can be used to advance the new values, to challenge existing assumptions and to communicate the messages that support the cultural change project in a very positive way. Considering the fact that cultural change involves the reweaving of meanings, marketing with its power to impact on the subjectivity and values of individuals and groups should be an obvious ally to the cultural change leaders. The marketing plan needs a central vehicle to drive its development and focus. This vehicle should be the interconnection of the brand identity, the case for change and the values of the organization. The brand should be the central signifier of the values that the organization wishes to aspire to.

The change team structure

It is worth bearing in mind that the organization expected the existing management team to adopt secondary identities and occupational roles for the duration of the change initiative. This meant that the organization was asking its staff to do more work, and work that they were not necessarily prepared for. In the case of Cordia no reward system was established.

The Cordia Way involved management representation from all parts of the organization. A process was developed to select the change project team members and to communicate the rationale behind the selection process to those selected. Each change team had a change leader. Cordia avoided having teams that had a group of managers of similar rank or from the same occupational groups in an effort to break down the silo tribalism that permeated the organization.

Change team members

Each change team had a designated leader and nine change team members. The change team members were all equal in terms of authority as part of the change team process. They all had an equal voice and say in how the team developed and the change issues that they selected for consideration. The core remit of a change team member was to be an active participant in the change process and to help select the change project and to contribute towards its design. They were also expected to fulfil the role of change agents and actively promote The Cordia Way within their own teams and peer groups. They also had a crucial part to play in the ongoing review of the effectiveness of The Cordia Way in achieving its objectives. At intervals they would form focus groups whose purpose was to reflect on what worked, what did not work and what they would suggest should be changed with regard to the composition and application of The Cordia Way.

Change leaders

The role of the change leader was a critical part of the change programme. However, rather than one leader, what was required was a network of change leaders all working on the cultural change initiative. This was accomplished through The Change Network, a change leadership model that encapsulated all managers within the organization. It was based on the principle of a pyramid that started, in the case of Cordia, with a group of 12 change leaders and their respective change team members. At the end of a 20-week period the change teams elected a team member, regardless of rank, as the change leader for the next phase of the cultural change programme. The old change leaders then assumed the role of team mentor for the new change leader. The mentoring role lasted 20 weeks. This meant that the manager who initially led the change team would spend 40 weeks in the cultural change process.

The key responsibilities of the change leaders were to function as team builders and to advance the case for change. They made a significant contribution as ambassadors and were social enablers shaping a positive atmosphere within the change team. It was a key function of the change leader to gain the commitment and application of the team. Each member of the middle management team at Cordia was a change leader throughout the pilot phase and led a team of managers from throughout the organization on a change project.

It was identified as important that change leaders were provided with a detailed description of the change process that they would be leading; the support services they would be provided with, and timescales and the critical events they would deal with. At Cordia, each change leader was provided with a change leader's schedule. If the organization had additional commitments for either the change leader or change teams during the process, this could possibly be resisted and might generate complaints. If it happened more than once then morale issues developed and discontent emerged within the ranks of the change team.

The change manager

The change manager was responsible for coordinating the design, implementation and review of the cultural change programme. It was important that this person was politically credible in the role in relation to the broad network of stakeholders he or she was required to collaborate with throughout the cultural change management process.

The change facilitator

The training manager functioned both as a project team change leader and as an overarching change facilitator to the programme. The typical responsibilities of the change facilitator were to:

1. Inform the development of the cultural change programme through regular meetings with the change manager and the external change partner.
2. Organize the administration of the change programme.
3. Co-author the change management training modules.
4. Fuse together the content and practice of the formal change management training.
5. Carry out research on best practice change management.
6. Design all methods of review and evaluation of the change management programme.
7. Support and assist the pilot training with the cultural change manager.
8. Deliver change management training for the change team members.

The managing director

The MD was the key sponsor of the cultural change programme. He lent his full support to the initiative and provided leadership to mobilize the change network participants. He matched his espoused support and belief in the new values with everyday concrete actions. He aligned himself with the change programmer and endeavoured to drive an understanding of the strategic imperative to alter underlying assumptions, values and even hegemonic themes in use throughout the senior team. He assembled support for this process from within the ranks of the senior team. The aim of top leadership was to motivate the senior team to openly and actively demonstrate genuine commitment to the new cultural norms through matching espoused theories of action with actual behaviours in use. The MD helped the management community to appreciate the importance of second-order cultural change work and to fully support and embrace the methods and processes involved.

The change mentor

The role of the change mentor was to support the change leader in his role and to critically appraise any emerging change projects. This was very important to ensure that the change projects were of manageable proportion and that the political support of key stakeholders could be secured. Each team leader was provided with training on how to manage his or her mentor for the benefit of the respective teams. Each mentor received training on what was expected of them and the key skills involved in being a mentor. The mentoring programme offered an additional source of added value from The Cordia Way. It provided an executive development opportunity for senior managers to develop their skills as educators, coaches and facilitators.

Building the case for change

The change teams started out on a journey that would last in the first instance for five months and for the change leader another three months in the development of mentors for future change leaders. The planning stage for the design of the cultural change programme and launching The Cordia Way was 12 months in total. The second stage of The Cordia Way would span a further year. In relation to cultural change there was no recipe that promised the desired cultural changes within a shorter timescale. We think that efforts to transform the basic values and assumptions that drive behavioural styles and which produce and protect management cultures can take up to 10 years. The first three years are pivotal to laying the foundations for cultural change.

Cultural change involves a power struggle and inevitably a modification or even a redistribution of power relations. Building the case for change is arguably the most important element of the planning stage as it affects the subjectivities of those involved in the change process. This is especially important when one bears in mind that cultural change is concerned, at one important level, with winning over popular opinion throughout the organization. Conceptualizing and talking about cultural change can also be aided by using the building metaphor. As with all constructions, the Cordia cultural change programme required a foundation to support its overall structure. Change foundations are made up of the soft material of human subjectivity and these materials are symbolic in form and usually presented through language mediated through conversations and the telling of organizational stories. It had to be weatherproof. It had to be able to withstand a corporate storm.

The materials that supported the Cordia programme were the interconnected narratives that both managers and staff recognized as the legitimate reasons for the need for cultural change. Certain narratives can be described as 'mini narratives', while others can be described as 'grand narratives'. Mini narratives consisted of a simple plot and story line, eg 'profit is good' or 'compete to win'. Mini narratives competed for performance space in an organization. These mini narratives had the potential of fusing together into a grand organizational narrative that could be called 'The case for change'. As stated earlier, Noam Chomsky (1992) called this process 'manufacturing consent'. Although Chomsky's work is mainly analysis and discussion at the macro level of societal forces it is easily transferable as a model into organizations as 'the logic of the market' (Willmott, 1993). As grand narrative, market logic subjugates all alternative narratives to manufacture consent for the assertions of the need for organizational change, and in particular cultural change. This is a hegemonic project. Building such a hegemonic narrative takes time. It involves the skilful employment of performance techniques that we now explore.

The change mantra

The case for change should be a simple narrative. It should be based on no more than 10 key principles each of which is connected by a 'mantra link'.

Within an organization the process of advancing the case for change requires a 'spectacle of perceived crises'. The spectacle may be the threat of recession, technological advancement or the introduction of products that threaten to replace or diminish the need for the organization' products. The set of themes that the case for change was to be built on could be described as being rooted in 'the logic of the market'. This logic asserts that competition drives change so organizations must always consider the question of market relativity when managing their affairs. The logic of the market means that denying the need for change would lead to being overtaken by the competition or simply wiped out, so the link mantras that emerged were: 'We must protect jobs', or 'We need to be more competitive', or 'If you don't change the business will fail and we all lose', or 'We must do more for less or face lower pay rates if the competition acquires our business'. Any one of these link mantras could be used to build up the legitimacy of the case for change.

At Cordia the change mantra was competitiveness. The transfer from being a major metropolitan council of 8,500 staff to a Limited Liability Company along with the full re-branding and management restructuring through voluntary redundancy and early retirement provided the spectacle. The logic of the market was employed to demand a shift in culture from a public sector orientation to a private sector commercial one. The change mantra was simple, it asserted that 'We need to be more competitive'.

Support activity

The change schedule developed for Cordia was composed of support activities. These were planned activities through which the organization set out to provide the change leaders with opportunities for self-development, access to a support network, and knowledge of cultural change to help in their role. This was important because the skills and knowledge required to be successful change leaders were assumed. The Cordia cultural change process illustrated a number of highly effective, if not exhaustive, processes of developing change leaders

The seven-step development processes of cultural change leaders

1. Set the scene for change leaders – senior direction, mantras and market logic

This was part of the incremental process to develop a narrative for the case for change. A meeting focused on the challenges facing the business and employed the logic of the market as a central theme throughout the discussion. This meeting was part of a 'push and pull' change strategy. In organizational terms the 'push' would be the logic of the market supported with a change spectacle. For example, 'There is a world recession and our sales are down by 30 per cent. The organization may cease trading unless we all agree the change.' The 'pull' would be the offer of a route out of the impending problem that involved wholesale organizational change efforts, transformational in form. The 'setting the scene' meeting was the opportunity to apply the 'push and pull' strategy and it was important that it was organized and led from the top.

2. *Team leader induction*

This consisted of a review of the support activities that the change leaders had and all the key actions they would be responsible for. The induction was important for the change manager to establish rapport with the leaders of each of the change teams. It was simply not good enough to appoint a change manager without considering how this person was perceived by the change leaders.

3. *Dialogue group session – getting to know the external change partner*

Dialogue sessions were designed to allow a reflective exchange between the change leaders, their teams and the external change partner. The focus of the conversation was reflecting on the organizational culture and the ways in which it constrained organizational effectiveness. This process of critical self-reflection drove the programme. You may find that in your organization this process is very difficult and that management put forth a sanitized account of their reflections that are deemed to be socially desirable within your culture. This must be openly addressed: there is little point in having a cultural change programme if the organization is not going to enable critical self-reflection. This is dialogical dynamic and was fundamentally a leadership process.

4. *Change management learning sessions – relating theory to life*

The change leaders participated in three learning modules, each entitled 'A conversation about cultural change management'. These were a series of 'educational' sessions each of which last for three hours. The change manager or an external expert would deliver these sessions. The interactive element involved the facilitator engaging with the audience and inviting thoughts on experiences that related to each educational module. The change conversations consisted of whatever content the change manager thought best suited the needs of the audience.

5. One-day workshop hosted by the external change partner

These workshops were set up specifically for the change leaders. The workshop content focused on techniques, a change management model and the impact of self-reflection on the part of the change leader. This session was timetabled early on in the change management process. It was designed to build the confidence of the change leaders in talking the language of change and being able to practise both team building and change management strategies. The change management model reflected concepts that were to be introduced in the change management conversations. The session set out to introduce the function of self-reflection in relation to being an effective change leader. This brought up issues concerning how this competence would improve the capacity for effective leadership.

6. One-day change management conference

A change management conference was particularly relevant to the change process as an opportunity to signify the importance to the wider change population by senior management. It involved senior and middle management and the brief was to provide a short history of cultural change management within organizations and to discuss industry examples of organizations that had engaged in cultural change initiatives. Thereafter, there was a review of how cultural change programmes fail or succeed. This was followed by an introduction to fundamental ideas that underpin cultural change management in relation to creating an integrated culture and of spreading the core values of the organization. Following the external review of practice and theory, the change partner presented the main findings of the consultation exercise, linking this to the cultural change programme. The change partner used these findings to host a discussion of emergent issues. Finally, the change partner set out to achieve group agreement on how the development of cultural change programme could be informed by the previous exercise.

7. The change mentor programme

For phase one (the pilot phase) of The Cordia Way each team leader was allocated a change mentor recruited from the senior management team. There were mixed applications of mentoring: some change leaders felt that they did not require a mentor and did not engage with the support mechanism; some were more thoughtful in their use of the mentoring programme and used it to build political relations; some used it to help them manage the change process more effectively. The mentors' response to the change leaders depended on how the change leaders engaged with them personally. The mentor programme had great promise but it was a very personal and delicate issue to manage.

Technology as theatre – the change team process

The result of the diagnostic stage was the identification of seven cultural themes that were considered impediments to organizational effectiveness. This led to the development of planned interventions in the change process that Cordia managers embarked on, using the structuring method of 'episodes'. Drawing on the principles of theatrical acts it was anticipated that the formal cultural change process would take between 16 and 20 weeks. Thereafter, the everyday reframing of the new cultural norms was enacted by significant others and an assessment of this would determine whether the objectives of the cultural change programme had been embedded.

Episode 1: Setting the scene for change

The first stage of The Cordia Way was to set the scene for the change process. Episode 1 was mainly concerned with selling the change programme to both the change leaders and their teams. This selling process was important as it provided the sense of vitality and group motivation required to mobilize efforts and sustain them for the duration of the journey. The objective was to create the conditions for change leaders and their teams to enjoy the change process and to make every effort to ensure that it was a useful and productive experience. The second purpose was that of sense making. Part of this process would be the group conversations related to the Cordia culture and what aspects of it would gain most attention.

Episode 2: The inaugural team meeting

The next episode was the meeting of change leaders and their team members. This was the start of the team-building process. At this meeting the case for change was strengthened. The following agenda items were covered:

- A general discussion of the change process.
- Agreement of a team name to aid the development of a group identity.
- Development of an outline set of team rules for meetings.
- Establishment of a contact list and a communication plan.
- Agreement on roles for all team members.
- A process for taking a record of the meeting and agreed action points.
- To agree on who should chair future meetings.
- General discussion of Cordia's culture that needed critical review.
- The linking of discussions to both the change objectives and the core values of the organization.

Episode 3: Identify a change problem

For example, the team might decide that communication needed to be improved throughout Cordia. The team would drill down to a level that precisely identified the change problem. In this case they stated that the change problem involved, 'improving the way in which area managers communicated with unit managers regarding corporate initiatives'. They would have to describe exactly what was wrong with the current situation and then the preferred future status.

Once the change team had reached agreement on a choice of change problem they would, through their change leader, seek the support in principle of the change leader's mentor for their proposal. This was a critical change filter. Assuming the change leader obtained the support of the mentor, the group moved to the next stage in the change process. The mentor then had responsibility to support the change team and to advise key stakeholders that the team were working on changes in their area of operations, what these changes were and to obtain in principle their support for the change initiative.

Episode 4: Develop a feasibility plan

This next episode involved developing a feasibility plan to inform the change initiative. This would involve the team participating in a change management workshop facilitated by the change manager. The purpose of the workshop was for the change teams to:

- Further develop the change problem.
- Discuss the change management process.
- Consider the content and purpose of a feasibility/change plan.
- Work through a mock change problem, eg 'improving the effectiveness of headquarters receptionists in coordinating calls to managers from various stakeholders'.

This process of discussing a mock change problem ensured multiple teams engaged in the workshop. This part of the process was called 'playing in the sand pit' and ensured that teams made mistakes in a non-threatening situation. The mock feasibility/change plan involved the change teams considering themes such as:

- Researching consumer attitudes to establish that their assumptions of a change problem can be evidenced.
- Identifying potential change barriers especially cultural themes in use.
- Identification of key stakeholders and resource requirements.
- Developing models of communications in relation to the change problem.

The learning outcome of this workshop was that change teams could prepare a business case underpinned by a feasibility study in support of their change project. This 'playing in the sand pit' helped to build confidence as change professionals.

Episode 5: Getting serious

This part of the process included designing a simple research instrument to test the assumption that the team had arrived at. Once the research data had been collected, the teams would start assessing the feasibility of the change initiative to inform the preparation of the business case. The feasibility plan would explore the 'what' questions, eg 'What do we have to do to deliver on this change project?' 'What established cultural norms within Cordia may stop us delivering on our change project?' Then followed the 'how' questions, eg 'How do we mobilize the resources we need?' 'How do we overcome cultural barriers to our change ambitions?' Then there is the 'why?' question, eg 'Why are we doing this?' The episode ended with the change leader arranging to meet with the key stakeholder to secure support for the change project.

Episode 6: Win over key stakeholders

The team would complete the feasibility plan and the business case. They would then draft a presentation which:

1. Defined the change problem.
2. Argued for the case for change.
3. Illustrated the resources required to deliver the changes.
4. Determined the benefits of the change investment to the organization.

This type of process also challenged established cultural conventions at Cordia. Traditionally, it was not the function of managers below the middle management strata to prepare and deliver business presentations. Similarly, the benefits of the change project were defined in a wider sense than simply financial savings. The return on investment could be in monetary terms or it could be in cultural terms such as improved teamworking, innovation and communications. The team prepared for the next episode – a key stakeholder presentation.

Episode 7: Present change plan and the feasibility study to key stakeholders

This episode involved the full change team. From the perspective of stakeholders there was a need to ensure that appraisal was not unduly harsh and was a constructive review of the change proposal, its feasibility plan and business case. The change leader and his or her team would be expected to record all feedback and, following the presentation, the team would refine their presentation and supporting documentation.

Episode 8: Board-level presentations

This part of the process was very important, akin to a military passing-out ceremony. The team would receive the approbation of the most senior people in the organization. Most of the change team members had never had the opportunity to present to the most senior people in the organization. If done properly this offered an opportunity for establishing motivational vitality with long-lasting impact on the team members. The opportunity for recognition and positive feedback had long-term motivational effects and led to a stronger and more positive identification with the organization and the work it does on the part of the employees. The board would agree to adopt the change initiative for implementation.

Episode 9: Change team selects future change leaders

At this stage the change team would start to formally disband. Part of this process would be selecting the team member best suited to lead the next phase of cultural change teams. The change leaders from the pilot stage would take up a mentoring role to the nominated change leader. This established relationship ties between managers from very different parts of the business and a network of mutual respect that encouraged other positive relations throughout service teams. It also encouraged a culture of teaching, support and openness to personal and group learning. The peer-appointed leaders were placed on a leadership development programme and were part of a succession-planning programme that sought to develop the leadership talent of the future. This additional 'reward' inspired a competitive dynamic that helped the team process achieve its objectives. These micro strategies were useful in helping the organization and the change team members gain added value from the cultural change process.

Episode 10: Review the change process

The review process focused on:

- The pilot stage and change interventions in advance of Phase 2.
- The change leaders' perceptions of the effectiveness of the mentors through each stage.
- Reviewing the change partners' impact on the workshops.
- Reviewing the effectiveness of the change management training sessions.
- The perception of the change team members in each project group of their experience of the project.

- The change team members' review of the style and effectiveness of the change leaders.
- The mentors' provision of emergent feedback to the team leaders when required.
- Change leaders completing a project progress report for their mentor following each group meeting. This would be one page and would be provided by the change facilitator.
- Reviewing the impact of the change project led by each change team leader on achieving its objectives.

The review process did not only occur at the latter stage of the change process. There were interval assessments of an unofficial nature called 'bus stop tests'. There were also two short surveys and a team focus session, which involved the change leaders, the change facilitator and the change teams gauging how they were experiencing the change programme. There would be a mixed-methods approach applied to the review process involving:

- focus groups hosted by a senior director with the change teams to listen to their views on what they felt worked well and not so well;
- survey instruments that aimed to select anonymous views from change participants;
- 360-degree assessments of team leaders on the part of change team members.

Episode 11: Implementation of the change project

This aspect of the change programme was to be administrated through a 'Change project implementation board'. This would be a sub-board of the main company board and would report to the main board members on its activities. This was a very tricky part of the change process as at this stage top leadership needed to demonstrate high energy levels and commitment to implementation of the change projects. This was a critical second-order stage: change leaders sustain and reinforce the new changes in values and assumptions to establish them as new, vibrant cultural norms. Failure at this stage would result in the change programme being exposed as lacking the support of the broader senior team, many of whom might demonstrate their commitment to selfish objectives within their own areas of operation.

CASE STUDY Managing absence levels

Introduction

This short case study provides a worked example of one of the change projects selected for design and implementation by a particular Cordia Network team. It illustrates how the change project process informed the seven cultural themes that were identified for intervention at the cultural diagnostic stage through the employment of ethnographic research on the part of the external change partner. It also illustrates how established organizational problems may be reframed in cultural terms in relation to the actual problem and the scope available to solve it. Finally, it also reveals associated cultural themes that were not identified during the macro cultural diagnostic phase that have considerable impact on the expressive capacity and thus the problem-solving capability of the organization.

The Cordia absence management process

One of the core competences promoted by Cordia as an employer of a large manual labour force was managing absence effectively. With 3,500 staff, most of whom were part-time, managing absence was a significant strategic task for the organization. Staff costs represented 80 per cent of Cordia's operating budget; the organization had an annual wage bill of approximately £120 million. The industry average for absence was 3 per cent. The challenge of managing absence to industry standards was complicated at Cordia as the executive management team inherited terms and conditions from its public sector guardian. The public sector offered employees very generous absence support packages relative to the broader offer prevalent within the private sector. For example, in Cordia the organization compensated staff for the first three days absence, the first six months on full pay, and the second six months on half pay.

Culture at work

Traditionally, Cordia had interpreted absence cases in the main as 'health issues' and thus management adopted a 'care-centred' approach to managing absence cases. The approach advocated the cultural norms of managers demonstrating empathy to staff who were absent and offering whatever support the organization could provide to enable them to return to work. As budget pressures mounted, the ability to maintain a focus on managing absence became more salient. This problem was also emphasized by repeated negative news coverage. In the national media there was a campaign intent on pressing home public sector, government-led austerity reforms and orchestrated scare-mongering tactics were common. Thus while Cordia did not have an absence culture and its absence levels compared favourably with its competitors, it had to maintain a powerful focus on this ongoing strategic issue.

A cultural problem

One of The Cordia Way project teams identified that the focus on absence as a health issue rather than one of conduct was a cultural problem. The project team was called 'Onwards and upwards'. It was led by Cordia's management accountant and had eight additional members who each represented a different part of the business. The team initially identified 14 potential cultural change problems and through discussion they distilled these down to three possible options:

1 A new induction programme for Cordia aimed at existing staff to re-induct to the new values.

2 An internal staffing agency that held skilled staff on alert for relief duties.

3 A marketing-led campaign aimed at raising awareness of the impact of absence on colleagues and customers.

The team eventually settled for option 3. The problem was defined as changing the assumptions they held towards absence cases and therefore the meaning that these managers associated with short-term absence. This change in assumptions and related meaning systems would lead to a changing of the attitudes, values and behaviours of management and staff to absence. It also involved changing the composition of the Cordia staff that developed absence management practices and strategies, which traditionally sat with HR. In this case absence management strategies would be developed by a representative sample of Cordia managers; this in itself was a cultural change project.

This shift in cultural norms meant that the cultural emphasis on a caring approach needed to be balanced with a firmer conduct-oriented approach to keep the absence ratio in line with industry standards. This redefinition would involve a process of cultural change whereby an existing cultural theme was to be transformed into a contrasting cultural assertion. It would also mean that managers who monitor absence cases would have to be able to shift from the caring approach to a sterner and less tolerant approach as each case demanded, and to have the skills to manage this transition.

Linking cultural change work to a values framework

The team also linked the cultural change project they were advocating with the value framework being promoted throughout Cordia that encouraged:

- enhancing teamwork;
- developing relationships;
- encouraging learning and continuous improvement;
- demonstrating pride in our services to serve our customers;
- maintaining an open mind to embrace change.

This process was an integral part of the Cordia Way as it encouraged team-based dialogue and reflection on the values that the organization wished to be aligned with and that it hoped would guide management and staff expressions. In this way the values were made visible and tangible.

Cultural themes as constraining devices

Cordia as a service company placed significant emphasis on good relationship management skills, therefore the change in the meaning system that framed absence and the associated attitudes and behaviours on the part of managers would not be easy. The cultural theme of conflict avoidance complicated management efforts in redefining absence as a conduct issue rather than an underlying health issue. The cultural theme of conflict avoidance had enabled the cultivation of a core managerial competence within Cordia of highly effective relationship management skills. Subsequently the organization had a network of managers who were highly sociable and customer focused, but due to the emphasis on maintaining cordiality (Cordia as a brand name was rooted in the process of cordiality) many did not feel comfortable managing staff conflict at the micro level of interaction, eg confronting absence as a conduct issue.

A search for a solution

Within the Cordia project team there were eight managers who represented all sectors of the business. They all had practical experience of managing absence. They identified at a very personal level with the problem as they witnessed the impact it had on team relations, service delivery and the end-users' experience of Cordia. The preferred strategy that arose during the team meetings was to focus on staff attitudes to the impact absence had on the customer experience. The team proposed that the emphasis should be shifted from purely statistical analysis of absence figures supported by absence counselling to include interaction and engagement with work-based teams mediated through an internal marketing programme in an effort to establish psychological barriers to absence. It was felt that, through the use of powerful cultural symbols that drew attention to the effects of absence on customers, the team could promote an anti-absence narrative that placed personal responsibility on to team members for the impact absence had on both their colleagues and the customer. The team realized that what they had to do was to employ marketing techniques to help this change in cultural orientation. This was a significant shift in thinking about the problem of absence management and provided an opportunity to incubate a 'cultural seedling' that could through time establish itself as a cultural norm.

The cultural seedling was the strategy of attempting to influence the meaning systems of service staff towards absence through visual marketing methods.

The Cordia Way project team worked with the Cordia marketing team to develop a marketing-led initiative to help shift attitudes at unit level among staff to short-term absence. The marketing initiative was also designed to provide symbolic materials that team leaders could relate to in conversation with their service teams that would draw attention to the true impact of short-term absence. This would also help area managers treat persistent short-term absence cases as conduct issues and generate unit-level team-based attitudes in support of such a shift.

Cordia's marketing team, in association with the project team, drafted a number of still portraits that showed 'service encounters' between Cordia staff and their customers. In one portrait the encounter is a positive one with both parties enjoying the service encounters and in the other the image had the staff member missing, a silhouette replaced their image. These twin portrait adverts were then transposed on to screen savers, mouse mats and large framed portraits.

Stakeholder segmentation

Cordia has many different service teams who look after discrete customer groups. The team had to develop a strategy that addressed all of them. The marketing team worked with the Cordia Way project team to develop bespoke twin service encounter portraits that would be suitable for the Home Care Service encounter, the General Service encounter and the Facility Management Service encounter. Figures 11.1a to 11.3b illustrate just a few of these innovative marketing devices.

FIGURES 11.1a and 11.1b Managing absence in the home care setting

a

b

FIGURES 11.2a and 11.2b Managing absence in a school facilities management setting

a

b

FIGURES 11.3a and 11.3b Managing absence in a symbolic way to influence general administrative and support staff

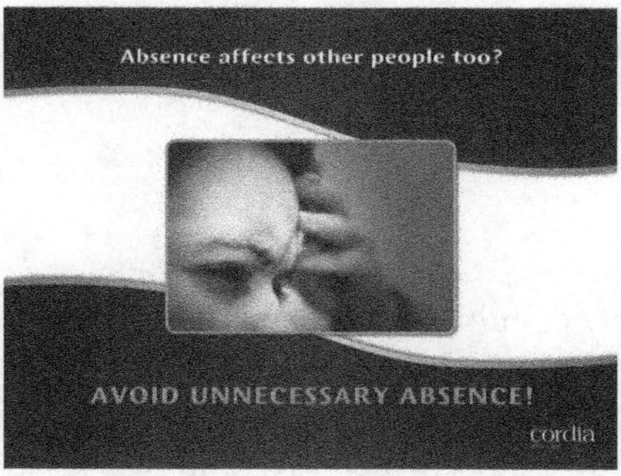

a

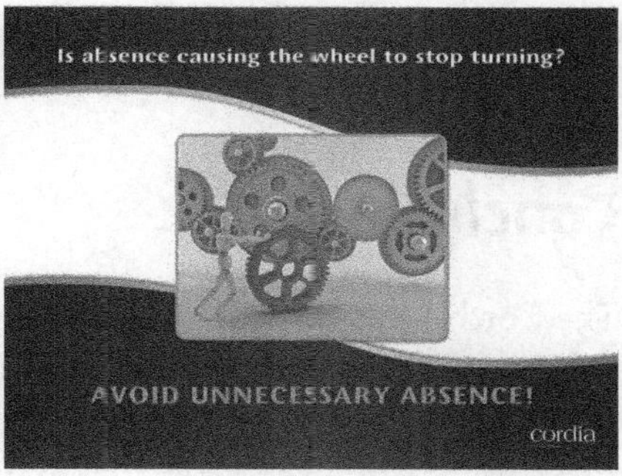

b

Throughout Cordia, 600 computers were loaded with the screen savers and 600 mouse mats were produced. In 230 staff locations twin portraits were hung depicting the contrast between a service encounter occurring with full staff presence and one that was influenced by absence. The marketing team also developed a loop video of all the sector portraits that was played on plasma screens throughout the organization.

Summary

This mini case study has demonstrated that the historical method for organizing absence management was constrained by established cultural themes. In this case:

- Conflict avoidance.
- The theme of defining absence as a health issue rather that a conduct one.
- The practice of managing absence was culturally bound within a particular occupational group (HR).
- The cultural norm for managing absence was statistical and process driven; it did not involve visual marketing of evocative human meanings.

The Cordia Way broke with tradition and disrupted the established system. The project team employed visual marketing as a means of confronting a very sensitive issue and framing it in a way that enabled managers to shift their interpretation of absence from a health to a conduct issue based on the merits of each case. Operational managers worked with marketing support and HR to develop interventions into absence. The use of evocative marketing images as part of the absence management toolkit was a cultural change innovation. The methods detailed above were part of a broad mix of techniques but were typical of micro-cultural change work that was only possible through disrupting cultural norms and traditions through a change technology such as The Cordia Way.

Conclusion

The Cordia Way provides a good example of cultural change work mediated through behavioural science theory and OD interventions. This chapter has demonstrated how to frame various change technologies in a coordinated effort at managing cultural change. As we stated earlier, the framework we have described is a useful starting point but we would encourage the reader to consider other approaches that may be related to our framework yet have the promise of improving on it. Cultural change work is hard, it is challenging, but it is a highly creative and satisfying process to be involved in. The change manager has to be part behavioural scientist, part manager, part leader and part artist. This is exciting stuff but it should not be attempted in a knowledge vacuum. The change manager needs knowledge and ideas and should be open to the experience of others; the necessary resources are available to them, and this book is one such. Ultimately though it's the live practical experience of crafting, implementing and leading cultural change work that brings life to the identity of the cultural change leader. Through the engagement of practice with theory we can truly excel.

The Cordia Way as a cultural change intervention had mixed impact on its goals. Those in power, as with many organizations, wrote the definition of its status as a cultural change programme into the history of the organization. For some key senior managers it served its purpose as a dramaturgical bridge with high symbolic presence between the two worlds of Glasgow City Council and the new Cordia (Services) LLP. It provided its derivative, 'The Cordia Conversation' which would go on to involve many more managers and front line staff.

The next stage in the broader cultural change journey should involve starting the process all over again with new change teams and with new change team leaders. Each phase of the cultural change programme should be fully evaluated. This reflective and dialogical process would involve all the participants and aim to improve the effectiveness of the programme and, where appropriate, add or delete aspects of its change technology. This is in many ways the most important aspect of the cultural change intervention as it signifies the permanency of cultural change. At Cordia this was the aspect that enabled continuous improvement and the establishment of organizational capacities to learn.

What else did The Cordia Way achieve in cultural change terms? This will be the focus of enquiry in the chapter that follows, where we discuss engaging with the 240 managers who participated in The Cordia Way cultural change programme. The next chapter tackles the problem of evaluating the success of cultural change work.

What did the people think?

12

Introduction

The methodology one uses to evaluate the success of cultural change interventions is thinly discussed in the change management literature. This aspect of the overarching change technology framework employed is without doubt critical. The change team have to build into their strategies the commitment to evaluate the progress of change efforts at critical times during the process. This may involve in-depth qualitative research at six-monthly intervals or quarterly research interventions. Regardless of what time frame is selected what is important is that the research is carried out and the findings are given serious consideration so as to inform ongoing interventions. The purpose of the research during and after the formal cultural change intervention is to evaluate the effectiveness of the change technologies and to intervene in the emerging process if the findings suggest it. Also, the purpose is to assess in cultural terms what impact the change project has had on the themes initially targeted for change. However, what is vital is that the success or failure of a cultural change intervention must be understood and rooted in the experience of the people who have participated.

There is a need to enquire as to whether or not there has been a change in underlying group values, assumptions and themes in use that were congruent with the objectives of the change programme. This means that there are two aspects to measuring the impact of the cultural change process: 1) whether a critical mass of change participants evidenced habitual expressions that are congruent with the cultural change objectives, and 2) whether the senior leadership adopt a policy of everyday reframing of the new cultural norms post formal change intervention congruent with the change objectives.

The expressions referred to in the first question are at the level of everyday talk – behaviours, conceptualization, accepted knowledge, problem solving and identity positions. The evaluation must target the attitudes and behaviours of the change participants. The second question can be answered by participant observation within the cultural setting undergoing change and again from the perspectives of both the change participants and other stakeholder groups.

This chapter presents a research framework that was applied to the case study organization. It explains the detail of the research instruments and reports on the findings. Importantly, what was discovered was that regardless of the primary change target (the cultural themes) what occurred were 'secondary change gains' that were unexpected and were supportive to the realization of the core operating strategy that the organization had adopted. The 'primary gains' were understood as clear changes in line with planned objectives in the culture of the organization.

Research methodology

In the case of Cordia, a multi-themed research programme was designed to gather data with which to evaluate the success or failure of the initiative in cultural change terms. Three main research methods were employed: multiple focus groups, survey feedback methods, and participant observation and cultural theme analysis.

The focus groups

Cordia organized 24 focus group sessions with change leaders and their team members (240 managers) from both Phase 1 and Phase 2 of The Cordia Way. These focus group sessions lasted approximately two hours and were facilitated by the training manager. The important themes that were articulated by the team members were documented on flipcharts. It was important for the directors to participate in all of the focus groups so that they could experience the attitudes of the change participants to the cultural change programme and to 'hear' in their own words what did or didn't work for them as a group and as individuals. After the focus groups had been completed the facilitator drafted a summary report for both the change team members and for the directors to discuss with their own direct reporting lines. The data that was collected was then used to improve the ability of the change programme to achieve its aims.

Research survey feedback

In Phases 1 and 2 a survey was administered to investigate the success of The Cordia Way from the perspective of its main participants, the change teams. This was an in-depth sample of team members that represented 35 per cent of the total Cordia employee population. The purpose of the survey was to explore attitudes of change team members and identify emerging themes that would be further explored using ethnographic interview techniques.

Ethnographic interviews

Ethnographic interviews aim to dig into the cultural meanings that people attach to their experiences, to explore the meaning that sits behind a statement. The goal of the ethnographic interview is 'to grasp the native's point of view' (Malinowski 1922: 25 in Spradley, 1979). Thus the change manager is interested in how the meanings the change subjects attach to their experience of the change process inform their attitudes, which in turn influence their emotions and selected social strategies. This information is vital to cultural change work and the ethnographic interview process is a delicate and a creative affair. The questions that the researcher designs and how the question/answer sequence is carried out will have considerable impact on the potential utility of the research into the outcome of the overarching intervention. Spradley (1979: 7) emphasizes this point when he states that, 'If we take meaning seriously it becomes necessary to study meaning carefully. We need a theory of meaning and a specific methodology designed for the investigation of meaning.' Ethnographic interviews provide the methodology, and the theory of culture we described in Part 1 of this book, the theory of meaning. The main focus in ethnographic interviewing is on the language used by the respondent. It is the responsibility of the researcher to ask open questions that penetrate the surface meaning of an answer. Here's an example:

Researcher: 'Could you describe to me what you thought of the change management seminar?'

Respondent: 'I found it helpful.'

Researcher: 'Could you share with me what aspects of the experience you found helpful?'

Respondent: 'Well, Karen made the subject clearer and more relevant to what I do.'

Researcher: 'Why did you find this helpful?'

Respondent: 'Because it gave me a deeper understanding of the ideas and processes I was asked to manage.'

Researcher: 'That's really good Paul... can I ask what was it precisely that you experienced from this greater understanding that you found helpful?'

Respondent: 'Um... ok I think confidence... yes, confidence, the training session gave me more confidence... I felt that I could do this... I could get through to others and perhaps be a successful change leader.'

Researcher: 'That's really interesting... when you say that you want to be a successful change leader and 'get through to others' could you expand on what you mean by these statements please?'

The example shows the 'question/answer sequence'. The ethnographic researcher will always ask open questions that start at a very broad level and then, while the questioning remains open, it hones in, guiding interviewees to consider the granular meaning that lies behind their initial answers. Also, the researcher may start with a short list of general open questions and then they will improvise with reductionist questions that flow from the performance of the question/answer sequence. Thus the ethnographic interview method is inherently creative and spontaneous. The robotic approach of sticking to a list of planned questions and recording one of answers is the opposite strategy of ethnographic interviews. The purpose is to gain a deeper insight into the meanings that change subjects are attaching to the change experience so as to improve the programme.

In the case of Cordia the ethnographic research framework consisted of semi-structured one-to-one interviews that obtained a deeper insight into some of the themes that emerged from the questionnaire. The interview methodology allowed for more creative questioning as interesting lines of enquiry emerged from the dialogue between both the researcher and the interviewee. Fourteen semi-structured ethnographic interviews were undertaken, each lasting up to 45 minutes. All interviews were recorded and later transcribed for detailed analysis.

Integrating findings

For the purpose of this book we have adopted an integrated approach to the collective findings of the mixed methods research strategy adopted at Cordia. This is necessary for practical purposes of presentation and also because the data was highly sensitive in parts. Listed below are the main findings of the mixed research approach adopted at Cordia.

Emergent research themes

1. General attitudes

The majority of change leaders and their teams considered that while it was difficult to integrate change leadership and the change team process into their daily work it was worth the effort. In most cases the change leaders and their team members felt that they had benefited from the programme through an improved understanding of teamworking and of the many challenges facing the organization. They also felt that they had developed a stronger sense of identification with Cordia and its general business objectives.

2. Team attendance issues

Change participants demonstrated a general unease concerning those team members (30 per cent) who did not attend the change team meetings. Some change participants felt that attendance should be mandatory.

Some statistical evidence

- Twenty-four change teams originally involving teams of 10 managers embarked on the programme.
- Out of 240 managers selected for the two phases, 70 per cent positively supported the process.
- 10 per cent of managers were neither for nor against the programme. These were the 'change agnostics' who could have been converted.
- 20 per cent managers did not support the programme.

This evidence would infer that there was an overwhelming majority who supported and valued The Cordia Way process. The issue of attendance in the change process meetings is a delicate affair for change managers. If people are 'ordered' to engage with a cultural change process they will possibly invoke passive resistance strategies that involve physical participation with minimum intellectual engagement in the dialogical process. The reasons for participating should be explained at dialogue workshops that are used to form the foundational support for the reasoning behind the cultural change programme. Ultimately, 65 to 70 per cent active support for the process provides a critical mass to deliver successful cultural change in the assumptions and values of the change population.

3. Improved leadership skills

Team leaders acknowledged that the opportunity to lead managers from across the business helped them to develop their skills. Team members also commented that the opportunity to be part of the change team helped them in the role as team leaders beyond the change team process. The chance for individuals to lead cultural change teams and to develop new leadership skills was a highly satisfying personal experience that helped to serve the interests of the organization at large.

4. Responsibility to Cordia

Some of the change leaders felt a greater sense of personal responsibility for how Cordia could be successful. The change process provided members with a deeper understanding of the business and highlighted a sense of appreciation and respect for colleagues from other occupational silos, and an improved understanding and respect between central support and direct operational functions. This positive identification with the organization was a central objective of cultural change work. The challenge here was recognizing that this was happening and understanding its value for the organization.

5. Future thinking

There was an increased sense of future thinking and a less inward focus. The market and external forces for change became more relevant for the change teams. This outward sense making was a critical aspect of the cultural change programme. The idea of raising managers' awareness of market competitors was again a key objective of the change programme. By employing the idea of external competition as a key cultural change driver it was shown that managers demonstrated increased anxiety levels; diminishing the negative effects was to consider as a team how they could make improvements in Cordia's culture that would help protect the business from external threats.

6. Enhanced self-confidence

There was evidence of improved self-confidence on the part of team members. This was based on the knowledge gleaned as part of the change management framework through the programme materials, action learning as part of a team, and participation in formal workshops. Enhanced self-confidence in a management community during periods of organizational transformation is a must if the potential harm caused by increased anxiety levels is to be minimized. The enhanced self-confidence based on new knowledge, improved team and leadership skills and the emerging identity of a change agent were directly attributable to the team-based learning process that formed the structural content of The Cordia Way.

7. Motivation

Team members claimed to have increased motivation to make Cordia a success and they said that as a result of participating in the change team process they had an increased appetite for change opportunities. Team members felt that they had a voice that counted throughout the organization as a result of the team-based process and the communications with senior management. This was significant, as enhanced self-esteem drawn from identifying on a very personal level with an organization converts to commitment and loyalty to that organization. It is also a psychological state that needs reaffirming. This means that managers and staff who draw enhanced feelings of self-esteem from work-based activities need to experience the source of the enhanced self-esteem over and over again. This is a powerful source of motivation that the reflective leader can tap into.

8. Change in perception

The Cordia Way ignited a process of restructuring of underlying assumptions in the way that change team members identified with their employing organization. Many team members started to consider the organization as a 'company' or as 'the business' as opposed to a council department. This again was evidence that as a cultural change programme, The Cordia Way had an impact on the symbolism that constituted the cultural web of the organization.

Managers on The Cordia Way began to shed the former symbol of the 'council' or the 'department' and actively adopted the symbol of the 'company' or the 'business' or even 'Cordia'. This signified a shift in the content of the paradigm that they recognized to be in use. The symbol of the 'company' or the 'business' stood for a very different paradigm to that of a local authority council department. How we talk about things really does matter when it comes to cultural change. The words we use are key symbols that provide an insight into our perceptions of the world around us. This emerging trend to substitute such a powerful organizational symbol with a new alternative was a positive sign.

9. Staff involvement and participation

There was evidence that team members felt a sense of improved self-agency and involvement in the development of Cordia at a broader level through their engagement with the change projects. The Cordia Way, they felt, afforded them the opportunity to voice their opinion and actively contribute to organizational development at the change team meetings. These themes were further validated from data generated in the semi-structured interviews that illustrated the fact that change team members were generally highly complimentary about the way that team leaders gave them the opportunity to contribute throughout the project.

The concept and practice of dialogue and critical reflection on established cultural norms were appreciated among the change participants. This notion once again introduced the potential for changing, through dialogical exchange, the forms of talk, conceptual frameworks and knowledge censorship that supported and maintained the dominance of the cultural themes targeted for change.

10. Job security

The idea that jobs were secure and would not be threatened by external competition was impacted in a positive way. Change subjects acknowledged that the change process had raised their awareness of the idea that it was in their hands to improve the quality of the services delivered to the council and that only if they continued to benchmark their work against that of their competitors and continually improve could they remain confident of their right to expect secure employment.

The above detail provides evidence of both primary and secondary gains as a result of the change process. The discussion presented below illuminates other useful findings in a more general way that we feel will inform readers' thinking as cultural change managers.

Identity positions and motivational support

The reasons that people do or don't support a cultural change programme will be varied. However, the identity position in relation to the case for change that people adopt at the start of, during, and at the end of a change intervention will influence the degree of sustainable commitment they apply as participants. The focus group feedback revealed the distribution of identity positions held by the change team members. We can illustrate these with the use Elsbach's (1999) model (see Figure 12.1) to demonstrate the distribution of identity positions that those who were invited to participate in the programme adopted.

The distribution of identity positions will of course be relative to the cultural conditions of each organization. There will be many variables at work that would impact on the identity position that both individuals and groups adopt. This would not be that unusual as second-order cultural change is exceptional change work and will naturally split management teams. Second-order cultural change work is problematic and its success is inextricably linked to leadership, motivation and power and politics issues.

FIGURE 12.1 Elsbach's tool for analysing identification outcomes

Positive Identification 60% of team members	Dis-identification 20% of team members
Schizo-identification 10% of team members	Neutral-identification 10% of team members

The introduction of a cultural change programme created the potential for a new way of thinking about problem solving throughout the organization for the change participants. The cultural theme that advocated repetition of established forms of talk was disrupted through the introduction of learning and dialogue sessions. The Cordia Way challenged existing silos and the cultural norm of dividing labour by service with limited examples of cross-organizational project teams. This experience demonstrated that different ways of organizing the affairs of Cordia could be advanced effectively. It encouraged the development of business planning and change management skills at all levels of management. This outcome challenged the cultural theme of short-term thinking and planning and also confronted established notions of development and training needs for all grades of managers that were not defined as statutory needs. The Cordia Way confronted established ways of managing the business by opening up a medium for direct dialogue between managers across the organization regardless of their position or occupation. This again disrupted traditional patterns and forms of everyday talk throughout the organization.

Self-actualization experiences

The change process challenged ideas of what constituted management development and stimulated an interest in postgraduate learning in pockets of the general management team. This sowed the seeds for future management development activities at Cordia. For example, seven of the change leaders progressed to the first year of an MBA after their experience of The Cordia Way. As a sense-making process it focused more attention on the concept of leadership and provided a spark that could have fuelled the development of a leadership development programme throughout Cordia, challenging the cultural theme that privileged statutory development or training needs over others.

Participants in a cultural change programme similar to the nature of The Cordia Way will inevitably experience bursts of self-actualization. These are experiences that bring about emotional charges of a positive nature in individuals and in groups that lead to a desire to repeat similar experiences so that the positive feelings can be experienced over and over again. An example would be the satisfaction that individuals experience from a group dialogue that aims to make a difference in their place of work that is the very stuff of cultural change efforts. Individuals will enjoy this experience as it gives them the chance to express themselves intellectually in ways that perhaps in the past they had not been allowed to within their work place. This new sense of agency may well be inspiring and uplifting and it provides a source of motivation to identify more positively and engage more deeply with the organization at large, but it is not an example of cultural change.

Conclusion

Cultural change work is never a completed project: it is a continuous creative and dynamic process. Leaders are always monitoring and changing cultures while managers are always trying to maintain and control culture at work. The research findings demonstrate a mix of first-order change improvements and second-order transformations of cultural themes in use. The first-order changes involved experiences that improved teamworking skills, leadership abilities and rational planning methodologies. The second-order changes involved change participants viewing the organization more as a business than as a council department, new teamworking models that challenged traditional notions of hierarchical control, the encouragement of critical group reflection on established organizing practices, and new methods of communicating and effecting change through dialogical networks embedded within the change team structure and composition.

Most of the significant themes derived from the data can be considered as positive findings that support the theory that cultural change programmes such as The Cordia Way help improve variables such as individual and group motivation to do good work and the building of trusting and productive relationships across the organization. The findings also suggest that managers can intervene in cultural norms and subsequently generate positive changes in employee attitudes to the organization of work through the public celebration of values that are deemed important. Allowing for the turbulent times that Cordia was facing during the research period, the results are even more revealing in that managers will accept greater responsibility and demonstrate higher levels of motivation even when they are operating in economically uncertain times. The Cordia Way provided a stage for people to empirically demonstrate these basic human values.

It was clear from the findings that change team members look for leadership during times of change and that they develop opinions of what represents good or poor leadership. The function of leadership as a signifier of reliability, fairness, decisiveness and authority and as a social construct on the part of followers was considered different from that of the identity and social construct of a manager. It was clear from the survey and focus group feedback that the majority of the research respondents appreciated the new Cordia style of teamworking promoted by The Cordia Way.

The team-based change projects improved understanding of the benefits of teamworking across divisions and support services. The programme was concerned with cultural issues that would be central concerns to a commercial organization, ie pursuing competitive advantage in the marketplace. The potential legacy of The Cordia Way was the establishment of a change network of both change leaders and change teams from across disciplines that could be brought together again to work on other Cordia change initiatives. Two such initiatives were eventually launched: The Cordia Conversation, which aimed to bring together small groups of Cordia staff for dialogue sessions; and The Cordia Influencers: 80 managers from across the business who met every three months for engagement sessions.

Those who took part generally agreed that their experience of the programme improved their feeling of comradeship. The experience of participating in the programme helped to improve standards of relationship management skills at all levels throughout the organization. There was a framework in place that nurtured mentoring and team sponsorship that had obvious benefits to the business. The democratic nature of the programme enhanced managers' feelings that they were important and had a say in what goes on in the business. The change also functioned as a leadership development programme as it presented opportunities for managers to improve their teamworking skills. The positive experience of being a member of a successful Cordia Way project team definitely helped improve the self-confidence and self-esteem of team members.

The next chapter considers the lessons we have learnt from the case study and from the review of the cultural change literature conducted in Part 1 of this book.

Reflective learning

13

Introduction

This chapter reviews the main learning outcomes that emerged from the engagement between the Cordia case study and the literature on cultural change work. So far we have discussed the main bodies of knowledge that one should be familiar with before embarking on cultural change. We have also presented a case study that provided an example of how cultural change leaders plan for cultural change work and the key issues that they should consider. In this chapter we draw out the main learning themes that we feel are part of the vital mix of knowledge to consider before embarking on an ambitious cultural change project. This chapter explores the areas that could have been further developed during The Cordia Way journey; there will always be room for improvement. An important legacy of cultural change work should be the ability of the team to develop reflective learning capabilities. This involves creating a healthy space through which dialogue may occur. The learning during and after cultural change work will already be available in the subconscious of the participants; they just need a facilitator to enable the reflective process that makes learning consciously available to the group for review and to decide how the group will act on them.

Leadership

This book has positioned leadership as the central, social aspect or construct that drives cultural change efforts. We think it would be helpful if we were to revisit our conceptualization of leadership. There are different models of leadership, but when we reflect on the case study we feel that employing two contrasting models of leadership will aid understanding of leadership issues relative to actual cultural change work.

The first stance that we consider relevant is the idea of 'formal leadership'; the second is 'transformational leadership'. Formal leadership is characterized by an authority figure who has staff reporting to him or her. As part of his or her seniority there is an expectation that he or she has leadership capacities. In contrast, transformational leadership is characterized by an individual who has followers who of their own free will follow his or her directions. Transformational leaders are described by Levy and Merry (1986) as leaders who:

- are imaginative and not constrained by internal hegemony;
- do not draw upon official power;
- are described by followers as facilitators, diplomats, vision builders, collaborators;
- are democratically inspired;
- care about their collaborators;
- have a drive to understand and advance such understanding regarding the organizational purpose;
- are driven by vision and intuition;
- are dialogue builders.

Transformational leaders are products of the culture-making process. The role of the transformational leader is two-fold: to reinforce cultural norms of behaviour and the supporting value framework, and to identify strategic change requirements that involve the underlying culture of the organization. Formal leadership is well equipped for the first goal of leadership, which we can call 'cultural reproduction', while transformational leadership is required for the second goal, which involves advancing the need for and the accomplishment of cultural transformation. Transformational leaders are in the meaning-making business. They manufacture consent and through this they acquire exceptional leadership status bestowed on them by followers.

Formal leaders are products modelled on culturally relevant archetypes that ensure that the culture of the organization preserves its learnt knowledge and expressive capacities for solving tame problems. The taken-for-granted nature of tame problems and their solutions means that there can be a tendency for people to mistake the resulting obedience of others as the manifestation of the leadership/follower dynamic. It is not.

If a problem is classified as a wicked problem this will produce an entirely different leadership dynamic. Within the public sector an example of a wicked problem may be the absence of cultural themes that privilege leadership capacity on equal terms with administrative or managerial capacity. In such a situation leadership may not have any integrity of assumed importance relative to administrative control or management. If the market dynamic shifts considerably and there is a requirement for cultural transformation, this new dynamic may reveal the nature of the wicked problem, which may be a lack of leadership capacity to lead the required cultural change process. Paradoxically, transformational leaders are required to identify strategic faults in the cultural system that lead to weakening of leadership capacities.

Transformational leaders enjoy the support of formal leaders, managers and administrators. They are credited with possessing the insight to identify cultural fault lines and the vision to predict their consequences to ongoing operations. They are able to describe the potentially disabling impact of the wicked problem on the ability of the organization to achieve its goals, convince a critical mass that their assessment of the situation makes sense, and mobilize mid- to long-term change efforts on the part of the general team to solve the problem.

Enacting transformational leadership and unpacking wicked problems can be quite a pressurized process. However, the organizational rewards of a successful transformational leadership/follower lifecycle are considerable and include such benefits as:

- The organizational membership learns how to engage in problem solving.
- The organizational membership learns how to engage in generative dialogue.
- The transformational leadership capacity is integrated with the formal and crisis-oriented leadership capacities thus strengthening the leadership resource.
- Group and intergroup motivations are enhanced.
- The organization continues to grow in confidence tempered by humility of embedding an openness to continuous learning.
- The organization produces the capacity for organization-wide generative leadership.

In Part 1 we advanced the idea that management and leadership are two contrasting identities and social processes. It is critical that the organization has the capacity to ignite leadership capabilities from within the senior executives throughout all levels of the management hierarchy. Managers must have a working appreciation of the distinction between leadership and management. The role of the leader as a meaning maker, a story teller, a creative vision builder and a role model for the new cultural forms that are to be advanced requires positive reinforcement throughout the change programme. To have any success with cultural change work, leadership capability must be in place. However, if the capability is weak then the first cultural change initiative as a primer before the main event is to build the basis of such a leadership capability. This building process can commence with an emphasis on a key leadership skill, 'building rapport'.

Rapport

Rapport is defined as two or more people being comfortable in engaging in dialogue. Rapport involves matching the body language, voice tone and representational systems of those you are trying to engage with. Leaders cannot lead unless they can build rapport with their followers. This means that they have to develop their communication skills, including matching the way in which different people perceive the world. This does not mean matching the worldview held by others, it means matching the lead representational system through which people make sense of their world. When we are infants we use all five of our sense systems (visual, auditory, feelings, taste and smell) to make sense of the world around us. As we mature we orientate to a lead representational system that is the primary sensory system we employ to interpret our world and to explain this interpretation to others. For example, we may employ visual means of sense making. As a consequence we also develop a sensory-based language to express our experience. Our sensory-based language can be established through the study of the 'predicates' we employ. Predicates are sensory-based word or terms that we use to describe our experiences. Someone who employs visual representation as their lead representational system will use words or phrases such as:

'Taking a view.'

'Let me show you.'

'I see what you mean.'

'Let's take a look.'

'I have a picture in my mind of what you mean.'

'Let's look at our vision.'

'Show me what you are talking about.'

If a leader tries to establish rapport with a visual thinker and he or she relies on feelings as the lead representational system, he or she may experience a lack of rapport or more simply incongruence. This is because the feelings-oriented person will employ predicates such as:

'Let's build a model.'

'Let me get a grip of that idea.'

'We need to drive the issue forwards.'

'If we deconstruct the plan we may understand its parts better.'

'Let's share our thoughts in a practical way.'

'We need to grasp the problem together.'

We are really talking about communication skills and the importance of these to the leadership/follower dynamic. If potential leaders are unaware of representational styles they will most likely not be able to alter their own to match those of others so as to have a greater chance of building rapport. Cultural change is only made possible because, by adopting a leadership role, we can convince others that it is in their interest to engage in reflective and generative dialogue to review culture at work with a view to changing or transforming aspects of its dynamics. This can only start from a position of rapport.

Once rapport is established, the next stage is to enable dialogue to consider the culture at work within the organization. This dialogical process would normally involve the review of deeply held assumptions about an aspect of social reality as well as the value-orientation rooted in the original assumption. From this, a fundamental change or creation anew of cultural themes in use may occur.

Dialogue

Cultural change is only possible if there are leaders who are capable of building rapport with followers. However, as we discussed in Chapter 8, the practice of generative dialogue on both vertical and horizontal levels throughout the change community is a critical part of the cultural change mix. Dialogue aims to release the 'authentic voice' that we all have inside of us. Dialogue aims to enable cultural change participants to adopt open, differentiated and integrated perspectives. It is through dialogue that meanings flow and are constructed, so it is only through dialogue that meanings can be changed and thus cultural change must be enabled through dialogical processes. To lead the development of dialogue change leaders should be familiar with the approach that Chris Argyris takes to the actualization of dialogue within the workplace. Argyris employs the use of the counterpoint strategies of Model 1 and Model 2 as a device to sensitize change leaders to anti- and pro-dialogical practices.

Model 1 involves a person advancing a linguistic strategy that aims for a submissive acceptance on the part of his or her audience to the meaning intended. This strategy will involve the active limitation of participative enquiry on the part of the audience and the covert evaluation of other potential perspectives that restricts open consideration of its attributes. This strategy is often framed as legitimate on the part of senior management and is intended to be perceived as rational and common sense. Model 1 does not elicit enquiry from others and it also undermines individual and group learning. It provides secondary gain in that it reduces the anxiety levels for the individual who is driving Model 1 strategies and quite often of the audience members. The secondary gain is a fleeting benefit as the longer-term anxieties of avoiding individual and group learning limit the cultural development of all involved in this hegemonic process.

Model 2 involves change leaders encouraging a collaborative approach based on dialogical exchange between themselves and the change team. They encourage participative enquiry, the development and performance of authentic voice and the advocating of views that are open to critical review and enquiry regarding the assumptions that underpin them. Model 2 aims to enable cultural change dialogue.

The change partner offered suggestions on how the change leadership could encourage new learning styles amongst the Cordia management community that complemented their established methods and introduce everyday reframing. The various workshops, cultural change tutorials, sand pit learning, coffee gatherings, team briefings and the mentoring programme provided the social arenas in which the project change leaders and their teams could practice Model 2 strategies.

Motivation

Cultural change is only made possible if members are suitably motivated and leadership enables motivational forces. We appreciate that the motivation to change has to come from within, but the capacity for motivation has to be energized through a leadership process. This is the responsibility of top management within an organization. The change leaders in an organization have to have a theory of motivation that is congruent with the dynamics of cultural change work. Using such a theory, the change leaders then have a responsibility to build a climate that encourages opportunities for the potential change team members to ignite internal motivational drivers.

Cultural change is not possible unless the individual, the group and the intergroup are motivated to engage. This does not mean that *all* the people have to be motivated to change; it does mean that a critical mass should be motivated. The motivation to change has to come from the mind of the individuals concerned with change. This has to be crafted through a leadership process. For cultural change work, this leadership process is the responsibility of the top management within an organization. One must look for empirical evidence that demonstrates congruence between the espoused theory and the theory in action. The actions should match the espoused rhetoric and if they don't the leader has to intervene in such dynamics to prevent motivational corrosion among the rank and file of change team members.

When cultural change efforts are superficial due to a lack of motivational leadership they don't have a great chance of longevity. No cultural change process can be effective without a realization by managers that: 1) cultural issues that impede organizational effectiveness exist in their teams; and 2) management can talk openly about such issues and develop strategies for coping with them. This awareness and acceptance in an organization that is inwardly focused will not be easy. If the top management have a weak motivation to drive cultural change, one should be wary about embarking on a cultural change programme in the first place. The OD movement was built on some key assumptions regarding motivational drivers that have informed much of the thinking relating to theories of motivation. These assumptions are that people:

- are social;
- are creative;
- seek responsibilities;
- will generate work if it's their work;
- actively seek out opportunities to build their self-esteem through contributing as members of successful teams;
- seek 'meaning' and 'purpose' from work beyond monetary gain;
- prefer to work as teams;
- like work;
- enjoy collaboration;
- can be responsible for their own actions.

The aspirations of The Cordia Way were to provide opportunities for team members to access higher motivational needs through the team process and in doing so engage in incremental change at the cultural level in terms of:

- teamworking;
- innovation;
- group learning;
- leadership dynamics;
- identification with Cordia;
- developing a business mentality;
- change management skills.

The change team focus groups indicated that these variables were the focus of attention, either implicitly or explicitly, on the part of the change teams. The team members were actively reflecting on historic cultural conventions in relation to these variables and started on a journey to develop different cultural interpretations of the established cultural norms that their expressions were bound up in. The change teams also produced change projects. They self-generated work. They identified strongly with this work. They were creative. They demonstrated group learning. They produced ideas for change backed up with reasonable business and feasibility plans that could have been developed further.

Another potential problem is when senior managers seek cosmetic changes. The change leader could ask: 'Do leaders set out to engage in complicated processes of cultural change with short-term cosmetic purposes in mind?' In the main we don't think that they do. However, once senior managers find themselves firmly ensconced on the cultural change battlefield their resolve to commit to second-order cultural change may be revealed as fragile. They can return to less threatening cultural change endeavours that at best represent first-order change efforts, which mainly involve slight adaptations to established cultural norms but do not threaten the underlying cultural themes and power relations that exist throughout the organization, particularly at the level of senior management. To put it simply, they don't rock the boat.

Vision building

Leaders are only leaders in cultural change terms if they can mobilize meaning. This involves working imaginatively with symbolic materials to socially construct a vision of a future organization and the place that followers have in that future. Leaders have to work with followers to alter their perspective of the present and to do this they may have to work with them to alter their frames of reference of past events which inform their current interpretations. They have to paint a picture of a progressive future which includes a new paradigm and episodes of transformational change ending with the desired end state.

Politics

Preparing for cultural change requires casting a critical gaze over the values, assumptions and behaviours of the management community; this may involve bringing in external consultants. The output of the review would be a management report that draws attention to those cultural themes that need to be preserved by the organization as well as themes defined as dysfunctional and an impediment to organizational success. This will be very threatening to the existing management community regardless of rank. It would be particularly threatening to a senior management team who had established a power niche for themselves and throughout their period in power were never questioned about their management style, their knowledge and skill sets, their teamworking skills or how they got the job done. A cultural audit facilitated by an external consultant will focus in on all of these variables. This means that cultural change is not only an organizational issue: it is also a personal issue at the level of the individual manager, and therefore it is an issue of power, which means that it is a political process.

If one is trying to change cultural themes that are perceived as hindering the effectiveness of the organization, any advice aimed at changing such cultural themes will most likely be incompatible with the existing cultural web of the organization. This is because powerful managers who may be responsible for establishing and maintaining such cultural themes have to agree to change. This change dilemma is fundamentally a political process. It is only achieved through very strong leadership and unfortunately there may have to be casualties. Put simply, does the leader of an organization have the power to motivate the managers to embrace the new cultural themes and to let go of the established cultural themes that are considered dysfunctional? And, just as important, does he or she have the motivation to exercise such power? It may be the case that the surface answer to both questions is 'Yes'. If one asked such a question of chief executives they are unlikely to answer 'No'. This would be a socially undesirable answer that would puncture their performance as a credible leader of an organization. However, if one conducts cultural analysis one can access evidence that circumstantially provides an answer to both of these questions independent of the subjectivity of the chief executive and the senior management team. The cultural diagnostic process aided by the change partner will identify very quickly the gap between espoused cultural norms, assumptions, values and cultural themes that are empirically grounded and active in the management culture of the organization. The challenge is how to confront such delicate cultural misconceptions and help managers to critically self-reflect when faced with the contradictory cultural evidence and thus commit to cultural change.

A common political problem associated with cultural change efforts is the senior managers who seek to change the culture of 'others' in their organization. A group of senior managers identify a group of staff who are deemed to have a culture that is undermining the goals and aspirations of the organization. These cultural issues are usually defined as being concerned with one or more of four things:

1. Poor service/customer care skills or attitudes.
2. Anti-technological change.
3. Productivity issues.
4. Organizational design.

The senior team believe that there is a built-in resistance to change in any of the four things that can be defined as being cultural in nature. So they embark on a cultural change programme which attempts to shift to a new set of norms that have a strategic fit with the goals and aspirations of the organization. What's wrong with that, you may ask? Nothing, except that to achieve cultural change one has to be prepared to enter into a long-term relationship with staff and management that is oriented to a process of dialogue. This is vitally important because unless the cultural changes are a result of shared dialogue they simply will not stick. If management try to colonize another cultural domain with a set of values, assumptions, behaviours and attitudes by and with the aid of clever OD interventions, the outcome will most probably be either covert or overt conflict which may result in artificial compliance, ie overt compliance but covert resistance. It will also be likely to put the organization in a state of perpetual conflict. This is nothing to do with building a climate for people to use symbolic materials to trigger internal motivational change drivers.

In our experience the tactics used to undermine cultural change efforts are not always overt. The lack of support manifests in simply ignoring the change programme and wrapping it in a blanket of silence. For example, a lack of positive reference to the change programme by senior managers and others acts as a powerful message to a wider majority. It communicates an indifference to change efforts that the management team is supposed to support. It signifies that the cultural change programme is non-work, and that the real priorities lie elsewhere, usually within the remits of those particular managers. One has to somehow engage with these passive leaders who lead the cultural reproduction of the existing themes that maintain asymmetrical power relations that they benefit from.

The covert nature of change resistance can also manifest in the style of leadership adopted by project team leaders. If some individuals decide to adopt a paternal or autocratic management style and treat the project team process as a task to be done, this can be perceived as a strategy that can and will undermine the aims of the change programme. It is important that a 360-degree team basic appraisal is built into the change programme to identify such behaviours early on in the change management process. This also applies to the mentors who are assigned to change leaders. These individuals should be trained to make sure that they appreciate the mentoring concept and that they have the basic skills to perform the role effectively. The mentors also need to be involved in an appraisal process.

Finally, there is the high-end symbolic damage that can be inflicted on the change programme if change team projects are not implemented by senior management, are subject to considerable delays or are implemented half-heartedly. These kinds of strategies can do considerable damage to the cultural change programme in terms of the credibility of senior leaders and of the programme itself. To counter such strategies the senior leadership must make cultural change work critical work and ensure that the change teams are provided with regular feedback on the status of their change project.

Assumptions and values

The role of leaders is to gently but progressively loosen the assumptions that their team members hold and to prepare them, through the medium of dialogue established after rapport has been built, to critically reflect on the validity of their assumption.

Assumptions are the foundations of culture at work. Assumptions lie deep within the subconscious of cultural members. They will have been formed through the influencing capabilities of significant others as well as through the personal life history of individuals and groups. We know that assumptions form values, which in turn influence attitudes, which drive emotions and behaviours, which are embedded in social strategies. Therefore, we must presume that not only will assumptions be difficult to change, they may also provide cultural members with psychological benefits. Having assumptions makes the world less uncertain and therefore they reduce anxiety levels. This reflective process is even more challenging because the cultural members may have to imaginatively engage in future thinking, which involves socially constructing a new model of the business and the business environment that may be quite different from its current form. The current strategic position of the business may not hold the symbolic meanings or evidence that justifies a change in assumptions. It may be the impact of emerging change drivers that will drive strategy work and thus cultural change work, and a function of leadership is to creatively reveal these possibilities to their followers. Workshops that survey the assumptions that inform the dominant paradigm that drives, enables and controls the expressive capacity of the cultural group are a strategic requirement of cultural change work.

Values are the second building block of organizational culture. They are rooted in our assumptions and they give life to strategies. The strategies we choose are ones that are associated with our value system. The value framework that a cultural group operates to has to be understood in advance of cultural change work. The work to make explicit the value system in use can be completed during the cultural diagnostic stage. Unearthing value frameworks involves ethnographic research. Be suspicious of a value charter presented as evidence of the actual value framework in use. Bear in mind the 'theory *of* action' versus 'theory *in* action'. The former involves the actions that managers think they support but do so theoretically and not in practice; the latter involves congruence between the theory of action and its manifestation in actions. This model is particularly useful when one is considering the value framework of the organization. There is a marked difference between espoused values and values in use. For example, an organization may state that it adheres to the following value framework:

- We value creativity.
- We value team work.
- We value taking responsibility.
- We value service.

If this is the case, you must approach these values with a touch of cynicism as they represent the socially desirable features that most if not all organizational management teams would profess to support. Can you imagine a CEO saying he or she does not hold any of these values? They can be considered as examples of theory in use until there is clear evidence that shows otherwise. This involves empirical research. One has to locate evidence of cultural themes that enable the proactive expression of these values. If one cannot find such themes or their expressions then it is safe to assume that the official value framework is an example of theory in use.

The issue for the cultural change manager is accessing the informal value system as well as the formal value framework that reproduces culture at work. It is the values in use that are rooted in the assumptions cultural members share that give life to the cultural themes that form the cultural web of the organization. These must be identified and their impact on the expressive capacities of the organization must also be explained and understood by the leadership team. This is a very sensitive affair. It calls for considerable diplomacy and can only be managed successfully if the organization is in a state of rapport with the change manager and the external consultant as well as being in a state of internal rapport with its own management team.

Cultural themes

Change managers must always employ the concept of cultural theme analysis as their guiding unit of analysis regarding what it is they are trying to change. To change, or to manage corporate culture, means that one has to be able to define and therefore pinpoint exactly what it is one is trying to change. Cultural change by its very nature is rather nebulous. If the organization is targeting a change in the culture of its management team, spending time discussing what it is one is trying to change is critical. Too often organizations claim that they need to change their culture or improve upon the leadership qualities in their management teams. However, they assume that they collectively understand the concepts of culture and leadership but often they don't. They also rarely discuss as a team what these concepts should mean to the organization and to themselves. This inability to critically discuss and reach agreement as a team on what culture, leadership and change management mean and how such interpretations can guide change efforts, often leads to major fault lines being established at the start of a change process that may doom the initiative to failure.

The problem with culture and cultural change is that everything is cultural. All forms of organizational expression can be regarded as cultural artefacts once they have been created. Therefore selecting what aspects of the culture require changing is critical to the success of the change programme. Also it is helpful, if not essential to have a device one can employ to aid the analytical process and a construct that one can analyse and use to identify and give a name to what it is one thinks requires changing or protecting.

The critical point to bear in mind when considering changing cultural themes is that they do not exist independent of power relations and other cultural themes. To change cultural themes requires organizational leadership to:

- Acknowledge that such themes exist and develop a basic understanding of the dynamics that both produce and protect culture.
- Acknowledge the constraining and enabling effect that themes have for the attainment of organization goals.
- Be able to discuss themes using the language of cultural change.
- Be able to understand the interrelationships between the inventories of cultural themes identified by the research process.
- To work out a cultural change programme in detail that would make explicit the resources and stakeholders.
- To demonstrate visible actions and behaviours that support the change programme.
- Be prepared to change established power relations within the management team.
- Review as a corporate agenda item the impact of the cultural change programme with interventions as required.
- Advance the idea that cultural change is a very important kind of work that is valued by the organization.
- Be prepared to aggressively market the change programme and celebrate small wins on a regular basis.
- Have the stomach for the stress and conflicts that are characteristic of the process.
- Create a new cultural vision and have the staying power to see the cultural changes through.

The analysis of the cultural themes revealed through the diagnostic review at Cordia highlights the limitations of managerial authority to instruct second-order change. Senior managers have the power to make decisions but they do not necessarily have the power to implement in a cultural context. For example, senior managers can make a decision in principle to introduce performance review schemes but would struggle to get this accepted by some of the key stakeholders who are part of the old culture. The advantages to this system are that there are no surprises and there is considerable vested interest to maintain this dynamic; deviation from the norm is seen as an unhealthy use of power and confrontational.

Qualitative research is essential

Cultural change is defined as a process of symbolic sense making mediated through dialogical exchange that takes place between a critical mass of managers. A shift in perspectives, assumptions and values will lead to a shift in the nature of cultural themes that have historically dominated the culture of the organization. We need to study change participants through qualitative methods to appreciate what has changed and what has not. This is not a straightforward exercise because many managers will assert that the culture has been 'fixed' ie changed and will provide representative samples of evidence to support their view. This is an act of power not an act of research. In such a situation the researcher has to try to enter into dialogue with these managers to explore their assertions and open their minds to the views and perceptions of others and to the existence of strong empirical evidence that may contradict their own deeply held views. This is enormously difficult. The evaluation of cultural change work must be considered as a research project. This is not a snapshot in time process; it must be a longitudinal research process adopting mixed methods and large sample sizes to acquire as rich an insight as possible.

Building learning

Cultural change involves the incremental change or complete transformation of assumptions, values and cultural themes in use at the level of the individual, the group, the inter-group and the total organization. This cultural change process involves sense making and learning. If the target audience is closed to a learning process that involves critical self- and group reflection on the validity of established theories of action rooted in the cultural paradigm of the organization, cultural transformation is simply not achievable. The stimulation of the learning capacity of individuals and of groups within a management community is a leadership act. Once managers reach a state of maturity in terms of their career development it may not be a straightforward exercise to stimulate learning. The methods of learning within a management team will certainly be culturally relevant to the orthodox methodology that is considered to be the cultural norm within the organization. They will treat any new learning method with suspicion and may resort to resistance strategies that aim to undermine the leadership will to engage in a reflective learning process. In some extreme cases they may resort to a blank refusal to engage at any level at all. The problem is that the idea that one needs to re-learn or be open to new ideas is threatening to the identity of a mature manager. The mature manager can often have a closed mind to learning. This phenomenon may not be restricted to individuals: it may also manifest at the level of the group and the inter-group. If this is the case the organization may have major learning blockages that will interfere with, or make impossible, any efforts at second-order transformation, ie cultural change efforts.

There may be a learning paradox within an organization. The learning paradox is managers engaging in incremental learning that encourages cultural reproduction of established cultural knowledge resources relevant to the occupational identity of the manager. This kind of learning is based on the principle of subject matter experts who are licensed to demonstrate new ideas within the strict boundaries of their area of expertise. This silo approach to learning is not only culturally restrictive in that it relies on localized cultural norms of what is regarded as proper knowledge but it also blocks group learning and the introduction of new forms of knowledge as it involves managers expressing learning in the absence of dialogue. Thus learning can take place that enables first-order change characterized by cultural adaptation. This kind of learning is not in itself a bad thing as it helps the organization adapt to changes in its environment but on its own it builds learning barriers and a culture of individual learning that is by definition a demonstration of power in territorial terms and a process that encourages individualism and a culture of reluctance to engage in open learning dialogue with others. This set of conditions essentially disables the capacity of group learning and thus spoils the efforts to engage in reflective and generative dialogue at the level of the individual, the group and the inter-group. As we now know, the inability to engage in dialogue prevents learning that involves knowledge that is alien to the organization and which is essential if the organizational members are to engage successfully in second-order change work. This is the learning paradox.

Conclusion

Unless there is willingness and receptiveness within the management team to consider new ideas, values and behaviours and to reflect on deeply-rooted individual and group assumptions about the nature of organizational practices, attempts at cultural change will be futile. The process involved in building the case for change is perhaps the single most important part of the cultural change process. Sometimes the case for change is gift-wrapped by the media or by unravelling economic or trading conditions, as was the case with the public sector throughout the UK in recent years. Regardless of the driver, the case for change still needs to be crafted and packaged for general consumption throughout the organization. Chomsky (1992) calls this process 'manufacturing consent' albeit he is referring to the quest for global hegemony on the part of US interests.

Cultural change interventionists must always bear in mind a powerful principle. The purpose of culture is to enable members to control their environment and benefit from its resources. Culture is fundamentally a learning process that morphs into an orthodox pedagogy that serves to inculcate new members into the existing body of culturally produced knowledge and ways of using that knowledge, ie methods to solve problems. Within organizations, hierarchical systems of key influencers (managers) emerge from this knowledge-building process and through time a class system is established whereby key actors maintain privileged positions and rely on the distribution and acceptance of knowledge ownership to protect their positions of power and privilege. Through time the 'expressive hegemony' that is produced disables the capacity for organizational learning. This is the paradox of cultural change in that to change a corporate culture one must use methods that to some degree have synergy with that culture. At the most basic of levels this means working with the established leaders to identify change objectives and then to develop and implement the content of the change programme. Therefore, the design and the implementation process is deeply influenced by the ways in which the content of the change programme and those implementing it are perceived and interpreted by those who to a greater or lesser degree will be involved in the change process. As a result of this social dynamic it is incumbent on change leaders to appreciate local cultural expectations of how 'organizing' is accomplished and to manage cultural change within predetermined boundaries of asymmetrical power relations. This makes cultural change an extremely difficult process to navigate successfully.

One must always bear in mind that a formal cultural change programme is fundamentally 'organizing' by another term. It is an attempt to manage the re-crafting of the subjectivities, values, expressive schemes, cognitive models and core assumptions of groups of employees. The endgame is the editing of established cultural themes that guide or control expression and the introduction of new cultural theme dynamics that are congruent with the new forms of expression desired by the leadership of the organization. That is why 'cultural change management' is called that: it is, at one level, simply a management exercise. However, and this is quite important, it is a management exercise that draws heavily on the behavioural sciences, OD methods, theories of motivation and a theoretical model of cultural becoming to aid the management process. The problem here is that most managers are not trained in the theories of behavioural science that inform OD models and practices. Managers like to think of themselves as 'atheoretical' ie as lacking a theoretical base or working without theories, and of academics as 'apractical' or as having no practical base and living in a floating abstract world of ideas. This of course is a significant problem for cultural change managers. This book makes a contribution to addressing this deficiency. The next and final chapter will close with a general discussion on the phenomenon we call organizational culture and will present a model for considering cultural change through the etymological roots of the concept that is the process of cultivation.

Closing thoughts From seeds to forest

14

At this point we would like to pause and remind ourselves of the model of culture that we have advanced thus far. We know that culture is the main sense-making process that has enabled humans to make breath-taking social and technological leaps in a comparatively short space of time compared to our genetic relatives who roamed the savannahs of Africa for an estimated 7 million years. During this extended time period our ancestors did not have advanced language and their technologies were little more than clubs, crude spears and flint knives. When, due to some genetic magic, our ancient relatives morphed into home sapiens some 200,000 years ago we had that great catalyst for social, technological and intellectual change running though our blood – the 'cultural gene'. This enabled the development of sophisticated languages and, at breakneck speed, the invention of technologies that would enable our species to master the world around us and venture into space to commence mastering the universe too. The phenomenon we call culture is what can probably be regarded as the most important element of human evolution and adaption. For this reason culture is a very personal thing to a group of defined cultural members.

Pagel (2012) writes extensively on the importance of culture in human development. He argues that language is the primary means through which humans learn and produce and maintain cultural norms, values and assumptions. He perceptively claims that once culture is formed, to a large degree it exists inside our heads. Culture becomes the layers of thoughts that settle in our mind as we are inculcated by those around us and as we develop throughout our lives. Cultural thoughts once learnt mean that we don't need to 'think' about certain situations any more. Our cultural database simply tells us what to do in that situation. This process of drawing upon programmed cultural thoughts through time becomes so routine that it falls below our level of active consciousness. This is when we take our reality of everyday life for granted and we simply interact instinctively, if not mechanically and without thinking. In contrast the process of thinking, ie producing thought, is a lot more difficult as we try to make sense of a given problem anew.

Thinking, which can be described as 'sense making', is the process of symbolic interaction through which we, in dialogue with ourselves and with significant others, produce cultural thoughts. We then assemble these thoughts together with other thoughts and create cognitive models or mini-cultural paradigms that tell us what to do when we encounter the situation that stimulates the sense-making or cultural thinking process in the first place. For example, when we enter a cinema, car park or train station and see a ticket machine we simply queue up. We rarely talk to the person behind or in front of us. We don't stand too close or too far from them, and we patiently wait our turn. This is 'culturally learnt behaviour'. At one time in our cultural development we did not know this cultural protocol but someone inculcated us to it. Not only that, we learnt social norms that explained to us why we had to observe expected behavioural and attitudinal standards when waiting in line. This process of cultural learning is probably so old now that most of us have no recollection of the learning process, we just do it, conforming to cultural expectations with no thinking required. This example can be extended into organizations.

As managers we have a range of organizational problems that through time become solved. We solve these problems by applying the cultural sense-making process previously described. Once solved we mentally store our cognitive model that informed us how to solve the problem. This model then functions as a mini-cultural paradigm fused with other established cultural paradigms and thoughts and thus forms the interconnected cultural database that constitutes the content of mind. It is in this cultural repository that our values and assumptions peacefully coexist. These mini-cultural paradigms are then taught to other organizational members. This teaching process is what anthropologists call 'cultural inculcation'. It is a specialized form of teaching that aims to pass norms and ways of doing things to other people. The teaching process emerges through people encountering a problem and watching significant others solve that problem and adopting that model or mini-paradigm as their own. Alternatively, inculcation occurs when significant others or the generalized other simply tell the person how things are done in the business. This is where language is so important because it edits ideas and methods and packages them up in a privileged sense. Language acts as the main signifier for what is and what is not valued in a cultural scene. Once formed these settle as mini-paradigms and through time they cement into core operating assumptions that lie deeply embedded within the consciousness of the individual and the broader minds of the cultural group.

Because these assumptions have been learnt through trial and error, and because they have proved to be so successful in enabling us to apply solutions that we know work, they become deeply valued by cultural members.

For example, if an organization holds the assumption that good relationships with all stakeholders ensure that the business prospers, then the members will value not only this assumption but the behavioural strategies and attitudes that support it. At this point the cultural sense-making process produces the network of themes that are taught to members that control or imply behavioural strategies and expressions of attitude or identity about what is regarded as 'proper' talk and useful knowledge that support these deeply held values. This is culture in full bloom both as a sense-making device and as a form of expressive control.

Once these themes have been formed and institutionalized into the fabric of the organization they interconnect with related cultural themes to form the web of the organization. There exists a hierarchy of themes that are highly valued and rooted in the core operating assumptions of a given group. It is this hierarchy that constitutes the overarching cultural paradigm that dominates the expressive capacity of the members. When these cultural themes become dominant the cultural theme is taken as natural. This is almost not a product of people but something that is so natural that it is considered simply to exist as part of the environment. Culture becomes independent of human agency and cultural themes have morphed into the status of hegemonic themes. Cultural hegemony is a major inhibiter to organizational learning unless that learning is an offshoot of the hegemonic themes that dominate organizational expressions.

Cultural building takes time

Another challenge that many well-intentioned senior managers encounter is that of time. Cultural change takes years to achieve. Complete cultural transformation of a medium-sized company may take up to five years. This is a strategic activity in the purest sense. Unfortunately, many managers live or die on the strength of their profit and loss account. This breeds a culture of short-termism and a lack of long-term thinking and, as important, patience. This is even more acute in the public sector with the emphasis on annual budgets. We really do think that efforts to transform the basic values and assumptions that drive behavioural styles and produce and protect management cultures can take up to five years. However, this can be divided into a series of milestones distributed over 6–12-month periods. The first three years of a cultural change programme are pivotal to laying the foundations for change. Culture has its etymological roots in the word 'cultivation', which is the idea of preparing the land for a crop that will need careful attention. This is what we do when we manage cultural change. We try to cultivate the ideas, norms, values, assumptions, behaviours and attitudes of a group of people over time.

The first 18 months of a cultural change programme involve the cultivation of the territory, the planting of seeds and the future incubation of seedlings.

The cultivation metaphor suits change work for obvious reasons. The cultural change team are involved in developing either derivatives of established cultural themes or inventing through social construction processes new cultural themes. This process needs careful tendering and a skilled hand to guide the cultivation process to its conclusion. The important point to appreciate at this juncture is that culture is always in the making, it is always changing and it is people who change it through intelligent cooperation.

Cultural incubation

Cultural changes that may occur within the safe zone have to be nurtured, cultivated and transmitted throughout the network of organizing domains that constitute the cultural landscape. This process is called 'everyday reframing' as defined by Alvesson and Sveningsson (2008). If organizational members do not engage in the process of everyday reframing, the potential of lasting change will be vastly reduced. The activity of engaging in shared dialogue may well be a break in cultural tradition but an isolated example of this in the closed context of the change team meeting does not in itself constitute cultural change. The challenge for cultural change leaders is to identify the positive symptoms of change work within the context of the change team process and invite senior management to implement a programme of localized everyday reframing. This will contain positive explanations of the benefits to the organization and to its stakeholders from inculcating such behaviours and attitudes. The projects and the general content of The Cordia Way sowed seeds that would eventually sprout second-order change. Similarly, The Cordia Way produced seeds for cultural change that may not bud, sprout or flourish in the future.

The Cordia Way acted as a controlled incubator for cultural seeds to grow into seedlings that could then be introduced to the wider cultural landscape through the nurturing and cultivating impact of 'localized reframing'. This involved the senior leadership opting for high visibility in everyday work domains by associating at every level of expression with the new cultural themes. If one of the local teams had shifted their cultural perspective and changed their assumptions and values on a given cultural theme, eg conflict avoidance, attitudinal and behavioural change would have followed. However, the idea of using the multiple-team-based approach, empowering the groups to identify their own cultural change project and locating this process within a broader support framework provided the change programme with a far greater chance of achieving its objectives.

Partial metamorphosis

This involves a partially formed cultural theme within an established symbolic architecture. An example would be the emergence of a theme that values group reflection through dialogue with membership representative of all grades. Historically, such a cultural theme would have had no roots in an organization. This new cultural production stems from the change intervention and as such its expression may be restricted to the confines of the change team. This is an important empirical observation if it occurs. The fledgling, partially developed cultural theme needs ongoing attention and organization-wide cultivation if it is to proposer and continue its metamorphosis.

Dormant cultural themes

New cultural themes will emerge as seedlings to be cultivated over an extended period of time through the leadership process of everyday reframing. However, established cultural themes such as those identified by the diagnostic process will be present and it is unlikely that they will be eradicated completely from the cultural web of the organization. What is of interest to the change manager is whether the density of these mature themes shrinks. Does the influencing power of these cultural themes diminish within the membership of the culture under study? The answer can be found in interviews with cultural members and from the empirical study of the expressions of cultural themes in use as part of an inventory. It is critical to bear in mind that full mature cultural themes never really die; they lie dormant in their withered state just waiting for the proper conditions. Culture does not give up its ancestors easily.

Cultural change in the safe zone

If change is embryonic and evolving, essentially a cultural theme seedling or an established cultural theme undergoing a partial metamorphosis, this does constitute successful change work. But, and there is a big but, if the objective is to colonize other cultural organizing domains throughout the organization with these new cultural themes and diminish the influencing capacity of established cultural themes, the success is at best partial. The opponents of wider cultural change may be quite content to allow experimentation of new cultural norms within the 'cultural incubator' as long as they do not migrate and attempt to colonize other domains. This would challenge the established power base of seasoned managers. This situation can be described as containing cultural change work to the 'safe zone' of organizational experience. In the safe zone no one gets hurt: asymmetrical power relations do not get challenged. In the safe zone a 'hyper culture' is allowed to develop away from the 'real world' where the 'real work' gets done. The challenge for the change manager is how to permeate the boundary of the safe zone and start the process of colonizing the expressive cultural domain throughout the wider organization with the new cultural themes.

Leading cultural domains

Unless the senior leader believes that there is a need for sustained organization-wide cultural transformation, the cultural seedlings being developed within the safe zone will fail to take root and will die. The problem here is that many organizations are over-managed and under-led. They simply don't have the leadership capacity to advance a vision of a new world that requires fundamental changes in its operating culture. The leader has to understand the value of the cultural seedlings that were developed within the safe zone and embark on a leadership campaign that aims to transplant these emerging cultural themes in organizing domains throughout the cultural landscape of the organization. This process involves building a leadership network of like-minded professionals who will enthusiastically support a continued process of everyday localized reframing in the guise of the new changed cultural themes. The leadership network has to encourage opportunities for multiple expressions of these new cultural themes to allow them the opportunity to take root and flourish. This is not easy and in the absence of a dedicated leader with vision it will never happen.

Closing comments

Building on the gardening metaphor, when one starts a formal cultural change journey what one does is to drop 'symbolic seeds' into the cultural landscape of the organization. These cultural seeds may flourish and sprout new cultural themes, or they may fuse with established cultural themes and produce hybrids that continue to preserve established norms but perhaps enhance the positive aspects of these norms, or they may lie dormant and spring into life once fertile cultural conditions emerge that favour their growth and development as new dynamic cultural assumptions, values and ultimately themes. The gardening metaphor is helpful in understanding what cultural change is really all about. It is a form of cultivation. It involves the sowing of symbolic seeds that may or may not take hold. These seeds need the right conditions to mature and it is these same conditions that are required to kill off unwanted cultural constructs. So, even when the formal stage of the OD process is supposed to be complete, these symbolic seeds can spring in to life as derivatives of the original cultural change work. This was exemplified with what happened with The Cordia

Way and the subsequent emergence of alternative cultural engagement initiatives with Cordia teams.

In conclusion, what is absolutely critical to appreciate is that The Cordia Way was just one strand of the overarching cultural change management process, some of which was planned and some of which was evolutionary. It has been selected for discussion because it specifically focused on second-order change that aimed to alter the underlying cultural paradigm of the management team. The process of cultural change and of first-order cultural adaptation would continue within Cordia for many years to come. There would be other OD interventions that aimed to increase change receptivity and improve management relations throughout Cordia, and the standard first-order change practices would continue under the general heading of 'service reforms'. The Cordia Way was not the end of the cultural change work but the beginning of the journey of transformation that Cordia would inevitably experience. Small seeds indeed!

All the flowers of all the tomorrows are in the seeds of today. (Swedish proverb)

Life does not accommodate you; it shatters you. Every seed destroys its container, or else there would be no fruition. (Florida Scott-Maxwell, author)

REFERENCES

Adair, J (1989) *Great Leaders*, The Talbot Adair Press, Guildford

Alvesson, M (1994) Talking in organizations: Managing identity and impressions in an advertising agency, *Organization Studies*, **15** (4), pp 535–83

Alvesson, M (2002) *Understanding Organizational Culture*, Sage, London

Alvesson, M and Svenigsson, S (2008) *Organizational Culture: Cultural change work in progress*, Routledge, London

Argyris, C (1970) *Intervention Theory and Method: A behavioral science view*, Addison-Wesley, Reading, MA

Alvesson, M and Willmott, H (2002) Identity regulation as organisational control: Producing the appropriate individual, *Journal of Management Studies*, **39** (5), pp 619–44

Argyris, C (1990) *Overcoming Organizational Defenses, Facilitating Organizational Learning*, Allyn & Bacon, Boston, MA

Argyris, C (1992) *On Organizational Learning*, Blackwell, Cambridge, MA

Argyris, C (1993) *Knowledge for Action*, Jossey-Bass, San Francisco, CA

Argyris, C (2010) *Organizational Traps: Leadership, culture, organizational design*, Oxford University Press, Oxford

Bachrach, P and Baratz, M S (1970) *Power and Poverty: Theory and practice*, Oxford University Press, New York

Balogun, J and Johnson, G (2004) Organizational restructuring and middle management sense making, *Academy of Management Journal*, **47** (4) pp 523–49

Barley, R S (1996) Technicians in the workplace: Ethnographic evidence for bringing work into organization studies, *Administrative Science Quarterly*, **x**, pp 404–41

Barnard, I (1938) *The Functions of the Executive*, Harvard University Press, Cambridge, MA

Bass, B M (1985) *Leadership and Performance Beyond Expectations*, Free Press, New York

Bass, B M and Avolio, B J (1990a) The implications of transactional and transformational leadership for individual, team, and organizational development, *Research in Organizational Change and Development*, **4**, pp 231–72

Bass, B M and Avolio, B J (1990b) *Multi Factor Leadership Questionnaire*, Consulting Psychologists Press, Palo Alto, CA

Bate, P (1994) *Strategies for Cultural Change*, Butterworth Heinemann, Oxford

Beech, N and MacIntosh, R (2012) *Managing Change Enquiry and Action*, Cambridge University Press, Cambridge

Bell, S (2007) *The Australian*, 12 September, http://www.theaustralian.com.au/higher-education/appointments/the-reasons-behind-a-resignation/story-e6frgckf-1111114395253

Blake, R R and Mouton, J S (1964) *The New Management Grid*, Jaico Publishing, Mumbai

Blake, R and Adams McCanse, A (1991) The Leadership Grid®, in *Leadership Dilemmas – Grid Solutions* (formerly the Managerial Grid by Robert R Blake and Jane S Mouton), Gulf Publishing, Houston, TX

Blumer, H (1969) *Symbolic Interactionism*, University of California Press, Oakland, CA

Boden, D (1994) *The Business of Talk*, Polity Press, Cambridge

Bohm, D C (1985) *Unfolding Meaning: A weekend of dialogue with David Bohm*, Ark Books, New York
Bohm, D (1990) On Dialogue (transcription), David Bohm Seminars, Ojai, CA
Boje, D M (1995) Stories of the story telling organization: A post-modern analysis of Disney as Tamara-Land, *Academy of Management Journal*, **38** (4), pp 997–1035
Bourdieu, P (1991) *Language and Symbolic Capital*, Polity Press, Cambridge
Brown, D A (1995) *Organizational Culture,* Pitman, London
Buchanan, A D and McCalman, J (1989) *High Performance Work Systems, The Digital Experience,* Routledge, London
Burke, W W (2011) *Organization Change, Theory and Practice,* 3rd edn, Sage, London
Burns, F and Nelson, L (1983) *High Performance Programming,* High Performance Systems Consulting, Alexandria, VA (Mimeo)
Burns, J M (1978) *Leadership,* Harper and Row, New York
Chan, A and Clegg, S (2002) History, culture and organization studies, *Culture and Organizations*, **4**, pp 259–73
Chomsky, N (1992) *Deferring Democracy*, Vintage Books, London
Clegg, S (1989) *Frameworks of Power*, Sage, London
Clifford, J and Marcus, G E (1986) *Writing Culture*, University of California Press, Berkeley, CA
Coffey, A (1999) *The Ethnographic Self. Fieldwork and the representation of identity*, Sage, London
Collins, D (1998) *Organizational Change: Sociological perspectives*, Routledge, London
Cooley, C H (1902) *Human Nature and the Social Order,* Scribners, New York
Cross, T (1998) Christian Leadership, speech given at Welbeck College, London, 5 July
Dahl, R A (1961) *Who Governs? Democracy and power in an American city,* Yale University Press, New Haven, CT
Dalton, M (1959) *Men Who Manage: Fusions of feeling and theory in administration*, Wiley, New York
Dawson, P (1994) *Organizational Change: A processual approach*, Paul Chapman, London
Deal, E T and Kennedy, A A (1992) *Corporate Cultures: The rites and rituals of corporate life*, Basic Books, New York
De Bono, E (1977) *Lateral Thinking*, Penguin, Harmondsworth
Deetz, S and Mumby, D (1986) Metaphors, information, and power, in (ed) B Reuben, *Information and Behavior,* Transaction Books, New Brunswick, NJ
Denzin, K N (1997) *Interpretive Ethnography: Ethnographic practices for the 21st century*, Sage, London
Dixon, N (1998) *Dialogue at Work*, Lemos & Crane, London
Drucker, P (1955) *The Practice of Management*, Butterworth Heinemann, Oxford
Elsbach, D (1999) An expanded model of organizational identification, *Research in Organizational Behaviour*, **21**, pp 13–200
Fetterman, D (1998) *Ethnography*, Sage, London
Follet, M P (1926) *The Scientific Foundations of Business Administration*, Williams and Winkins, Baltimore, MD
Ford, D J (1999) Organizational change as shifting conversations, *Journal of Organizational Change Management*, **6**, pp 480–500
Foucault, M (1980) *Power/Knowledge*, Pantheon, New York

Frake, C O (1964) A structural description of Subanun religious behaviour, in (ed) W H Goodenough, *Explorations in Cultural Anthropology*, McGraw-Hill, New York, pp 111–29

Freire, P (1970/1994) *Pedagogy of the Oppressed*, Seabury Press, New York

French, W L and Bell, C H (1999) *Organization Development*, 6th edn, Prentice Hall, Englewood Cliffs, NJ

Frost, P J (1985) Special issue on organizational symbolism, *Journal of Management*, **11** (2), pp 5–9

Frost, P J, Moore, F L, Louis, R M, Lundberg, C C and Martin, J (1991) *Reframing Organizational Culture*, Sage, London

Garratt, R (2010) *The Fish Rots from the Head: The crisis in our boardrooms: Developing the crucial skills of the competent director*, Profile Books, London

Geertz, C (1973) *The Interpretation of Cultures*, Basic Books, New York

Gill, R (2009) *Theory and Practice of Leadership*, Sage, London

Goffman, E (1959) *The Presentation of Self in Every Day Life*, Penguin, Harmondsworth

Golding, D (1986) Inside story: On becoming a manager, *Organization Studies*, 7 (2), pp 193–8

Gramsci, A (1971) *Selections from the Prison Notebooks*, Lawrence and Wishart, London

Greenleaf, R K (1977) *Servant Leadership*, Paulist Press, New York

Grint, K (2005) Problems, problems, problems: The social construction of leadership, *Human Relations*, **58** (11), pp 1467–94

Hammer, M and Champy, J (2001) *Reengineering the Corporation*, Nicholas Brealey, London

Hammersley, M (1992) *What's Wrong with Ethnography?*, Routledge, London

Hardy, C (1985) The nature of unobtrusive power, *Journal of Management Studies*, **22** (4) pp 384–99

Hatch, J M (1993) The dynamics of organizational culture, *Academy of Management Review*, **18** (4), pp 657–93

Hatch, M J and Schultz, M (1997) Relationships between organizational culture, identity and image, *European Journal of Marketing*, **31** (5), pp 356–65

Hatch, J M and Schultz, M (2002) The dynamics of organizational identity, *Human Relations*, **8**, pp 989–1018

Hatch, J M, Kostera, M and Kozminski, K A (2005) *The Three Faces of Leadership: Manager, artist, priest*, Blackwell, Oxford

Herzberg, F, Mausner, B and Snyderman, B B (1959) *The Motivation to Work*, Transaction Publishers, Piscataway, NJ

Humphreys, M (1999) An ethnographic study of two higher educational faculties; Reminiscing in tempo, unpublished PhD Thesis, Nottingham University Business School

Humphreys, M and Brown, A D (2002) Narratives of organizational identity and identification: A case study of hegemony and resistance, *Organization Studies*, **23** (3), pp 421–47

Isaacs, W (1999) *Dialogue and the Art of Thinking Together*, Double Day, New York

Isabella, A L (1990) Evolving interpretations as a change unfolds: How managers construe key organizational events, *Academy of Management*, **3**, pp 7–41

Jackle, R (1988) *Moral Mazes. The world of corporate managers*, Oxford University Press, Oxford

Johnson, D W and Johnson, R T (1989) *Co-operation and Competition: Theory and research*, Interaction Book Co, Edina, MN

Johnson, G (1987) *Strategic Change and the Management Process*, Blackwell, Oxford
Johnson, G (2000) Strategy through a cultural lens, *Management Learning*, **4**, pp 429–52
Johnson, G, Whittington, R and Scholes, K (2011) *Exploring Corporate Strategy. Text and cases,* 9th edn, Prentice Hall, Harlow
Jorgensen, L D (1989) *Participant Observation: A methodology for human studies,* Sage, London
Kanter, M R (1984) *The Change Masters*, Simon and Schuster, New York
Karreman, D and Alvesson, M (2001) Making newsmakers: Conversational identity at work, *Organizational Studies*, **1**, pp 59–89
Karreman, D and Alvesson, M (2004) Cages in tandem: Management control, social identity, and identification in a knowledge-intensive firm, *Organization*, **11** (1), pp 149–76
Kilman, H R (1984) *Beyond the Quick Fix: Managing five tracks to organizational success*, Beard Books, Washington, DC
Kondo, K D (1990) *Crafting Selves. Power, gender, and discourses of identity in a Japanese work place*, The University of Chicago Press, Chicago, IL
Kotter, P J (1990) *A Force for Change,* Free Press, New York
Kotter, P J (2002) *The Heart of Change*, Harvard Business School Press, Cambridge, MA
Kotter, P J and Heskett, L J (1992) *Corporate Culture and Performance*, The Free Press, New York
Kuhn, S T (1964/1996) *The Structure of Scientific Revolutions,* 3rd edn, University of Chicago Press, Chicago, IL
Kunda, G (1992) *Engineering Culture*, Temple University Press, Philadelphia, PA
Levy, A and Merry, U (1986) *Organizational Transformation: Approaches, strategies, theories*, Praeger, Westport, CT
Lewin, K (1951) *Field Theory in Social Science*, Harper, New York
Lodge, D (1989) *Nice Work,* Vintage Books, London
Lukes, S (1974) *Power: A radical view,* Macmillan, London
McGregor, D (1960) *The Human Side of Enterprise*, McGraw-Hill, Maidenhead
McGregor, D (1967) *The Professional Manager*, McGraw-Hill, New York, pp 106–10
Malinowski, B (1922) *Argonauts of the Western Pacific,* E P Dutton, New York
Margulies, N and Raia, A P (1978) *Conceptual Foundations of Organizational Development,* McGraw-Hill, New York
Martin, J (2002) *Organizational Culture: Managing the terrain*, University of Chicago Press, Chicago, IL
Maslow, A A (1954) *Motivation and Personality*, 3rd edn, Addison-Wesley, Reading, MA
Mayo, E (1933) *The Human Problems of an Industrial Civilization,* Routledge and Keegan Paul, London
Mead, G H (1934) *Mind, Self and Society: From the standpoint of a social behaviorist,* University of Chicago Press, Chicago, IL
Meek, V (1988) Organizational culture. Origins and weaknesses, *Organization Studies,* **4**, pp 453–73
Merry, U and Brown, L G (1987) *The Neurotic Behavior of Organizations*, Gardner Press, New York
Meyerson, D and Martin, J (1987) Cultural change: An integration of three different views, *Journal of Management Studies*, **6**, pp 623–47
Mezirow, J (1991) *Transformative Dimensions of Adult Learning*, Jossey-Bass, San Francisco, CA

Morey, N C and Luthans, F (1985) Refining the displacement of culture and the use of scenes and themes in organizational studies, *Academy of Management Review*, **10**, pp 219–29
Morgan, G (1997) *Images of Organization,* Sage, London
Nicol, D (1980) Paradigm reframing, in (ed) P Mico, *Presenters' Papers,* Fall, OD Network, San Francisco, CA
Northouse, P (2007) *Leadership Theory and Practice*, 4th edn, Sage, London
Opler, M (1945) Themes as dynamic forces in culture, *American Journal of Sociology*, **53**, pp 198–206
Ouchi, W (1981) *Theory Z: How American business can meet the Japanese challenge,* Addison-Wesley, Reading, MA
Pagel, M (2012) *Wired for Culture*, W W Norton, New York
Park, R A (1950) *Race and Culture*, The Free Press, New York
Parker, M (2000) *Organizational Culture and Identity,* Sage, London
Paton, R and McCalman, J (2008) *Change Management. A guide to effective implementation*, Sage, London
Peters, T and Waterman, H R (1982) *In Search of Excellence. Lessons from America's best run companies*, Omnia Books, Glasgow
Pettigrew, A (1979) On studying organizational cultures, *Administrative Science Quarterly,* **24**, pp 570–81
Pettigrew, A (1985) *The Awakening Giant. Continuity and change in ICI*, Basil Blackwell, Oxford
Pettigrew, A and Whipp, R (1993) *Managing Change for Competitive Success*, Blackwell Business, Oxford
Pfeffer, J (1992) *Managing with Power and Influence in Organizations,* Harvard Business School Press, Cambridge, MA
Polsby, N W (1963/1980) *Community Power and Political Theory,* Yale University Press, New Haven, CT
Porter, M (1985) *Competitive Advantage*, The Free Press, New York
Pugh, D S (1978) Understanding and managing organizational change, *London Business School Journal,* **3** (2), pp 29–34
Robbins, H and Finley, M (1996) *Why Change Programmes Don't Work*, Orion, London
Rose, M (1990) *Governing the Soul: The shaping of the private self,* Routledge, London
Rosen, M (1985) Breakfast at Spiros: Dramaturgy and dominance, *Journal of Management*, **2**, pp 31–48
Rosen, M (1991) Coming to terms with the field: Understanding and doing organizational ethnography, *Journal of Management Studies*, **1**, pp 1–24
Rost, J C (1991) *Leadership for the 21st Century*, Praeger, New York
Schattschneider, E F (1960) *The Semi-sovereign People. A realist's view of democracy in America,* Holt, Rhinehart and Winston, New York
Schein, E (1987) *Process Consultation: Lessons for managers and consultants,* Vol 11, Addison-Wesley, Reading, MA
Schein, E (1985/2004) *Organizational Culture and Leadership,* Jossey-Bass, San Francisco, CA
Schultz, M (1994) *On Studying Organizational Cultures,* Walter de Gruyter, Berlin
Seidman, D (2007) *How We Do Anything Means Everything in Business (and in life),* Wiley, Chichester
Senge, M P (2006) *The Fifth Discipline*, Random House, London

Smircich, L (1983a) Organizations as shared meanings, in (eds) L Pondy, P Frost, G Morgan and T Dandridge, *Organizational Symbolism,* pp 55–65, JAI Press, Greenwich, CT

Smircich, L (1983b) Concepts of culture and organizational analysis, *Administrative Science Quarterly*, **3**, pp 339–58

Smircich, L and Morgan, G (1982) Leadership: The management of meaning, *Journal of Applied Behavioural Science*, **18**, pp 257–73

Smith, K K (1982) Philosophical problems in thinking about organizational change, in (eds) P S Goodman and Associates, *Change in Organizations,* Jossey-Bass, San Francisco, CA

Spradely, P J (1979) *The Ethnographic Interview,* Wadsworth, London

Spradley, P J (1980) *Participant Observation,* Wadsworth, London

Spradley, P J (1988) *You Owe Yourself a Drunk*, University Press of America, Washington, DC

Spradley, P J and Mann, J B (1975) *The Cocktail Waitress,* McGraw-Hill, New York

Taylor, F W (1911) *The Principles of Scientific Management,* W W Norton, New York

Tichey, M N (1983) *Managing Strategic Change, Technical, Political and Cultural Dynamics,* John Wiley and Sons

Todnem, R (2005) Organisational Change Management: A critical review, *Journal of Change Management*, **5**, (4), pp 369–80

Tressell, R (1955) *The Ragged Trousered Philanthropists,* Lawrence and Wishart, London

Trice, M H and Beyer, J M (1984) Studying organizational cultures through rites and ceremonials, *Academy of Management Review*, **9**, pp 653–69

Trice, M H and Beyer, J M (1993) *The Cultures of Work Organizations,* Prentice Hall, Harlow

Tsoukas, H and Chia, R (2002) On organizational becoming, rethinking organizational change, *Organization Science*, **13**, pp 567–85

Van Maanen, J (1988) *Tales of the Field: On writing ethnography,* University of Chicago Press, Chicago, IL

Watson, J T (2001) *In Search of Management,* Thomson, London

Whyte, F W (1943) *Street Corner Society. The social structure of an Italian slum,* University of Chicago Press, Chicago, IL

Williams, R (1975) *Key Words: A vocabulary of culture and society*, Fontana, London

Willmott, H (1993) Strength is ignorance: Slavery is freedom. Managing culture in modern organizations, *Journal of Management Studies*, **4**, pp 515–38

Wittgenstein, L (1953) *Philosophical Investigations,* Blackwell, Oxford

Wolcott, H F (1973) *The Man in the Principal's Office: An ethnography,* Holt, Rinehart and Winston, New York, reissued in 1984 by Waveland Press

Wolcott, F H (1995) Making a study 'more ethnographic', in (ed) J Van Maanen, *Representation in Ethnography,* Sage, London, pp 79–109

Yankelovich, D (1999) *The Magic of Dialogue,* Simon & Schuster, New York

Young, E (1989) On the naming of the rose, *Organization Studies*, **2**, pp 187–206

Yukl, G (1989) Managerial leadership: A review of theory and research, *Journal of Management*, **15** (2), pp 251–89

INDEX

Note: *italics* indicate a figure or table in the text.

Printed in January 2023
by Rotomail Italia S.p.A., Vignate (MI) - Italy